차와 차살림

생명을 살리는 우리의 차문화

차와 차살림
생명을 살리는 우리의 차문화

지은이 정동주
펴낸이 김언호

펴낸곳 (주)도서출판 한길사
등록 1976년 12월 24일 제74호
주소 10881 경기도 파주시 광인사길 37
홈페이지 www.hangilsa.co.kr
전자우편 hangilsa@hangilsa.co.kr
전화 031-955-2000~3 **팩스** 031-955-2005

부사장 박관순 **총괄이사** 김서영 **관리이사** 곽명호
영업이사 이경호 **경영이사** 김관영 **편집주간** 백은숙
편집 노유연 김지연 김대일 김지수 최현경 김영길
디자인 창포 **마케팅** 정아린 **관리** 이주환 문주상 이희문 원선아 이진아
CTP 출력·인쇄 예림인쇄 **제본** 경일제책사

제1판 제1쇄 2013년 5월 20일
개정판 제1쇄 2016년 5월 13일
개정판 제2쇄 2021년 8월 27일

값 22,000원
ISBN 978-89-356-6963-9 03630

• 잘못 만들어진 책은 구입하신 서점에서 바꿔드립니다.
• 이 도서의 국립중앙도서관 출판시도서목록(CIP)은 e-CIP홈페이지(http://www.nl.go.kr/ecip)와
  국가자료공동목록시스템(http://www.nl.go.kr/kolisnet)에서 이용하실 수 있습니다.
  (CIP제어번호: CIP2016009621)

차와 차살림

생명을 살리는 우리의 차문화

정동주 지음

한길사

생명을 살리는 한국의 차
들어가는 글

우리나라 차문화에 들어 있는 '전통'傳統과 '다도'茶道라는 말의 개념을 되짚어보려 한다. '다도'에서 흔히 쓰이는 것처럼 차나무 잎을 가공한 차茶가 참으로 '전통차'인가. 국어대사전에서 전통이란 '공동체인 가족, 국가, 민족, 지역사회 단위로 전해 내려오는 사상, 관습, 행동, 기술 등의 양식'인데, 때로는 '문화유산 속에서 현재 생활에 의미, 효용이 있는 인습이나 습관을 일컫는 것'으로 뜻매김한다. 또는 '계통을 받아 전하거나 이어받은 계통을 뜻할 때는 관습 가운데 역사적 배경을 가지고 높은 규범적 의의를 지닌 것'을 말한다고도 했다. 결국 전통이란 일정 단위의 공동체가 존재해야 하고, 공동체의 생활을 지속시키는 정신적, 물질적 양식이 만들어져야 하며, 그것은 현재의 생활과 필연적 관계를 가지고 있어야 하는 것이다. 지금 우리나라에서 말하는 전통차는 '전통' 개념을 함부로 끌어다 붙였다는 혐의를 면치 못할 만큼 철저하지 못한 역사의식과 엉성한 논리의 흔적이 너무 많다.

'다도' 또한 그러하다. 중국과 일본의 차문화는 독자성을 지니고 있다. 다른 나라에는 없고 중국과 일본에만 각각 특유하게 확립된 세 가지 조건을 제대로 갖춘 독자성인데 이를 전통이라 부르고 있다. 첫째는 독자적으로 만든 차가 있고, 둘째는 그 차를 끓이고 마시는 찻그릇이 완성되었으며, 셋째는 차 마시는 법, 즉 차법이 확립되었다. 이 세 가지가 반드시 독자적인 산물이어야만 '전통차'라고 말할 수 있다. 과연 한국의 차문화가 그러한가?

차를 처음 마셔본 1966년 겨울부터 50년을 차와 떨어져서 살지는 않았으니, 나의 차 나이 쉰 살이 된 셈이다. 1980년 봄에 차 만드는 첫 실험을 했다. 숱한 곡절의 시간이던 1990년 무렵에는 다시 반 발효차의 약효와 차로서의 품격에 대해 나름대로 믿음을 갖게 되었다. 중국 차의 약효와 품격, 일본 차의 멋과 맛에 비교해 한국 차로서의 특성을 또렷하게 지녀야 한다는 신념을 구체화시키는 데 꽤 긴 시간을 보냈다. 그렇게 태어난 것이 '차살림'이라는 말과 '차살림법' 그리고 '동장윤다'東藏輪茶로 부르는 차다. 중국과 일본의 차문화와 좋은 비교가 되기 위해서는 한국의 찻그릇과 차 마시는 차법까지 새롭게 갖춰야 한다는 결론도 나왔다. 그때부터 '보듬이'라는 전혀 새로운 찻그릇 형태를 연구하고 작가들과 토론을 하면서 만드는 작업을 했다. 그릇 형태가 안정되자 이번엔 차법을 창안하는 데 여러 해를 보냈다. 동시에 일본과 중국 차문화를 비교하면서 한국 차문화가 무엇을 버리고 어디를 지향해야 하는지 생각했다.

십여 년이 또 족히 흘렀다. 그런 다음 동아시아 차문화사 전반에 걸친 폭넓은 주제를 정하고 연구와 강의를 진행하면서 저술을 통해 성과물을 하나씩 정리해나갔다. 그렇게 해서 지금까지 차와 그릇에 관한 보고서를 여섯 권 냈다. 2000년부터 16년 동안 강의한 주제는 모두 스물두 가지였다. 1. 차살림론, 2.『백장선원청규』百丈禪苑淸規, 3. 육우의『다경』茶經, 4. 초의의『동다송』東茶頌, 5. 이목의『다부』茶賦, 6. 다례사茶禮史, 7. 그릇의 사회사, 8. 불교문화와 차, 9. 비교차문화론 서양의 차 의식, 한·중·일의 차문화 비교, 10. 사림학파와 차문화의 계보, 11. 차시茶詩, 12. 차의 효능과 약, 13. 헌다의 미의식과 제사, 14. 차와 불살생: 채식 세계, 15. 찻그릇의 미학, 16. 한국 잎차문화의 역사, 17. 차와 명상, 18. 제다론, 19. 한국 차문화론, 20. 차살림법 이론과 실제, 21. 중국·일본 차문화 체험과 비교론 등이다.

그동안 한국 차문화에 관해 뼈아픈 체험도 했다. 유럽 주요 도시에서 중국 차, 일본 차, 한국 차를 동시에 비교 체험하는 자리들이었다. 주로 중국이나 일본 대사관의 문화원이 주관하는 행사였다. 세 나라의 차인들이 동시에 진행한 차회가 끝나고 참석자들의 문답 시간이 있었는데, 주로 한국 차에 대한 질문이 많았다. 한국 차법은 중국과 일본 두 나라 차법과 매우 닮았는데, 어디까지를 한국 차라고 볼 수 있냐는 내용이 대부분이었다. 시드니, 런던, 파리, 뉴욕에서도 비슷했다. 물론 행사 주관자가 중국과 일본의 대사관이었기 때문에 그럴 수도 있겠다 싶기는 했지만 그렇게 단순한 문제가 아니었다. 한국대사관에서 그런 행사를 주관했다는 말은 아직 들은 적이 없다. 실제로 그럴 만큼 차문화의 중요성을 인식하지 못하고 있는 것 같기도 하다. 또한 힘 있고 이름났다는 한국의 차인이나 차 단체들이 국내의 권세가들을 내세워 한국문화원 시설을 자기네 홍보 수단으로 사용하려 경쟁하니 한국대사관 직원들이 곤욕을 치르기도 한다. 견디다 못한 문화원은 방학이면 '내부 수리 중'이라는 안내판을 내걸고 곤경을 회피하기도 한다. 중국 정부는 100여 개국에 주재하는 중국대사관으로 하여금 중국 차문화를 전략적인 문화상품으로 결정해 모든 외교관과 가족들이 주재국 국민들에게 무료로 체험할 수 있는 갖가지 프로그램을 제공한다. 일본도 비슷하다.

차문화는 매우 강력하지만 쉽게 드러나지 않는 문화 바이러스를 갖고 있다. 중국의 차에는 유장한 힘의 역사와 담대하고 웅장한 전통이 응축되어 있는데, 한번 맛보면 빠져나오기 어려운 예술성과 약리적 효험을 체험하게 된다. 중국은 1500년 넘게 차문화를 발전시켜왔기 때문에 가능한 일이다. 일본의 정교하고 집약된 인문적 차문화는 투쟁적인 피의 사무라이 정신을 중국 차문화의 넓고 깊은 지혜의 불길로 단련시켜 변용해낸 이성적 창조물이다. 그렇다면 한국 차문화는 어떤가? 모방과 종속의 울타리에 갇혀 차문화 식민지라는 말도 들려오는 것이 현실이다.

차문화는 차라는 음식, 차를 담아 마시는 그릇, 차를 마시는 차법으로 이루어진다. 음식은 정신을 만드는 원천이고, 그릇은 사회의식의 산물이며, 차법은 전통을 핵심 가치로 삼는다. 따라서 차는 자본, 기술, 경영의 산물인 커피나 탄산음료와는 전혀 다른 차원의 문화 응집체다. 차라는 기호음료는 매우 미묘해서 단순히 유행과 이윤을 따르기보다는 생산국의 의식구조와 역사인식 등 철학적 가치 판단의 영향력을 더 따르게 된다. 그래서 차를 아는 민족은 흥하고 차를 모르는 민족은 노예가 된다거나, 무기와 군대를 동원하지 않고도 상대를 완전히 정복할 수 있는 정신전쟁이 바로 차라는 말이 생겨난 것이다. 차는 주로 학자, 예술인, 상류사회의 영향력 있는 부유층, 주체의식 강한 지성인 등 그 사회의 주류 인사들이 즐기던 기호음료로 전통을 쌓아왔다. 이는 정신세계에 미치는 영향력이 그만큼 크고 강하다는 뜻이다.

나는 오랫동안 차살림론 강의를 하면서 '차문화 독립운동'을 말해왔다. 더 나아가 우리나라 토종 인문학의 씨앗으로서 차가 '차살림학'으로 제자리를 마련해 수입 학문의 열대우림 속에서 온대성 소나무 같은 학문이 되어 한국 미래세대의 믿음직한 귀의처가 되었으면 한다. 오래토록 함께 공부해온 동다학회 학인들, 방대한 자료 마련을 도와준 혜명, 다정, 다인, 보듬이를 비롯해 여러 가지 그릇 연구와 고생을 마다하지 않은 우송, 연파, 유태근, 김종훈, 심재용, 신경희, 송춘호, 박승일, 김태훈, 심영란, 이승백, 임만재 등 여러 도예작가들께 고마운 마음을 적어 남긴다.

2021년 여름
동다헌에서 정동주

들어가는 글

생명을 살리는 한국의 차 · 5

1 한국 차문화, 독자성 확립을 위하여

차는 무엇인가 · 15

자연으로 돌아가는 길의 안내자 · 19 | 막힌 것을 뚫고 닫힌 것을 열어 함께 사는 것 · 25
느림의 시간표 · 27 | 차, 그 하나의 모든 것 · 31

차를 왜 마시는가 · 35

신과 소통하는 수단으로서의 차 · 35 | 정치적 소통 방법으로서의 차 · 37
화두 소통과 차 · 40 | 사람과 사람의 소통과 차 · 42

차문화의 독자성과 한국인의 정체성 · 53

차문화의 독자성 · 54 | 다도의 내력과 차문화 · 56
한문의 힘과 짐 · 61 | 차의 정신성과 생활 속에서의 역할 · 68

2 제사 역사와 차문화의 원류

한국 차문화사의 새로운 바탕을 다지기 위하여 · 77

희미한 역사의 흔적 다시 읽기 · 83

백산차 · 83 | 「가락국기」의 난액 · 85

식물즙 제수의 종류와 역사 · 91

인도의 제사와 제수 · 92 | 잉카 · 마야 문명의 제사와 제수 · 97 | 고대 에티오피아의
제사와 제수 · 99 | 중국의 제사와 제수 · 99 | 고대 한국의 제사와 제수 · 101

식물즙, 정화수, 차의 관계 · 111

중국 차문화의 수입 · 111 | 정화수 신앙과 차 · 113 | 알가와 차 · 118

3 한국 차문화의 상징인 동다의 이해

동다란 무엇인가 · 133

동다 개념 정립의 필요성 · 133 | 동束, 한국의 정체성과 문화적 바탕 · 139
'동인'과 '동다'에 관한 고뇌의 흔적들 · 145 | '차, 떼 · 데, 다'의 문화 · 170

조선시대 차문화와 동다 개념의 변화 · 177

조선 초기 차문화의 특징 · 177 | 16 · 17 · 18세기 조선의 차문화 · 216

4 차살림

살림의 본질 · 223

한국의 살림 정신 · 231
정화수살림: 생명의 관계 철학 · 231 | 부엌살림: 생명, 음식의 상대성 · 235
동제살림: 공존의 아름다움 · 237 | 고수레살림: 기도의 참뜻 · 247

살림의 내력 · 251
육식, 살생과 잘못된 포만 · 251 | 죽임의 문화 · 255
온생명, 적자생존과 약육강식의 폭력성을 극복한다 · 258

차살림 · 263
다도와 차살림 · 263 | 차살림의 조건 · 266

차살림의 갈래 · 271
길눈이 · 278 | 내외살림 · 281 | 오붓살림 · 285
모두살림 · 286 | 헌다살림 · 289

5 차살림법의 세계

'보듬이'의 뜻과 만든 까닭 · 295

'보듬이'의 미학적 원류와 응용 · 303
빗살무늬토기완과 빗살무늬보듬이—신神과의 소통 · 304 | 번개무늬토기완과
뱀문양보듬이—비와 풍요를 위한 기도 · 310 | 사람얼굴무늬토기완과
신라의미소보듬이—상생의 화엄 노래 · 314 | 연리문다완과 청마연리문보듬이—
모든 것의 관계 · 318 | 톱니무늬다완과 수蕃자무늬보듬이—자연에의 귀의 · 322
흑도완과 회령유보듬이 · 328 | 흑유다완 · 330 | 청자철재다완과 석간주보듬이 · 332
인화문다완과 인화문보듬이 · 334

차살림법의 모습 · 337
차살림법의 역사 · 문화적 근원 · 339 | 차살림에서 쓰는 도구들 · 355
차살림법의 세계 · 363

참고문헌 · 389

1 한국 차문화, 독자성 확립을 위하여

- 차는 무엇인가

- 차를 왜 마시는가

- 차문화의 독자성과 한국인의 정체성

차는 무엇인가

오늘날 인류가 즐겨 마시는 기호음료 '차'^茶는 기원 이전부터 중국 동남부 해안을 끼고 있는 지역의 한족이 아닌 남방 소수민족들의 생활 속에 있어왔다. 그들에게 차는 생존에 꼭 필요한 약으로 쓰였고, 더 폭넓게는 신에게 바치는 제사음식으로도 사용되었다.

'차'는 원래 지금의 중국 광둥^{廣東} 지역에 살았던 원주민_{남방 소수민}들의 말이다. 중국 한족이 세운 최초의 통일국가 진나라 시황제가 남방 소수민족들을 진나라로 복속시켰다. 광둥을 비롯한 푸젠^{福建}, 윈난^{雲南}지역은 기온이 높고 비가 많이 오는 아열대 기후다. 따뜻하고 습한 날씨는 차나무가 자라는 데 적합했던 반면, 식수원이 되는 강물 등은 세균 번식이 쉬워서 음용수로는 부적합했다. 원주민들은 차나무 잎을 절구에 찧고 즙을 짜서 물에 타 마시거나, 찻잎을 물에 넣고 끓인 다음 식혀서 마셨다. 원주민들은 오랜 경험을 통해 찻잎에 살균 작용을 하는 약리성분이 들어 있다는 것을 알았고, 생존을 위해 꼭 필요한 약으로 차를 마신 것이다. 따라서 차문화는 중국에서 시작된 것이 아니라 바깥 세계에서 중국으로 전해진 외래 문화인 것이다.

차는 신과의 소통을 상징하는 제사 음식이기도 했다. 고대 인도 등에서는 식물의 즙으로 만든 소마^{Soma}, 하오마^{Haoma}를 제사 음식으로 신에게 바쳤다.[1] 고대 한국인들은 쑥 또는 쑥을 찧어 만든 쑥물을 신과의 소통 수단으로 사용했다.[2] 비록 소마, 하오마, 쑥, 차가 제각각 이름은 다르지만, 식물을 즙으로 낸 것이며 신에게 바치는 음식으로 사용되었다는 점에서는 닮았다. 그러한 측면에서 오늘날 우리가 마시는 '차'가 고대의 제사 음식이던 식물즙에서 기원한 것이라고 볼 수도 있을 것이다.

차를 신에게 바치는 제사 음식에서 비롯된 것으로 보게 된다면 중국 차문화가 오늘날 우리나라 차문화의 원류라는 생각은 수정되어야 할 것이다. 다만 우수한 약리성 때문에 많은 사람들이 기호음료로 선택했다는 점에서는 중국 차의 독자성을 높이 평가할 수 있겠다.

한편 고대 한국인들에게서 시작된 쑥과 쑥물의 약효와 우리나라 자생 차나무 잎으로 만든 차의 효험은 오늘날까지 지속적으로 생활화되고 있는데 이 또한 독자성을 지닌 것으로 평가된다.

우리나라에 중국 차문화가 전해진 6세기 이후로 차는 신라, 고려, 조선시대 중반 이전 상류층 소수 사람들의 기호음료가 되었는데, 중국에서 수입한 중국 차와 우리나라에서 생산된 차가 함께 사용되었다.

차나무 종자를 중국에서 들여와 심은 것이 우리나라 차나무 역사의 시작이라는 견해가 있다. 이와 달리, 차나무를 식물학적 분류에 따라 학명을 '동백나무속'Camellia Sinensis으로 나누는데, 한반도 남부 해안지대에서 난·온대 상록활엽수림에 속하는 카멜리아Camellia 화분이 4000년 전부터 있었으며 연속적으로 출현했다는 것을 근거로, 차나무가 남해안 저지대에서 자생해왔다는 새로운 사실도 알려졌다.[3]

중국 차문화의 오랜 영향을 받으면서도 우리나라 나름의 독자성을 키워온 한국 차문화도 나름으로 아름답다. 찻자리의 손님을 편안하게 하는 겸손 위에 차살림을 펼치는 행위 등이 그렇다. 좋은 차를 정성껏 달여 손님께 권하는 일을 통해 겸손의 덕을 기르고, 생활에서 이를 실천하려는 것이다. 이는 좋은 것을 남에게 먼저 권하는 것이다. 좋은 것을 남에게 먼저 권하는 일은 쉽지 않다. 그 일이 어려운 것은 인간의 상정常情이다. 누구든 좋은 것을 자신이 먼저 가지려 한다. 좋은 것은 모든 사람이 가질 수 있을 만큼 많지도 않다. 오직 하나뿐이거나 매우 적어서 이를 가지려는 사람들이 경쟁하고 다툼이 거세져 싸우게도 된다. 소유하기 위한 싸움의 한 끝이 전쟁이다. 비록 규모가 작고 정도가 덜하기는 하지만 싸움에서는 좋은 것을 가지려는 사람들마다 나름의 정당성을 내세운다.

차는 이와 같은 인간의 본능을 변화시키려는 문화로서 한국인들에게 깊은 영향을 주어왔고, 지금도 그 영향은 줄어들지 않고 있다.

차나무 잎을 가공해 만든 차를 신과 인간이 소통하는 제사의 제수로 사용하면서부터 그 오래되고 신비한 역사의 첫 장이 열렸다. 차는 찻잎 한 가지로만 된 음식이자 음료이며 약으로서의 효능까지 갖춘 물건이어서, 인류 문화의 서곡이자 현대 사회에까지 줄어들지 않는 영향력을 행사하고 있다. 이런 이유로 정신성, 약리성, 민족성, 예술성을 모두 포괄하는 차성茶性이 차를 말할 때 첫 머리에 자리 잡게 되었다. 또한 차에 함유된 것으로 확인되거나 확인 중에 있는 약리적 성분이 300여 종류나 된다는 오래된 기록들이 차의 신비성과 종교와 관련한 문헌들과 함께 전해진다. 뿐만 아니라 차를 만드는 과정의 다양한 방법들이 차의 약리적 측면과 신비로움을 더해주기 때문에, 차는 단순히 과거의 기억을 소중하게 여기는 추억의 문화가 아니라 자연을 꿈꾸게 하는 미래지향적 식품이기도 하다.

　차의 색깔, 맛, 향기, 찻그릇의 높은 예술성, 차 마시는 방법의 종교성과 예술성은 독자적인 차문화를 형성하는 세 가지 필요충분조건이다. 이 조건들을 개별적으로 분리하면 현대 미술 세계와의 접목과 실험도 얼마든지 가능하다. 인종, 국가, 시대에 따라 차문화가 지닌 매우 유장하면서도 독특한 역사성은 여러 연구가 가능한 인문학의 보고寶庫이기도 하다. 무엇보다 자연에 순응하는 음식이며 철학이라는 점에서 현대와 미래 사회에 차가 기여할 실질적 효과는 인문사회과학의 융화를 촉진시켜 전혀 새롭고 유익한 학문 분야를 탄생시킬 수도 있을 것이다.

　차는 술과 약의 힘으로 자신 또는 타인과의 소통을 지속해온 기존 문화의 불안을 해소시켜줄 매력적인 대안이기도 하다. 속도와 편리함에 파괴되고 있는 현대인들에게 느림의 시간표가 필요한 시점이다. 무엇보다 감성적이고 모성적인 배려의 힘으로 치유 방법을 모색하는 이들에게 오래된 미래의 처방전과 관계의 아름다움을 일깨워줄 철학이 될 것이다.

자연으로 돌아가는 길의 안내자

차는 자연으로 돌아가는 길의 안내자다. 자연에 순응하는 음식이며 생활을 자연에 내려놓을 줄 아는 지혜이기도 하다. 자연은 인간의 동무다. 동무끼리는 서로 아무런 조건 없이 선물하고 싶어 한다. 인간이 자연에게서 받은 모든 것이 선물이다. 음식, 물, 햇빛, 공기, 그 밖의 모든 것이 선물이다. 그 선물을 받을 때 우리는 겸손함, 경이로움, 고마움, 공경하는 마음을 갖는다. 그런 마음이 우러나는 것이 곧 상생관계다. 인간관계에서 우정은 인간과 자연의 관계를 승화시킨 최고의 가치다. 우정은 비폭력과 연민의 개념으로 이루어졌다. 친구를 해코지하거나 착취하거나 다치게 하거나 모욕하지 않는다. 서로의 존재에 꼭 필요한 상대이기 때문이다. 동무를 아프게 하는 것은 곧 자신을 자해하는 것과 같다. 그래서 동무 사이에는 겸손이 중요하다. 겸손은 남보다 잘나 보이려 하지 않는 마음이어서, 항상 상대를 편안하게 해주고 남을 이익되게 한다.

현대 사회에서 권력, 금력, 편리, 이익을 추구하는 세태가 개인 생활에 큰 영향을 미치게 되었다. 그 영향력을 옳다고 여기기 시작하면서 겸손은 거추장스런 장애로 여겨지게 되었다. 겸손하지 못한 태도가 교만, 교활, 이기적인 행동이다. 좋은 차 한 잔을 정성껏 달여 남에게 권하는 일을 통해 겸손을 배운다.

차를 내는 사람은 손님을 위압하거나 불편하게 하면 안 된다. 대가를 바라지 않고 조건 없이 애정을 쏟고 함께 기뻐하는 관계를 동무 사이라 하는데, 차를 내는 사람과 대접받는 사람의 관계도 그래야 한다. 동무 사이를 우정이라 하고 우정은 곧 자연과 인간의 관계를 가장 잘 표현해주는 말이다. 그래서 차는 인간에게 자연으로 돌아가는 길의 안내자라고 하는 것이다. 차와 인간의 관계가 수천 년 동안 변함없이 지속되는 가장 큰 이유는 차를 통해 평안을 얻고, 그 평안을 통해 모든 것은 서로 관계 있음을 깨닫고, 나아가 모든 존재는 독립된 실체가 없기 때문에 관계의 평등함을 알게 해주기 때문이었다.

이는 옥천자가 맛본 것이요, 육우도 마셔보고 기렸으며
매요신이 평생 즐겼고, 조업은 집에 돌아가는 것도 잊었다네
한 줌 봄빛에도 백락천은 차로 인해 마음의 평정을 얻었고
동파는 긴 세월 수마를 쫓았다네
여섯 가지 해로움 쓸어내고 팔진을 향해 나아가노라
이는 조물주가 은총을 베풀어 옛사람과 더불어 즐김이로세
어찌 의적이 만든 광약이 장부를 찢고 짓뭉개는 것에 비하리
더구나 사람들이 하늘이 내린 덕을 손상시키고 목숨을 재촉하는 술과 함께 이야기할 수 있으리

斯乃玉川之所嘗 贊陸子之所嘗

樂聖兪以之了生 曹鄴以之忘歸

一村春光靜樂天之心歸

十月秋月却東坡之睡神

掃除五害凌厲八眞此造物者之蓋有幸

而吾與古人之所共適者也

豈可與儀狄之狂藥 裂腑爛腸

使天之人德損而命促者同日語哉4

이 『다부』^{茶賦}를 쓴 한재^{寒齋} 이목^{李穆, 1471~98}은 14세 때 점필재 김종직의 문하에 들어가 정통 도학을 배우고 실천한 사림파 학자였다. 1498년 연산 4년 무오년^{戊午年} 7월에 동문인 김일손^{金馹孫}이 그의 스승 김종직이 지은 조의제문^{弔義帝文}을 사초^{史草}에 올린 것이 계기가 되어 무오사화가 일어났다. 이때 반대파의 영수인 윤필상, 유자광 등의 주장에 따라 김종직 제자들이 참형될 때, 이목도 참형을 당했다. 28세 때였다. 이후 1504년 갑자사화 때 스승 김종직과 함께 무덤 속의 시신을 꺼내 다시 형벌을 가하는 부관참시를 당했다. 이목은 김종직의 문하에서 막내에 가까운 젊은 나이로 사림에 넘치던 도학정신과 절의정신을 실천하는 데 철저했고, 문하 중에서도 도학 이념의 강골로 통했다.

그의 『다부』는 차의 성품, 즉 '차성'에 자기 생각을 비유한 것인데, 노자와 장자 사상이 혼재되어 군자의 도에 이르는 이상을 차에 연결시킨 우리나라 차문화사의 국보급 문화유산이다.

한재 이목의 『다부』.
차를 통해 자연의 섭리를
따른 중국 차인 여섯 명을
이야기했다.

이 시에는 중국 차문화사에서 가장 존경받는 여섯 명의 차인이 등장한다. 모두 나름의 명성과 차를 통해 터득한 깨달음을 바탕에 깔고 있다. 이 여섯 사람은 중국뿐만 아니라 중국의 차문화를 이해하려는 세계의 모든 사람들에게까지 널리 알려져 있으며, 인간 속성인 욕망을 자제하고 항복받아 자연의 이치에 순응하는 삶의 기쁨을 차에서 터득해낸 전설적 인물들이다.

노동盧仝, 796?~835은 차의 성품인 차성의 심오한 경지를 터득했으며, 백거이白居易, 772~846는 지방 관리 생활을 할 수밖에 없는 정치적 모순 속에서 고통과 원한을 만들지 않기 위해 참선에 열중했다. 늘 차를 즐겨 마시며 자연 이법을 거스르지 않고 살아가는 방법을 체득해 참선과 차 생활을 조화시킴으로써 평상심을 잃지 않았다. 육우$^{陸羽, 733~804}$는 오랜 세월 동안 약용이던 차를 자기 수양을 위한 기호음료로 바꾸고 이를 알리는 데 생애를 바친 위대한 현자였다. 조엽$^{曹鄴, 생몰년 미상, 850년에 진사가 됨}$은 낭중, 자사 등 벼슬을 지냈으나, 스님들과 달빛 아래서 차를 마시며 시 읊조리기를 좋아하여 집으로 돌아가는 일을 까맣게 잊어버릴 만큼 차를 즐겼다. 매요신$^{梅堯臣, 1002~60}$은 고향에서 나는 아산차를 늘 지니고 다니면서 마시고 차시를 썼던 사람이다. 소동파$^{蘇東坡, 1037~1101}$는 차에서 구원을 얻은 사람이다. 마음을 가다듬거나 책을 읽을 때는 항상 차를 마셨다. 불우하고 파란만장한 생애를 살면서도 향기로운 사상과 높고 바른 지성의 힘을 역사에 남길 수 있었던 것도 차의 자연성을 깨달았기 때문이었다.

이렇듯 정치, 경제, 사회의 위대한 지도자는 물론 문학과 예술에서도 불멸의 작품을 남긴 사람들은 거의 빠짐없이 차에서 큰 힘과 영감을 얻었다. 본능적인 욕망에 따르려는 것은 인간 본래의 모습이다. 그러나 욕망은 예외 없이 허망하게 끝을 맺는다. 욕망을 자제하고 극복하기란 쉽지 않다. 욕망의 무쇠관문을 천천히 지나서 높고 밝은 정신세계에 닿는 길을 열어주는 것이 차다. 그 차를 인간에게 보여준 것이 자연이다. 자연의 숨결을 짚어가면 차가 있고, 차를 따라가면 영원하게 사는 하늘에 닿는다는 것이다.

이목의 시에 응축되어 있는 의미 덩어리들을 차 한 잔으로 녹여서 음미하면 이렇게 맛볼 수도 있을 것이다. 욕망으로 꽉 짜인 인간의 희로애락은 감정의 그릇에 담겨 있다. 감정이 물결치고 바람에 흔들릴 때마다 환락으로 출렁이거나 비탄에 찢겨 소리 소리친다. 그때마다 술을 마신다. 감정이 격하고 흔들릴 때마다 술 마시는 버릇이 쌓이면 육신은 조상의 은혜를 비웃게 되고 정신까지 흐려지고 병들어 끝내는 죽음을 불러오고 만다. 어디 술뿐이던가. 음식도 기름지고 맛있는 것만 찾아 생목숨을 끊고 불에 굽고 뜨거운 물에 삶아서 함부로 배를 불리다 보면 먹는 것으로 목숨을 재촉하기도 한다. 그러나 오직 차는 먹고 마시는 일에서 중용을 알게 하고 몸과 마음을 깨끗하고 바르게 해준다. 그러니 차를 감히 술이나 기름지고 값비싼 음식들과 견줄 수 있겠는가. 그러므로 자연에 던져진 한 사람으로 살다가 젊디젊어서 형장의 이슬로 돌아간 이목은, 나라 다스리는 자리에 있는 사람들은 '마땅히 차의 성품을 배워서 자연으로 돌아가는 길을 찾아야 하지 않겠는가'라고 노래했다.

  차는 자연의 형용사이자 자연학개론이다. 차는 인간에게 자연을 보고 듣고 읽고 따르게 한다. 자연의 성품인 자연성을 깨닫게 해준다. 자연성은 야성을 포함한다. 문명은 야성을 순치시켜 인간을 도구화시켰다. 도구는 자체 의지가 없다. 쓰는 자의 의도대로 쓰이다가 버려진다. 자본, 권력, 지식, 무기가 문명의 주인처럼 되었다. 인간은 문명의 세속적 지도라 할 제도와 관습에 따라 이리저리 움직이며 길들어왔다. 그러는 사이에 자연의 원시성에서 너무나 멀리 와버렸다. 돌아갈 생각조차 잊고 도구화에 재미를 들렸다. 사람 손에 길들어 원시성이 퇴화된 집개와 집고양이와 가족이 되어 킁킁거린다. 어느새 인간은 탐욕, 분노, 어리석음을 인간적이라며 강변하고, 민주주의와 자유와 개성이라는 말로 상품화를 외쳐댄다. 탐욕이란 필요 이상으로 먹고, 필요 이상으로 가지고, 필요 이상으로 즐거움을 탐하는 것이다. 분노란 제 욕심대로 안 될 때 나타나는 자타공멸의 불길이다. 자기 자신밖에 모르는 것은 어리석은 일이다. 때때로 개성, 개인주의, 이기주의, 이데올로기, 무슨 무슨 주의主義 같은 것으로 변형되어 같은 생각 가진 이들을 선동하고 무리지어 쿵쿵거린다.

차는, 모든 것이 곧 모든 것과의 관계임을 알도록 깨우쳐주는 자연의 묵시록이다. 하지만 자연의 향연 중에서 가장 단순하고 소박한 음식이다. 그리고 자연에서 쓸모없는 것이 없음을 가르치는 침묵의 스승이다. 그래서 차는 자연에 순응하는 아름다움을 보여주고 따라오게 하는 음식이며 모든 관계의 틀이 곧 내 몸임을 깨닫게 하는 철학 강의라고 할 수 있다. 그것이 차성, 곧 차의 성품이다.

자연의 이치에 거역하는 음식이란 '죽임의 문화'가 낳은 것이다. 음식은 정신을 만들고, 정신은 사람을 자연과 함께 깨어 있게 한다. '차살림'은 곧 차성을 배워 생활로 삼는 지혜이자 미래를 위한 학교다.

막힌 것을 뚫고 닫힌 것을 열어 함께 사는 것

차는 과거, 현재, 미래와 소통하는 물질이며, 그 물질을 구성하고 있는 것은 바로 지혜다. 물질적 효용에만 집착하거나 인식하려 하면 음식의 한 종류로 그치고 말지만, 물질을 구성하고 있는 지혜를 보려 하면 과거, 현재, 미래와 동시에 소통할 수 있는 인문의 용광로가 된다. 과거와는 기록이나 말을 이용해 소통하고, 현재와는 약리성을 느끼며 소통한다. 미래와는 과거와 현재의 정신성으로 소통한다. 그러기 위해서는 신념이 필요하다. 차에 관한 신념은 다른 학문 영역에서처럼 이해와 관찰, 이성적 사고를 거쳐야만 더 견고해진다.

중국 차문화를 우러르는 한국차인들의 오랜 신념에는 유장한 역사의 길이와 깊이와 무게, 한문으로 구성된 유학과 그 부속 관습들의 지배력이 스며들어 형성된 두려움이 들어 있다. 그 두려움으로 막혀버린 소중화주의 역사의식을 뚫을 주체성이 필요하다. 막힌 그대로는 중국 문화의 참 모습을 보기도 어렵고, 그에 따른 불이익은 고스란히 한국인의 책임이기 때문이다.

차인茶人이란 '완전함'에 도달하려고 수행하는 사람이기도 하다. 초의선사草衣禪師가 그토록 닮고자 했던 진묵일옥震默一玉, 1562~1633 선사는 차에 관한 한 보기 드문 수행자였다. "차의 티끌이며 더러움 없는 정기를 마시거늘 어찌 큰 도 이룰 날이 멀다고만 하겠는가"塵穢除盡精氣入大道得成何遠哉라는 초의선사의 말에서 '진'塵은 티끌, 곧 본질을 가리거나 왜곡하는 망상과 장애물들, '예'穢는 더러움과 두려움, 곧 죄에 물들고 욕심으로 일그러진 이승살이의 불만족, 갈등과 투쟁, 원한과 저주, 도적질과 거짓말 등이다. 바로 삶의 진실을 방해하는 장애물이자 소통을 막는 원인이다. 이때 차는 그 성품이 삿됨邪이 없어 어떤 욕심에도

사로잡히지 않아, 때 묻지 않은 본래의 원천과도 같으므로 '무착바라밀'無着波羅密이라고도 불렀다. 욕심으로 막히고 닫힌 것을 뚫고 열어서 하나 되게 한다는 것이다.

느림의 시간표

현대 사회에서 천천히 느리게 사는 것은 거의 불가능하다. 때로는 죄악처럼 여겨질 때도 있고, 세상 사람들과 함께 사는 것을 포기했거나 정신질병 환자로 보이기 십상이기도 하다. 문명의 속도에 감히 거역하는 짓으로 여겨지기 때문이다. 현대 사회를 지탱하고 움직여가는 데는 각 분야마다 정해놓은 규정이 있다. 규정을 지켜 따르지 않으면 도태될 수밖에 없고, 경우에 따라서는 조직의 안정을 위협하는 것으로 단정 짓고 강제로 내몰리기도 한다. 그 규정의 속성은 비정한 '속도'다. 조직의 기능으로 살아가면서 느린 삶을 꿈꾸는 것은 위험하다. 개인의 생활도 속도로 구성된 틀에 얽매여 있다. 자동차, 컴퓨터, 휴대전화, 전자기계들의 속도에 얹혀 살거나 쫓기거나 떠밀리면서 산다. 느림은 꿈도 꿀 수 없다. 점점 스스로 속도에 종속시켜 자신을 잊어간다. 정신적 행동보다는 기계적 반복과 숙련에 길들여지면서 산다. 따라서 모든 음식, 식사법도 속도를 기본 원칙으로 한다. 도로, 철도, 항로, 항공 모두 속도의 진화 경쟁 산물이다. 출산, 육아, 조기교육, 선행학습, 조기졸업, 결혼식, 장례식, 조상제사도 속도의 칼날 위에서는 추억이나 회상 또는 낭만이며 인간적인 슬픔 따위는 여지없이 위축되고 잘려나간다. 내가 누구인지는 은행의 신용등급, 보험사의 신상정보, 인터넷의 온갖 공간에서 다 알고 있다. 궁금하면 그들을 통해 알아보면 된다. 굳이 내가 누구인지 알려고 들면 자칫 병원 치료부터 받게 될 위험이 커진다. '빠름, 빠름, 빠름'이 이 시대의 정신이다.

차에는 느림의 설계도가 들어 있다. 그 설계도면을 읽으려면 지혜의 눈이 필요하다. 천천히 사는 기쁨과 보람을 에너지로 삼는 눈이다. 그 눈을 갖고 싶다면 먼저 자동차를 타지 말고 천천히 걷는 것이 중요하다. 서두르면 안 된다. 걷기 시작하면 걷는 거리가 조금씩 늘어난다. 걸은 거리가 늘어난 만큼 그 반경도 넓어진다. 되도록 천천히 걸어야 한다. 조급증이 나서 빨리 걷고 싶을 때는 멈춰 서서 왜 걷는지를 스스로 물어야 한다. 그렇게 걷다 보면 좌우와 앞뒤의 풍경이 보이기 시작한다. 자동차로 달릴 때는 안 보였던 풍경이다. 분명 같은 길인데도 다른 세상처럼 느껴진다. 차창 밖으로 빠르게 스쳐지나간 표지판과 산 능선, 마을 등 크고 높은 것들만의 죽은 풍경들이 아니라, 바로 그것들을 만들어내고 존재 이유를 새겨넣는 아주 작고 아름다운 색과 소리와 향기들로 이루어진 살아 있는 풍경들을 만나게 된다. 어떤 경우에는 똑같은 장소와 비슷한 계절, 시간인데도 전혀 새로운 느낌으로 다가올 때도 있다. 빨리 달릴 때는 몰랐던 것들이다. 더욱 놀라운 것은 원래부터 엄연히 존재했음에도 불구하고 없는 것으로 단정짓거나 보이지 않았던 것들이다. 의심하거나 고뇌할 필요도 없었다. 그냥 스쳐 지나가버리면 그만이었으니까. 삶도 그러하지 않았을까. 내 삶이나 몸, 지식과 경험으로 알고 있는 바깥세상의 풍경에 대해서만이 아니라 내 안의 풍경에 대해서도 그랬던 것이다. 나는 무얼 하고 산 것인가. 속도의 마법에 걸린 꼭두각시가 아니었던가. 누구나 다 그러하니까 아무 두려움도 걱정도 하지 않았다. 똑같이 달리기만 하면 되니까.

들쥐 무리나 멧돼지들처럼 맨 앞에서 달리는 우두머리를 따라서 달리기만 했다. 우두머리가 달리는 속도에만 집중하다 보니 앞에 나타나게 될 높은 낭떠러지를 미처 발견하지 못하고 뒤따르던 무리들도 아무 생각 없이 떨어져 죽는 것과 닮아갔다. 자본, 권력, 편리, 이익이라는 집단 정서에서 자유롭지 못한 현대인이 속도의 마법을 냉철하게 판단해 스스로 멈추거나 돌아선다는 것이 바보스럽고 위험한 선택이라는 결론은 과연 누가 내린 것인가.

나의 안쪽을 응시하면서 고요하게 사유할 수가 없다면 내 바깥 풍경들에 대한 관조와 판단도 불가능하다. 오직 유행과 광고로 대변되는 집단 정서, 개인의 내면을 조작하고 충동하는 이른바 똑똑하고 유용한 정보를 믿고 따를 뿐이다. 결국은 나의 내면세계를 볼 수 있는 범위와 수준이 곧 나의 바깥 풍경을 볼 수 있는 기준이자 한계가 되는 것이다. 내 안을 들여다보는 데는 감각 기능들의 도움을 받는다. 내 몸 바깥을 채우고 있는 소문, 지식, 유행 등은 별 도움이 되지 않는다. 오히려 적극적인 장애가 될 뿐이다. 먼저 눈이 제대로 보고 판단한다. 귀로 들어서 내 안의 변화와 꿈을 보게 하고 코로 맡아서 안에 숨어 있는 영혼의 향기를 깨닫게 한다. 그리고 입으로 맛을 본다. 우주를 구성하고 있는 것들의 맛은 각각 다르며 본질과 역할 또한 다르기 때문에 생명이 존재할 수 있고, 그 다른 것들이 모여서 이루는 조화가 맛이다.5

맛을 아는 것은 참으로 중요하다. 서로 다른 것들이 모여서 이뤄내는 가장 완전한 조화이기 때문이다. 내가 정녕 나일 수 있는 것 또한 다른 사람들과의 차이 때문이며, 그 차이가 선명할수록 내 안과 밖이 분명해지고, 그만큼 세상이 아름다워지기 때문이다. 관계의 차이를 보고 듣고 맡고 맛보며 깨닫는 눈, 귀, 코, 입, 감각이 제대로 살아 있으려면 자연으로 돌아가야만 한다. 자연성이 본래의 제자리로 돌아와야만 한다.

차를 마시는 것은, 차를 아는 것은, 차살림을 사는 것은 자연으로 돌아가는 것이다. 내 안을 살펴서 일깨우고, 깨어난 무의식 또는 의식의 눈과 귀와 코와 입으로, 곧 자연의 풍경 속으로 들어가는 것이다. 이를 자연주의적 자기치유라고 할 수 있을 것이다.

차가 품고 있는 느림의 설계도에는 현대인에게 보내는 메시지가 들어 있다. 목표를 결정해놓은 뒤에는 무슨 일이 벌어지든 오로지 목표 달성을 위해 수단 방법 가리지 않는 이들에게 전하는 여행에 관한 메시지다. 삶에서 죽음에 이르는 길은 다양한 체험을 하는 긴 여행이다. 여행은 목표지향적인 것으로 여겨질 수도 있지만, 한 걸음 한 걸음의 과정이 순조롭고 행복하지 못하면 목표에 도달한다 해도 불행해진다. 과정의 위험과 모순을 무시하면서 강행하는 여행은 여행이 아니라 독선과 아집의 표출이어서, 목표에 도달하는 순간 여행의 의미는 변질되어버린다.

느림의 설계도는 천천히, 꼼꼼하게 읽어야 한다. 거기엔 여행 방법이 자세하게 안내되어 있다. 탐욕의 열정만으로 시작된 여행은 거의 빠른 속도를 중요 수단으로 삼는데, 그 여행은 눈, 귀, 코, 입, 모든 감각이 환각에 시달릴 수 있다고 경고한다. 과정의 소중함을 눈여겨보게 하는 것은 자연스런 시각, 청각, 후각, 미각, 감각을 통해 여행에서 만나는 작고 숨겨진 자연의 식구들과 대화하고, 자연의 아름다움을 깨달아 그때그때의 목표에 도달하라는 것이다. 그 목표가 작다고 말하지 말라는 것이다. 그 작은 목표들이 순연하게 이어져가는 것이 인생 여행의 참 모습이기 때문이다. 출발점에서 맨 먼저 도달한 목표까지는 짧은 거리지만 감동과 교감이 자라나 푸르른 명상의 곡선이 된다. 이렇게 발견하는 내 안의 여행은 밖으로의 여행에서도 이어져, 자연의 이치를 내 안으로 이어 안과 겉이 행복한 깨달음으로 고요해지게 한다. 느림은 나의 안과 밖을 동시에 바라보면서 자연의 숨결을 내 호흡으로 연결시키는 정신의 움직임이다. 차는 자연이다. 그리고 치유^{healing}다.

차, 그 하나의 모든 것

차는 다른 풀, 나무들과 같은 식물이다. 수많은 풀잎, 나뭇잎 중에서 차는 그 잎만으로 귀한 음식이 된다. 다른 어떤 것도 더하거나 섞지 않고 오직 찻잎 한 가지만으로 완전한 음식이 된다. 그 점이 다른 풀잎이나 나뭇잎과 다른 점이다. 그래서 차는 하나이면서 동시에 모든 것이다. 찻잎 한 가지만으로 만든 음식인데도 다섯 가지 맛을 모두 지녔기 때문이다. 모든 음식은 주된 재료에다 양념이 되는 부재료들을 넣어야만 완성된다. 한 가지 재료만으로는 온전한 맛이 나기 어렵다. 맛의 철학은 한 가지 음식을 완성시키는 데 반드시 사용해야 하는 여러 가지 다른 재료를 적절하게 더해야만 된다는 데 있다. 이질적인 것들의 조화가 맛이 되는 이치는 일찍부터 좋은 정치의 이상으로 삼아왔다. 좋은 정치란 한 나라의 사람들이 모두 만족하고 편안하게 살 수 있도록 법을 만들고 제도를 통해 이를 실천하는 것이었다. 하지만 사람들은 저마다 생각이 다르고 소망하는 것과 만족하는 기준이 달라서 모두가 동시에 만족하고 편안하기란 결코 쉽지 않다. 그런데도 국가를 만들고 지도자를 뽑는 것은 그 불가능해 보이는 공동의 만족과 평안이 필요했기 때문이다. 다수결의 원칙, 의회주의, 민주주의 같은 이념이 필요했던 이유이기도 하다.

차는 이 같은 정치의 근본과도 이어져 있는 형이상학적 존재이며, 하나이면서 동시에 모든 것일 수 있는 형이하학적 존재이기도 하다.

하나 안에 모두가 있고 모두 안에 하나가 있으며
하나가 곧 일체요 일체가 곧 하나라
한 티끌이 우주를 머금었고

모든 티끌 속에도 또한 그러하네
一中一切多中一 一卽一切多卽一
一微塵中含十方 一切塵中亦如是[6]

신라의 의상義湘, 624~702 스님이 『화엄경』華嚴經 전체 대의를 나타낸 게송의 한 부분이다. 차의 성품, 즉 찻잎에 포함된 것으로 알려진 300여 종류의 성분이 신맛, 쓴맛, 매운맛, 단맛, 짠맛의 다섯 가지 맛을 지니고 있음을 비유한 것으로 읽어도 전혀 억지스럽지가 않다. 찻잎은 차나무가 자라는 온도, 습도, 땅이 형성된 지질 연대에 따라서 성분이 조금씩 차이가 나기도 하고, 만드는 방법에 따라서 특정 성분이 강화되거나 약화되기도 한다. 참으로 신비스럽다 할 만큼 다양한 변화와 효험을 보인다. 또한 차를 끓이는 방법, 물의 종류, 땔감의 종류, 탕솥의 재질, 계절이나 시간에 따라서도 차맛에 차이가 생긴다. 차를 달이는 사람에 따라서, 차 마시는 손님의 건강이나 심리 상황에 따라서도 차맛은 변화한다. 사람이 혼자일 때와 여럿일 경우가 다르고, 분위기와 날씨도 차맛을 변화시키는 원인이 된다. 차를 담는 다완茶碗의 재료인 흙의 종류, 다완을 굽는 온도의 차이, 유약과 가마의 성질에 따라서도 차맛이 변화한다. 오래될수록 약효가 좋아지기도 하고 그 반대가 될 수도 있다. 색은 좋은데 향이 덜하기도 하고 향은 그만한데 맛이 덜하기도 한다. 색, 향, 미, 기운이 모두 좋을 수도 있다. 하지만 여러 가지 사정에 따라서 이것도 변화한다. 차는 살아 있는 생명이기 때문이다. 이 다양한 변화가 곧 차가 수천 년 동안 가장 존경받고 좋아하는 인류의 기호음료로 존속될 수 있었던 신비이자 과학이다. 또한 앞으로 수천 년을 더 살아남아 변함없이 자연의 이법을 묵시적으로 깨닫게 해줄 선물이 될 것이다. 차를 바로 알고 마시면 자연으로 돌아가는 길을 즐겁게 만날 수 있다.

차, 그 하나의 모든 것을 최초로 정립한 것은 중국 차문화사의 전설적 인물로, 거룩한 분이라는 칭호를 헌정 받은 육우가 지은 『다경』에서였다. 『다경』「일지원」$_{一之源}$에서 "찻잎 딸 때가 아닌데 따거나, 정성 다해 만들지 않거나, 다른 풀과 섞인 것을 마시면 병이 생긴다"$_{採不時\ 造不精\ 雜以卉莽\ 飲之成疾}$고 했다. 또한 '다른 풀과 섞인 것'$_{雜以卉莽}$의 구체적 내용은 『다경』「육지음」$_{六之飲}$에 기록해두었다. 즉 "혹 어떤 이는 (차에다) 파·생강·대추·귤껍질·수유·박하 등을 넣고 푹 끓여 마시기도 하는데…… 이런 것은 도랑에 내다버려야 할 물인데 이런 습속이 그치지를 않는다"고 안타까워했다.

차를 왜 마시는가

 사람들은 무슨 까닭으로 차를 마실까. 그냥 마시고 싶으니까 마신다는 사람도 있고, 목이 말라서, 입이 심심해서, 분위기가 그윽해, 늘 마셔온 것이다 보니 습관이 되어 마신다는 이도 있을 것이다. 어느 곳, 어떤 사람한테서 좋은 영향을 받아 마신다는 사람도 있을 것이다. 흔히 기호음료의 한 종류로서 차를 말할 때 이런 경우들이 포함될 것이다. 이와는 좀 다르게 차가 어떤 목적을 이루기 위한 방법, 즉 목적음료로 사용된 경우도 있다. 차문화사의 큰 흐름을 형성해왔고 현대 사회에서는 기호음료의 한 종류가 되어 분명한 역할을 맡고 있기도 하다. 목적음료로서의 차는 정치, 종교, 제사, 일상생활에서 소통 방법을 상징하는 매우 특별한 역할을 해왔으며 현실에서도 그 역할은 조금도 줄어들지 않고 있다.

 신과 소통하는 수단으로서의 차
 고대국가시대에는 신과 소통하는 제사장이 절대적인 권위와 신성을 만들어내고 유지시켜주는 힘의 근원이었다. 인간을 대표하는 제사장이 주로 제사를 전담했으며, 제사에서 가장 신성하게 여긴 제수祭需는 그 지역에서 자생해온 특정한 식물로 만든 즙이었다. 식물즙은 지역에 따라서 그 종류와 이름이 달랐다. 고대 이란의 하오마haoma와 소마soma, 고대 인도의 소마와 다르바darbha, 쿠사kusa, 잉카 마야 문명의 마테mate, 고대 에티오피아의 커피, 고대 중국의 차tcha, 고대 한국의 쑥艾草:애초, 정화수 등을 대표적인 예로 들 수 있다.

중국을 제외한 나머지 민족들이 사용한 제수의 명칭은 각각 다르지만 중국이 사용해온 '차'라는 말이 아니라고 해서 다르게 해석하거나 부정할 수는 없다. 문화의 차이일 뿐이다. 제사장은 이런 식물즙을 제단에 올려놓고 기도하며, 기도를 통해 하늘의 신으로부터 계시를 받아 통치 수단으로 삼았다. 따라서 식물즙이 신과의 소통 수단이었으며, 신의 뜻이 강림하는 신성의 통로이자 상징물이었던 것이다. 그리하여 제사가 끝나면 그 식물즙을 먼저 제사장이 마셨다. 때로는 제사장이 마시고 남은 것을 정해진 차례에 따라 나눠 마셨는데, 이는 곧 신의 은총을 나눠 받는다는 뜻이었다. 이 의식은 차츰 세속화되었다. 오늘날 제사에서 참여한 사람들이 제사에 올렸던 술을 나누어 마시는 '음복'이 그러하다. 계급적인 단계를 거치면서 점점 범위가 넓어져서 그 민족 전체의 관습으로 제도화되기도 했다.

정치적 소통 방법으로서의 차

고려시대 '중형주대의'重刑奏對儀라는 제도는 우리나라 차의 정신성을 상징적으로 보여준다. 신하가 사형이나 이에 준하는 중죄를 범해 판결을 받게 되었을 때 왕이 사헌부 관리와 함께 차를 마시면서 형벌 정도를 토론한 제도다. 판결이 엄정하고 신중해야 한다는 것을 강조하기 위한 것인데, 이때 차는 냉철한 이성과 편향되지 않은 견해를 내는 데 도움을 준다고 여겨졌다.

왕이 내전 안쪽에 앉고 여러 신하들도 재배한 후 자리에 앉는다. 다방참상원茶房參上員이 협호夾戶, 별채로부터 차를 들고 들어온다. 내시칠품원內侍七品員이 뚜껑을 연다. 집례가 전殿의 앞기둥 밖으로 올라와서 왕과 마주보고 절한 후, 차를 권하고 놓은 뒤 전 아래로 내려온다. 다음에 원방院房의 8품 이하가 재추宰樞에게 차를 올리며, 다시 전상殿上에 올라가 엎드려 차 마실 것을 청한다. 단필주대원丹筆奏對員이 "단필丹筆로 참결斬決: 목을 베는 형벌을 결정하시되 유인도有人島에 들어갈 자를 제외하소서"라고 아뢴다. 형이 결정된 후 왕과 재추에게 약藥을 권하고 신하들은 재배한다. 신하들은 왕이 술과 과일을 하사한다는 분부를 전달받고 차례로 나간다.7

앞의 기록으로 왕과 신하가 함께 차를 마신 뒤 형벌을 결정한 것을 알 수 있다. 죄와 벌을 결정하는 법의 운용에는 바른 생각이 필수적이고 공정한 판결을 위해서 차를 마셨다는 것은 차가 지닌 신성한 힘을 빌려 사람의 생명을 신중하게 다루자는 것이었다. 조선 중엽부터 사헌부의 '차시'茶時는 감찰기관으로 변한다. 이수광李睟光, 1563~1628은 "감찰들이 사헌부나 감독과 검열을 하는 관청에 모였다가 파하는 것을 '차시'라 일컬으니 그것은 차를 마시고 파하는 것이다"라고 했다. 사헌부 업무에 관한 다음 기록으로 차를 마신 것이 휴식을 위한 것이 아니라 업무의 연장이었음을 알 수 있다.

'성상소 감찰다시'城上所監察茶時라는 말을 사람마다 외워 말하지만, 그 뜻이 무엇인지는 모른다. 성상소라는 것은 옛 궁궐의 성장城牆 위라는 뜻인데, 그 당시 대원臺員들이 회의하는 처소로서 간관諫官 중에 행공行公할 사람이 없으면 여러 감찰이 교대로 모여서 회의를 마치는 것이고, 차시茶時라는 말은 그들이 모여서 차나 한잔 마시고 헤어진다는 뜻이다. 감찰은 옛날의 전중어사殿中御史로서 모든 관료를 단속하는 직책인데, 반드시 먼저 검소하게 처신해야 하기 때문에 거친 베에 누추한 빛깔의 옷을 입고 좋지 않은 말에 떨어진 안장을 얹어 바라보기만 해도 그가 감찰인 줄 알도록 했으니 곧 옛날의 관례였다. 그러므로 비록 부유한 집의 자제일지라도 감히 그것을 변하게 하거나 고치지 않았는데, 뒷날 한두 재상이 시론時論을 내세워 그 편리함에 따르기를 허용함으로써 드디어 화려한 의복을 입게 되었다 한다.[8]

'차시' 제도 또한 그러했다. 사헌부 관리가 본사에 모여서 차를 마시면서 중요한 공사를 의논하던 일이 차시였다. 사헌부는 관리의 비행을 적발해 규탄하고, 풍기와 풍속을 바로잡으며, 백성의 억울한 일들을 살펴서 풀어주던 관청이다. 관리들은 정해진 시간에 회의장소인 성상소에 모였다. 매일 아침 업무 시작 전에 반드시 차시를 가졌는데, 차시를 행할 책임자를 미리 선정해 이를 승낙받기도 했다. 아침에 출근해 그날의 업무를 보기에 앞서 정신을 맑게 가다듬고 공정한 판단과 엄정한 일처리를 위해서 차를 마셨다.

'야다시'夜茶時는 사헌부 감찰들이 밤중에 갖는 차시 모임이다. 이는 매우 특별한 상황이 생겼을 때로 한정된다. 즉 정부 관리가 백성의 재물을 착취하거나 간사하고 외람되어 탐학을 범했을 때 이를 응징하는 방법으로써 범죄자의 집 근처에서 야다시를 가졌다. 죄가 있음이 분명해지면 흰 널빤지에 조목조목 죄상을 기록해 대문에다 걸었다. 단단하게 고정시키고 그 둘레에 가시를 두른 뒤 감찰들이 서명했다. 만일 이 널빤지를 훼손하면 매우 중대한 범죄가 됨을 경고한 것이다. 명분과 체통을 목숨같이 여겼던 조선시대 도학 정신과 차의 정신이 잘 조화된 소통 방법이었다. '사다'賜茶, '사좌'賜座의 예禮'도 정치적 소통 방법으로서 차가 훌륭한 역할을 해왔음을 보여준다. 임금과 신하가 한자리에 앉아서 차를 마시면서 여러 문제나 정치적 일들 또는 개인적 소견들을 말하는 등 범상치 않은 소통 방법이었다.『단종실록』9권 원년 계유 11월조에서 그런 역사를 확인할 수 있다.

원년1453 11월 14일 경연관이 진강을 마치자 좌사간左司諫 성삼문이 아뢰었다. '옛날에 주공周公이 성왕을 업고 제후의 조회를 받은 것은 천하의 마음을 정하기 위한 것입니다. 지금 주상께서 유충하시어 궁중에 깊이 거처하시면서 여러 신하를 한 번도 접견하지 않으시니, 인심이 정해지지 않을까 두렵습니다. 청컨대 초하루와 16일에 근정문에 납시어 군신들의 조참을 받으시면 군신들이 용안을 뵈올 수 있어 인심이 거의 정해질 수 있을 것입니다.' …… 성삼문이 다시 아뢰었다. '경연은 조정과 견줄 바가 아니므로 간혹 특별한 우가優假함이 있어야 합니다. 그래서 옛날에는 사다, 사좌의 예가 있었습니다. …… 청컨대 옛날의 예例에 따라 사좌하소서' 하니 전지하시기를 '내 마땅히 따르겠다' 하셨다.

화두 소통과 차

화두話頭는 불교 선종에서 공안公案의 일절一節 또는 일칙一則을 말한다. 공안이란 '고칙공안'古則公案, '고칙'이라고도 하는데, 원래는 반드시 지켜야 할 정부의 법령을 말하는 '공부안독'公俯案牘의 줄임말이었다. 선종에서는 부처 또는 조사들이 제시한 어구나 행동, 제자들과 나눈 대화, 깨달음의 계기가 된 정황 등을 참선의 모범적인 법도로 삼아 공안이라 했고, 이것이 공부의 실천적 근거가 되었다. 공안을 참구하는 방법은 하나의 문제의식을 가지고 언제 어디서나 모든 인연에 이를 적용하는 것으로, 이것이 공안을 통한 공부의 특징이며 동시에 모든 것을 이 하나로

통일할 수 있는 장점을 지닌다.9

화두 또는 공안과 관련해 조주종심趙州從諗, 778~897은 매우 특별한 인물이다. 흔히 조주선사로 널리 알려져 있는 이 스님은 중국 당나라 때의 선수행자이자 동아시아 불교사에서 차와 관련된 수행법을 만든 남종선 가문을 이끈 스님 중 한 분이다. 특히 유명한 조주스님의 '무'無자 공안은 선종의 제1공안처럼 보편화되어 있다. 그 외에 '뜰 앞의 잣나무' '청주의 베옷' '진주의 큰 무' 등도 조주스님 인연으로 채택된 공안이다. 그리고 '차나 마셔라' '차나 한잔 마셔라' '차나 한잔 먹고 가거라' 등으로도 번역되어 유행어처럼 널리 알려진 '끽다거'喫茶去도 승속을 가리지 않은 조주스님의 인연에 따른 공안이었다.

스님께서 새로 온 두 납자에게 물었다.
'스님들은 여기에 와본 적이 있는가?'
한 스님이 대답했다. '와본 적이 없습니다.'
'차를 마시게차나 마시게.'
또 한 사람에게 물었다. '여기에 와 본 적이 있는가?'
'왔었습니다.'
'차를 마시게차나 마시게.'
원주가 물었다.
'스님께서 와보지 않았다는 사람에게 차를 마시라고 한 것은 그만두고라도, 무엇 때문에 왔던 사람에게도 차를 마시라고 하십니까?'

스님께서 '원주야, 원주야' 하고 부르니, 원주가 '예' 하고 대답
했다.
'차를 마시거라' 하셨다.
師問二新到上座 曾到此間 否云不曾到 師云喫茶去
又問那一人 曾到此間 不云曾到 師云喫茶去
院主問 和尙到敎伊喫茶去卽且置 曾到爲什麼敎伊喫茶去
師云 院主院主應諾 師云喫茶去[10]

공안은 부처나 조사들이 사람마다 인식 능력이나 상황에 따라 그때마다 적절한 방편을 써서 깨달음으로 이끌어주기 위한 가르침이었으니 그 자체로 소통 방법이었던 셈이다. 따라서 공안 또는 화두를 관념 조작으로 일정한 틀에 가두지 말고 살아 있는 활구로 만들기 위한 의도가 포함된 것으로 본다. 조주선사가 그를 찾아온 두 승려에게 '차 마시거라'라고 했을 때의 '차' 또한 이러저러한 관념의 유희적 조작에 휘둘리지 말라는 것이다. "점차 깊고 은밀하며, 아득하고 먼, 미세하고 미세하고, 지극히 미세한 경계"[11]에 이르기 위한 소통의 방편인 것이다.

사람과 사람의 소통과 차

차 마시는 일이 사람과 사람, 혹은 자기 자신과의 소통을 위한 음료나 음식이라는 것을 알게 해주는 오래된 문헌 중에는 중국 춘추시대의 『안자춘추』晏子春秋가 있다. 춘추시대 제나라 경공 때기원전 547~490 재상을 지낸 안영晏嬰, ?~기원전 500의 일화를 모아

서 편집한 책이다.

> 안영이 제나라 경공 때 재상으로 있으면서
> 현미밥에 새 구이 세 마리, 새알 다섯 개, 차나물만 먹었다.
> 嬰相齊景公時
> 食脫粟之飯炙三弋五卵茗菜而已[12]

검소함으로 뒷사람들에게 좋은 본보기가 되었던 안영의 조촐한 식사법을 소개하고 있는데, 한 나라의 재상 벼슬을 지내는 이가 벼 껍질만 벗긴 현미밥과 소박한 찬 세 가지가 밥상의 전부였다는 것이다. 이 글은 '명채'茗菜, 즉 찻잎을 반찬으로 썼다는 최초의 기록인데, 안영의 소박한 식사법과 검소한 태도는 곧 지도자의 도덕성과 인간적 체취를 알게 해주는 소통 방법이기도 했던 것으로 보인다.

오나라 역사책 『오지』吳志에 실려 있는 「위요전」韋曜傳에는 역사학자 위요韋曜, 220~280와 제4대 왕 손권孫權의 손자인 손호孫皓, 242~283가 소통했던 방법이 기록되어 있다.

> 손호는 향연 때면 손님 한 명마다 대략 술 일곱 되를 정해놓고, 비록 그 술을 다 마시지 않더라도 술을 모두 부어놓았다. 위요가 술을 두 되밖에 마시지 못하자 손호는 처음부터 위요를 다르게 예우해 몰래 차를 내려 술을 대신하게 했다.
> 孫皓每饗宴坐席無不率以七升爲限

雖不盡入口皆澆灌取盡
曜飲酒不過二升 皓初禮異密賜茶荈以代酒13

동진東晉시대 역사서인 『중흥서』中興書에도 차의 소통 방편에 대한 유명한 기록이 전한다.

이부상서吏部尙書를 지낸 육납陸納이 오흥태수로 있을 때, 위장군인 사안謝安이 늘 육납을 찾아뵙고자 했다. 육납의 조카인 육숙陸俶은 숙부 육납이 손님을 맞을 준비를 않자 괴이하게 여기면서도 감히 여쭙지 못했다. 그리하여 육숙은 숙부에게 알리지 않은 채 사사로이 십여 명의 음식을 장만했다. 이윽고 사안이 도착했다. 그런데 육납이 차려놓은 것은 다만 차와 과일뿐이었다. 육숙은 진수성찬을 갖추어 성대하게 음식을 내놓았다. 사안이 돌아가고 나자, 육납은 육숙에게 곤장 40대를 때리면서 "너는 숙부를 유익하게 빛내주지는 못할망정 어찌하여 내 평소에 하는 일을 더럽히느냐"고 꾸짖었다.14

『삼국유사』 제2권에 있는 「기이」紀異: 기이한 이야기를 기록하다 '경덕왕·충담사' 이야기에는 신라의 왕과 불교 승려, 신라 백성 사이를 소통시키는 차에 대한 기록이 있다.

3월 3일에 왕이 귀정문 누각에 나와 앉아 좌우에게 물었다. "누가 길에 나가 훌륭하게 차린 중 한 명을 데려올 수 없겠는가?" 이때 마침 풍채가 깨끗한 중 한 명이 노닐며 지나가고 있었다. 신하들이 그 중을 데려왔지만 왕이 말했다. "내가 말한 훌륭하게 차린 중이란 저런 중이 아니다." 왕은 그 중을 물리쳤다. 또다시 웬 중이 누비옷에 삼태기를 메고 남쪽에서 오고 있었다. 왕이 그를 보고 기뻐하며 누각으로 맞아들였다. 왕이 삼태기 안을 들여다보니 차 달이는 그릇들이 들어 있을 뿐이었다. "너는 대관절 누구인가?" "충담忠談입니다." "어디서 오는 길인가?" "소승은 해마다 3월 3일과 9월 9일이면 남산 삼화령에 있는 미륵세존님께 차를 달여 올립니다. 지금도 차를 올리고 막 돌아오는 길입니다." 그러자 왕이 말했다. "나도 차한잔 얻어먹을 연분이 있겠는가?" 중이 곧 차를 달여 바쳤다. 차맛이 매우 드물게 좋고 찻잔에서는 미묘한 향이 짙게 풍겼다. 왕이 말했다. "내 일찍이 들으니 대사가 기파랑을 찬미한 사뇌가의 뜻이 매우 높다고 하던데 정말 그러한가?" 중이 그렇다고 대답했다. "그러면 나를 위해 백성들이 편히 살도록 다스리는 노래를 지어주오." 중은 곧 명령을 받들어 노래를 지어 바쳤다. 왕이 이를 아름답게 여겨 그 중을 왕사王師로 봉했지만 중은 공손히 절하면서 굳이 사양해 이 직책을 받지 않았다. 그 노래는 다음과 같다.

임금은 아비요
신하는 사랑하는 어미며
백성은 어리석은 아이로다 하실진대

백성이 사랑을 알리라

꾸물거리며 살아가는 인민

이들을 먹여 다스릴지라

이 땅을 버리고 어디로 가리 할진대

나라가 보전될 줄을 알리라

아아, 임금답게, 신하답게, 백성답게 할지면

나라가 태평하오리다[15]

조선의 제22대 임금 정조^{재위 1776~1800}는 청나라 고증학 영향을 받은 실학을 중시해 근대 문예부흥의 서곡을 연 군주였다. 그런 가운데 천주교를 두고는 번민했다. 정조가 어려운 시대를 경영하는 데 스승과도 같은 믿음과 의지를 보였던 영의정 번암^{樊巖} 채제공^{蔡濟恭, 1720~99}은 그의 제자 다산^{茶山} 정약용^{丁若鏞, 1762~1836}을 정조와 함께 지켜주려고 애썼다. 정약용은 천주교인이었고 정조는 그 사실을 알았으나, 그 시대를 다스리는 데 꼭 필요한 인재임을 알았기 때문에 채제공의 뜻을 따랐다. 채제공은 당시 조선 불교에서 상징적 지도자였던 연담유일^{蓮潭有一, 1720~99}과 깊이 교류하고 있었다. 조선 사대부 문화가 천주교와 불교를 배척하고 유학을 신봉하는 것과는 상당한 차이점을 지녔던 채제공이었다. 채제공은 천주교나 불교도 사람의 궁극적 이상세계를 구현하려는 목적에서 비롯되어 긴 세월 동안 인류가 믿고 의지해왔으며, 국가를 바르고 참되게 하는 데도 큰 기여를 했기 때문에 존재하는 것이 아니겠느냐고 판단하고 있었다. 따라서 유교 이념이 아니면 모든 것을 배척하고 부정하는 편협한 태도로는 19세기의 새롭고 다양한 세계정세 앞에서 조선을 경영하기 어렵다는 생각을 임금께 말해왔다. 정약용 한 사람만이 아니라 천주교인으로서 당대 최고 지성들이던 여러 사람을 보호해 나라의 위기에 대처해야 한다는 것이 정조와 채제공의 뜻이었다. 그러나 1799년 채제공과 연담유일이 죽고 이듬해에는 정조도 죽었다. 정약용 등 천주교인 지식인들은 더 이상 국가의 보호를 받지 못하고 반대파들에 의해 처형되거나 유배됐다. 정약용도 1801년 신유박해 때 장기로 귀양 갔다가 강진으로 옮겨져 그곳에서 18년 동안 유배 생활을 하게 됐다.

죄수 신분의 정약용은 고난 속을 헤맸다. 어느 날 강진 보림사에 갔다가 완호玩虎, 1758~1826라는 스님을 만났다. 완호는 정약용을 알아보았다. 완호의 스승인 연담유일이 살아 있을 때, 정약용이 전라도 암행을 나오면서 스승 채제공의 편지를 갖고 연담유일을 찾아와서 인사한 적이 있었기 때문이다. 그러나 완호의 행동은 매우 조심스러웠다. 유학제일주의자인 사대부와 정권의 실세들은 죄인 신분인 자와 불교수행자가 만나는 것을 탐탁지 않게 여긴다는 사실을 알았기 때문이다. 그러다가 연담유일의 같은 제자이자 완호스님의 아우뻘이 되는 아암혜장兒庵惠藏, 1772~1811 스님더러 정약용을 은밀하게 도와주라는 뜻을 전했다. 그때 만덕사萬德寺에 살던 혜장스님은 『주역』에 밝아서 정약용과 주역을 토론하면서 가까워졌다. 이때부터 혜장스님의 경제적인 후원으로 정약용은 유배지에서의 생활을 큰 어려움 없이 해낼 수 있었던 것으로 보고 있다. 한참 아름다운 교류가 열리던 1811년, 혜장스님이 젊은 나이로 세상을 떠나자 정약용은「아암장공탑명」兒庵藏公塔銘을 지어 이별을 아파했다. 아암스님이 살았던 1805년, 정약용이 아암혜장에게 차 좀 보내달라는 시,「기증혜장상인걸명」寄贈惠藏上人乞茗을 써 보냈고, 혜장은 심심찮게 정약용에게 차를 보낸 것으로 알려져 있다.

혜장스님, 차 좀 보내주오.
듣자하니 석름봉 아래서 예부터 좋은 차가 난다지요.
때는 마침 보리 말릴 철이라 찻잎이 깃발처럼 펴지고 창처럼 돋았겠군요.
곤궁하게 살면서 장재長齋가 버릇되어 누린내 나는 것 이미 싫어졌다오.
돼지고기며 닭죽은 호사스러워 함께 먹기 어렵고
다만 근육 당기는 병 탓에 때로 술에 취해 깨지 못한다오.
기공근公의 찻잎 빌려 육우의 솥에다 달였으면 하오.
보시해주면 참으로 병이 나을 터이니
물에 빠진 사람 건져줌과 다를 바 없겠는데.
불에 덖어 말리기를 법대로 해주오.
그래야만 빛깔이 곱게 우러날 테니까요.

傳聞石廩底 由來産佳茗 時當曬麥天
旗展亦槍挺 窮居習長齋 羶腥志已冷
花猪與粥雞 豪侈邈難竝 秪因痃癖苦

時中酒未醒 庶藉己公林 少充陸羽鼎
檀施苟去疾 奚殊津筏拯 焙曬須如法 浸漬色方瀅 16

다산이 아암혜장에게 차를 얻기 위해 보낸 시 중에는 「걸명소」乞茗疏라 이름 붙인 것도 있다. '소'疏라 했으니 그야말로 소통을 말한다. 이 시의 뒷부분을 읽어보자.

……깊이 갈무리해두었던 용단봉병 등 귀한 것 다 바닥나고, 땔나무조차 할 수 없이 아픈 몸으로 오직 차를 비는 정분을 펼 뿐이오. 저으기 듣기로 고해 건너는 다리 얻는 길은 한결같이 시주하는 것이라더군요. 명산 정기 받아 서초의 으뜸인 차 목마르게 바라노니 아낌없이 큰 은혜 베푸소서.

혼자 내면을 바라보면서 마시는 차는 곧 자신과의 대화이자 소통이다. 자신을 흔들어 깨워서 은밀한 곳까지 살피고, 살면서 남몰래 상처받고 쌓인 울화로 멍들고 앓는 영혼과 정신을 치유하는 방법이 될 때도 있다. 좌절과 상실감으로 위축된 자신을 일으켜 세우고, 팍팍한 생존 조건으로 가로막아선 장애를 극복하기 위한 꿈을 꿀 때도 차는 믿을 만한 길동무가 된다. 한재 이목의 『다부』 가운데서 「전다칠수」前茶七修, 즉 '일곱 잔의 차로 마음 다스리기'가 좋은 본보기가 될 수 있을 것이다.

차 한 잔을 마셨더니 탐욕에 찌들었던 창자가 눈으로 씻은 듯

환하구나

啜盡一椀 枯腸沃雪

'철'啜은 마시다, 맛보다는 뜻을 지녔다. '고'枯는 마르다, 몸이 여위다, 마른나무를 뜻하고, '장'腸은 창자를 가리킨다. 그런데 '고장'枯腸은 간단치 않은 말이다. 특히 한재의 인품과 사상, 그 시대의 정신 도학이념의 강골로 상징되던 그의 삶과 실천의지를 생각하면 더욱 긴장되는 말이다. 즉 '말라붙은 창자, 굶주린 창자'라는 일반적인 뜻 외에 '문장의 재주가 없다'는 뜻까지 살펴야 한다. '문장의 재주가 없음'은 '현화'眩花라고도 하는데, '현화'란 '혼돈의 꽃' 또는 '요사스럽고 어지러운 글이나 말'을 뜻한다. 따라서 '차 한 잔을 마셨더니 말라붙었던 창자가 부드러워지는구나' 또는 '차 한 잔을 마셨더니 탐욕에 찌들었던 창자가 눈으로 씻은 듯 환하구나'로도 읽힌다. 하지만 이것으로 그쳐서는 한재의 참뜻을 온전히 헤아렸다고는 보기 어렵다. 그래서 '차 한 잔을 마셨더니 요사스럽고 어지러운 글과 말이 눈으로 씻은 듯 안목이 제대로 돌아오는구나'로 읽어야 할 것 같다. 한재가 살던 시대는 요사스럽고 어지러운 말과 글이 넘쳐 왕의 판단을 흐리게 하고, 선비들의 의지와 정신을 혼란스럽게 뒤흔들어서 평상심을 지니고 살기가 무척 어려운 세상이었다. 한재는 처음부터 차를 사림학파의 도학정신을 맑히고 실천하는 데 유용한 목적음료로 보았던 것이다.

차 두 잔을 마시니 정신이 맑아져 신선이 된 듯싶구나

석 잔을 마시니 뼛속에 사무쳤던 병이 낫고 지끈거리던 두통이 사라지네

공자가 세상 명예를 뜬구름같이 여긴 것과 맹자가 호연지기 기른 뜻을 알겠네

넉 잔째가 되자 웅장호방함이 일어나 근심 분노가 없어지니

마치 기세는 공자가 태산에 올랐을 때 천하가 작게 보여

눈길조차 둘 데 없더라는 경지가 되는구나

다섯 잔을 마시니 색마가 놀라 달아나고

탐식하는 시동이 눈멀고 귀먹어 사라지니

내 몸은 구름 치마에 깃옷 입고 흰 날개 타고 달에 오른 듯하네

여섯째 잔을 마시니 해와 달이 내 안에 있고 세상 온갖 일들이 한갓 거적때기구나

내 정신은 소보허유를 말구종 삼고 백이숙제를 종복 삼아

하늘나라 옥황상제께 절하리라

아, 어인 일인가, 일곱째 잔은 반도 안 마셨는데

울금향처럼 맑은 바람이 옷깃에 일고 하늘문이 보이고

봉래산이 가까이서 고요하구나

啜盡二椀爽魂欲仙 其三椀也病骨醒頭風痊

心兮若魯叟抗志於浮雲 鄒老養氣於浩然

其四椀也雄豪發憂忿空 氣兮若登泰山而小天下

疑此俯仰之不能容 其五椀也色魔驚遁餐尸盲聾

身兮若雲裳而羽衣鞭白鸞於蟾宮 其六椀也方村日月萬類籧篨

神兮若驅巢許而僕夷齊 揖上帝於玄虛
何七椀之未半鬱淸風之生襟 望閶闔兮孔邇隔蓬萊之蕭森

  차인으로서 꿈꾸는 이상향은 자신 안에 우주를 담고 거기에 사는 것이다. 현실에 안주하지 않고 끊임없이 추구하는 정신의 힘으로만 가능한 세계인데, 그러려면 육신을 초월해야 한다. 육신을 벗고 깨달음에 다다라야 한다. 이런 경지를 한 번이라도 맛 본 사람이라면 세상의 명예 등에 마음을 빼앗기지 않는다. 늙어서 오는 무관심과는 전혀 다른 것이다. 있는 그대로 받아들이는 것이다.

  살다 보면 '우리 차 한잔하자'고 말하거나 꼭 그렇게 하고 싶을 때가 있다. 가족, 친척, 형제, 친구 등 이웃들과의 사이에서 생긴 미움, 두려움, 분노를 언제까지 마음에 쌓아둔 채 살아갈 수 없을 경우가 많다. 이 무겁고 아픈 상태에서 벗어나고 싶지만 뜻대로 안 될 때가 있다. 시간이 지날수록 중압감은 커지고 마음은 불편하고 불안해진다. 이때, '우리 차 한잔하자'는 제의는 어느 쪽에서 먼저 해도 좋은 소통 방법이고, 또한 가장 오래되어 친숙한 방법이기도 하다. 상대를 이해하고 받아들이려는 마음을 내는 것만으로 이미 무거운 짐의 절반은 없어진다. 좋은 관계는 더욱 아름다운 관계로 자라게 하고 진화시키는 지혜로운 관계다. 불편함, 불안한 마음에서 생긴 장애들을 말끔하게 치우려는 용기와 지혜를 자라나게 하는 것이 '차'의 힘이기도 하다. 술이나 약의 힘을 빌리는 것보다 훨씬 감성적인 소통이다.

차문화의 독자성과 한국인의 정체성

 차 한잔 마시는 데 무슨 '독자성'이니 '한국인의 정체성'이니 하는 거창한 말까지 들먹이느냐고 할지도 모르겠다. 말장난 아니면 말싸움 걸기냐고도 할 것이다. 안 해도 될 걱정거리 만들어서 부질없는 짓 그만하라고도 할지 모르겠다. 그저 차나 한잔 마시라고 말이다. 그런데 '차나 한잔 마시라'는 말이 무심코 내뱉는 것이 아니라, 상식으로 풀 수 없는 심오한 문제를 해결하기 위한 차원 높은 소통 수단이라면 생각을 바꿔야 할 것이다. 상식으로도 얼마든지 해결할 수 있는 사람끼리의 문제인데 미움이나 나쁜 감정 등이 개입되어 뜻밖으로 고통스럽게 되는 일도 더러 있다. 이런 경우 '차나 한잔 마시자'는 한쪽의 제의가 꽉 막힌 감정의 통로를 소통시켜줄 때가 많다. 이는 소통 방법으로서의 차가 지닌 향기이자 아름다움이다.

 차는 시대·국가·문화·인종·역사에 따라 부르는 명칭이 조금씩 다르고, 기능과 역할도 차이가 있었다. 중국과 한국 사이에서 차는 좋은 외교적 수단이 된 적이 있다. 특히 중국은 고대부터 그리스 등 서구문명과의 끊임없는 교류를 통해 매우 다양하고 심오한 문명을 받아들여서, 이를 바탕해 한족漢族의 한문화漢文化를 일궈냈다. 한자라는 표의문자와 이를 응용한 한문을 확립시켰는데 적어도 기원전 1000년 이전부터 정립된 한자와 한문으로 역사를 기록하기 시작해 3000년이 지난 지금까지 변함없이 사용하고 있다. 이 문자를 이용하여 성립된 유교와 유학은 한국, 일본을 포함한 여러 동아시아 민족에 강력하고 깊은 정치적·문화적 영향을 미쳐왔다. 다양하고 강한 힘을 지닌 중국 문화의 영향력은 신비로운 기호음료 '차'의 향기로운 힘과 중화사상이라는 매우 독특한 흡수력으로 동아시아 국가들을 아주 천천히 순치馴致시켜왔다. 짐승을 길들이거나 차츰 어떠한 목표와 상태에 이르게 한다는 '순치'라는 말이 부적절하다고 할 수도 있을 것이다. 한국의 역사와 중화사상의 관계를 '순치'로만 볼 수 없는 경우도 있기 때문이다.

차문화의 독자성

차문화를 이야기하면서 한국 차문화의 독자성과 한국인의 정체성을 관련시키는 이유는, 동아시아의 전통 문화가 지닌 독자성과 보편성을 말할 때 차문화가 지닌 영향력이 매우 특별하기 때문이다. 차문화는 차나무 잎을 손질해 만든 차와 차를 끓이거나 우려내는 찻그릇, 차를 담아 마시는 그릇, 특별하게 설계된 차실, 차실 내부의 장식예술과 그림, 글씨들, 꽃과 꽃병, 향과 향로 등을 포함해 매우 정교하고 품격 높은 예술 형식들로 이루어져 있다. 무엇보다 차문화를 말할 때는 신과의 교감을 위해 신성한 제사를 올릴 때 사용된 제수였다는 고대사를 중요하게 여긴다. 제사를 담당했던 제사장, 황제는 곧 차를 마신 첫 번째 사람이었던 셈이며, 그 이후 통치 계급의 다양화와 함께 차를 마실 수 있는 이들의 숫자도 점점 증가했다.

중국에서 차문화가 중국의 상징물로 자리 잡은 6~8세기부터 중국 차의 독자성 확립을 위한 긴 여정이 시작되었다. 차문화가 본디부터 중국에서 생겨난 것이 아니고, 남방지역 이민족들로부터 전래된 것이었기 때문이다.[17] 이때부터 중국 차는 송·원·명나라로 이어지며 700여 년에 걸친 쉼없는 변화와 도전을 거쳐 중국 문화를 상징하는 정체성이 될 수 있었다. 따라서 중국 차문화에는 한자와 한문, 유교와 유학, 문학과 예술, 음악과 제사, 차실 건축과 정원, 도자기와 의상 등이 응축된 가장 중국적인 중화사상의 축이 형성된 것이다.

독자성이란 다른 것과 달라서 오롯이 그 자체에만 있는 것을 말한다. 따라서 한국 차문화의 독자성을 말하려면 반드시 한국 차문화에 '다른 차문화'에는 없는 특성이 존재해야 한다. 다른 차문화의 역사, 전통과 다른 점이 없다면 독자성은 부정될 것이다. 그렇지 않고 엄연히 한국 차문화에만 오롯이 존재하는 것이 있다면 독자성을 의심하거나 부정해서는 안 된다. 여기서 말하는 '다른 차문화'란 곧 중국과 일본의 차문화를 일컫는다.

과연 한국 차문화는 독자성이라 할 만한 것이 전혀 없는 것일까? 만약 없는 것이 사실이라면 6세기 초부터 시작된 중국 차문화가 곧 한국의 차문화라는 말이 된다. 과연 한국 차문화에는 중국·일본 것과 다르고, 오직 한국 차에만 오롯하게 있는 것이 전혀 없을까. 분명 존재하는데도 애써 부정했거나, 아니면 처음부터 그런 것은 있지 않았다고 단정짓고는 중국과 일본 차문화를 모방하는 상태로 만족하며 살았는지도 모른다. 그게 사실이라면 한국인의 정체성 또한 없는 것이 될 것이다.

다도의 내력과 차문화

'다도'茶道라는 말을 최초로 사용한 사람은 중국 당나라 현종재위 712~756 때 태어나서 불교에 귀의해 시인으로 큰 명성을 떨친 교연皎然, 734~799으로 알려져 있다. 「음다가초최석사군」飮茶歌誚崔石使君이라는 시에서였다.

한 모금 마시자 혼매함이 씻겨나가
마음이 기쁘니 온 천지가 상쾌하네
두 모금 마시니 정신이 맑아져
마치 비 온 뒤 먼지가 씻겨간 듯하네
세 모금을 마시니 도의 경지에 이르는데
무엇을 걱정하고 번뇌를 떨쳐내려 하느뇨
뉘 알겠는가, 다도의 참뜻을
오직 단구자만이 그 경지에 이르리라
一飮滌昏寐 淸思爽朗滿天地 再飮淸我神 忽如飛雨灑輕塵
三飮便得道 何須苦心破煩惱 孰知茶道全爾眞 唯有丹丘得如此

그 이후로 송·명·청 여러 차인의 저술이나 문학 작품에서 '다도'라는 말이 인용되기 시작했다. 그중에서도 명나라 때 장원張源이 지은 『다록』茶錄, 1595과 청나라 때 모환문毛煥文이 지은 『만보전서』萬宝全書, 1615에서 사용한 '다도'라는 글자가 1830년 무렵부터 한국에 알려지기 시작했다. 해남 대흥사 초의선사가 1828년에 시작해 1830년에 『다신전』茶神傳 집필을 마치면서 장원의 『다록』과 모환문의 『만보전서』를 근간으로 삼았고, 두 책에 나오는 다도라는 말을 『다신전』에 옮겨 수록한 것이다. 그 후 1837년에 지은 『동다송』東茶頌에도 『다신전』에서 인용한 다도를 다시 옮겨 적었는데, 이것이 우리나라에 처음으로 알려진 다도라는 말의 시작이었다. 따라서 다도라는 말은 한국 차문화의 독자성이 될 수 없다. 1910년 조선왕조가 멸망해 일본의 식민지가 되고, 한국에 진출한 일본인들에 의해 다도라는 말과 글이 한국인들에게 널리 알려졌다.

다도를 중국에서는 '차다오'로 부르고, 일본에서는 '차도'로 발음한다.

일본에 중국의 다도가 알려진 것은 나라奈良시대의 당나라 유학 승려들에 의해서였다. 12세기 후반부터 등장한 일본 무사 정권의 효시였던 가마쿠라 막부 때부터 형성된 무가문화武家文化를 대표하는 '쇼인즈쿠리'書院造 차법이 일본 다도의 시작이었는데, 13세기부터 16세기 초반까지 경이로운 유행과 풍속으로 발전했다. 16세기 중반, 오다 노부나가織田信長의 차스승이었던 센리큐千利休의 오랜 노력으로 일본 차문화의 자존심이자 긍지의 상징

중국의 차다오 모습. '茶道'를 중국에서는 '차다오'로 부르고, 일본에서는 '차도'로 발음한다.

이 된 다도가 확립되었다. 차 마시는 방법, 차 끓이는 법, 차 마시는 그릇, 차실의 새로운 형식을 완성시켜 중국의 다도와는 다른 차문화를 탄생시킨 것이다. 이렇게 탄생한 일본 다도는 그후 에도시대를 거치면서 중국과 더욱 차별화된 일본 특유의 차문화를 완성시켰다. 차, 차법, 그릇, 차실을 중국 차문화에서 독립시켜 마침내 일본 다도의 독자성을 완성시킨 것이다.

일제강점기 일본인들이 한국에 살면서 즐긴 차 생활은 한국인에게 매우 기이하고 놀라운 문화였다. 해방 이후 한국은 한국전쟁을 겪고, 혼란과 가난의 유형지 같은 좌절과 방황으로 1960년대를 맞았다. 배고픔과 혼돈의 충격 속에서 자유당 독재정권 10년, 4·19와 5·16을 또 겪었다. 그 1960년대 중후반 무렵 일

일본의 차도와 차실. 약 500여 년간 집요한 관심과 노력으로 완성시킨 일본의 자존심이 들어 있다.

단의 지식인들 사이에서 '다도'라는 말이 흘러나오고, 남해안을 끼고 있는 몇몇 사찰에서 만든 이른바 '작설차'가 아주 느리고 가늘게, 지극히 적은 분량으로 절집과 절집, 절집과 세속의 유명인사들 집 사이에서 유통되기 시작했다. 조선 후기 해남 대흥사에서 수행하던 초의선사의 『다신전』과 『동다송』 복사본이 세상에 처음으로 선을 보인 것도 이때였다. '다도'라는 말과 글도 그때 한국 사회에 처음 알려졌다. 그냥 '다도'라는 말뿐이었다. 그 후 40여 년이 지나는 동안 '다도'라는 말은 그 안에 지닌 엄청난 역사와 힘, 결코 간단치 않은 문화적 위험성에 대한 예견이나 위험을 극복하고 한국 차문화의 독자성을 갖추기 위한 아무런 연구 없이 한국인의 차문화를 상징하는 말처럼 되어버

동다살림법. 한국 차문화가 중국과 일본에서 독립해
홀로 서기 위한 시도다.

렸다. 마치 우리 문화 속에서 자연스럽게 생겨나고 자리 잡아온 우리의 말처럼 되어 국어사전에도 수록되고 유치원 어린이들에게까지 '다도 예절 교육'이 일반화되었다.

중국의 '다도'에는 중국 역사와 미래가 들어 있다. 일본 다도에는 중국 차문화의 무서운 지배력에서 벗어나기 위해 약 700여 년간 집요한 열정과 노력으로 차 제조법, 찻그릇, 차 끓이고 마시는 차법까지 완성시켜낸 경탄할 만한 일본인의 자존심이 들어 있다.

차문화의 독자성 혹은 주체성이란, 독창적이고 독자적인 방법으로 만든 차가 있어야 하고, 그 차를 끓이고 담아 마실 찻그릇이 갖춰져야 하며, 차를 마시고 나누고 즐길 차법을 갖춰야만 생기게 된다.

지금 한국의 차문화를 뜻하는 '다도'는 과연 어떠한가? 독자성이 있다고 말할 수 있는가? 독자적으로 만든 차, 독자적으로 빚은 찻그릇, 주체적으로 연구한 차법을 갖추고 있는가?

단지 중국 다도와 일본 다도를 적당히 얼버무려 모방하고 잔재주로 휘감아놓은 것이 아닌가? 여기에 흔히 '차인'이라는 사람들을 수백수천 명씩 조직화해 위세를 떨쳐보임으로써 한국 차문화를 대변한다고 여기고 있는 것은 아닌지 우려스럽다. 더 걱정되는 것은 중국과 일본 차문화를 비교 연구해 한국 차문화의 토대를 조심스럽게 마련하는 연구보다는, 중국 차 문헌과 일본 차 문헌을 많이 아는 것이 한국 차문화의 속살이 될 것으로 여기는 사람이 많다는 사실이다. 이렇게 된 것은 깊고 큰 장애가 우리의 의식을 짓눌러왔기 때문이다. 너무 오래도록 짓눌려 살아온 나머지 장애를 장애로 느낄 수 없게 된 측면도 있을 것이다. 그 장애가 무엇인가? 한국 차문화가 홀로 설 수 없게 만드는 원인은 무엇인가? 그 원인은 한국인의 안에 있는가, 아니면 밖에 있는가?

한문의 힘과 짐

초의선사가 지은 『동다송』을 중국 당나라의 육우가 지은 『다경』과 비교하곤 한다. 『동다송』과 『다경』을 아래위로 등급을 매기거나, 『동다송』은 조선의 『다경』이고, 초의는 조선의 육우라고 하는 경우도 있다. 『동다송』이 『다경』에 비견된다는 견해도 있다. 모두 『동다송』과 초의선사를 돋보이게 하기 위함이며, 믿는 바가 있어서 스스로 자랑하고 싶은 마음을 억누를 길이 없게 된 나머지 육우와 『다경』에 비교했으리라 이해할 만하다. 하지만 육우를 전제하지 않은 초의, 『다경』과 비교하지 않는 『동다송』을 그 자체로 읽고 느끼고 말할 수는 없는 것일까. 그런 비교를 통해 정작 돋보이게 하려는 것은 육우나 초의가 아니라 글을 그렇게 썼거나 말하는 자신일 수도 있을 것이다. 그리고 『동다송』은 한국 차문화의 독자성을 연구하고 전하려는 것이 아니라, 다만 차문화가 어떤 것인지를 알고 싶어하는 19세기 후반 조선 지식인들에게 알려주려는 것이었다. 조선 고유의 차문화가 체계적인 역사로 정리된 것이 없었기 때문에, 중국 차문화를 소개했던 것이다. 더 중요한 것은 어떤 경우에나 반드시 중국의 것을 우위에 정해놓고 한국의 것을 그 아래에 두고 말하려는 태도다. 그런 태도와 방법이 천 년도 넘게 계속되었다. 중국 문화는 한국에 깊고 큰 영향을 미쳤다. 유교와 유학이 한문으로 표현되었기 때문이다.

스스로 중국 문화를 받아들여 국가 체제를 개혁한 것은 신라 제23대 법흥왕이었다. 신라는 고유 언어는 가지고 있었으나 이를 표기할 공통된 글자를 갖고 있지는 못했다. 역사와 정치 상황을 기록할 문자가 없는 불편을 해소하기 위해 중국의 한자와 한문을 빌려와 쓰기 시작한 것이다. 한자나 한문은 지배층의 문화로 정착했다. 법흥왕이 중국 정치 제도와 문물을 공식적으로 도입하면서 한자는 신라의 공식 문자가 되고, 한문은 학교 교육의 핵심이자 방법이 되었다. 고구려, 백제가 그러했고, 고려와 조선왕조도 이 제도를 따랐다. 세종대왕이 한글을 창제한 뒤에도 그랬다. 학교 교육 제도가 중국의 것을 따랐고, 교과서의 내용도 중국의 역사와 사회, 문화를 한문으로 쓴 것이었다. 국가 인재를 양성하고 선발하는 과거시험 과목과 시험 답안지를 작성하는 공식 문자 또한 한자였다. 지배층 자제들의 이상은 중국인보다 더 중국적인 인간이 되는 것이었다. 중국이 원해서가 아니라 우리가 스스로 선택한 길이었고, 벗어던질 수 없는 숙명적인 짐이었다.

한국의 차문화와 관련해 현대 지식인들의 행동은 어떤가. 중국에 관한 것밖에 알지 못했던 외눈박이 상태의 슬픈 조선 지식인들을 그대로 닮아가는 듯하다. 자발적으로 눈과 귀를 막아버리고, 생각을 가두어버리고 중국 차문화를 찬양하고 의존하는 사람들의 차 생활이 만연한다. 왜 이런 일이 계속되고 있는 것일까?

너무 오랫동안, 태어나서 살다가 죽은 뒤 제사에 이르기까지 너무 많은 부분에 걸쳐 중국의 것에 의존해 살았다. 절반은 힘이 부족해 어쩔 수 없었고, 나머지 절반은 습관으로 받아들인 생존 방식 때문이었다. 달리 방법이 있지도 않았다. 모든 것이 중국뿐이었으니까 말이다. 중국의 것이 아니면 살아갈 수 없을지도 모른다는 두려움이 우리 안에서 자라나고 있었지만, 우리는 알아채지 못했다. 어쩌면 그런 걱정은 할 필요가 없었을지도 모른다. 중국은 영원할 것이라고 여겼기 때문이다. 조선 땅에서

나는 곡식과 물이 마르지 않는 한, 어떻게든 살아낼 농민과 하층민은 중국에 대한 두려움이 그다지 크지 않았다. 그러나 최고 지배층과 사대부들은 중국의 것이 절대적인 보장이고 꿈을 지속시킬 수 있는 이상향이자 넘을 수 없는 갈등의 원천이기도 했다.

그런 사대부들에게 뜻밖에도 중국 것에 대한 믿음을 흔들어 놓는 변화의 바람이 불었다. 이 나라가 생긴 이후 처음 있는 일이었다. 그러자 소중화주의자들은 그 변화의 바람을 걱정하고 두려워했다. 중국이 곧 세상의 중심이고, 중국에 대한 의지를 비난하거나 신념을 위협하는 일이라면 무조건 역모로 단죄해온 오래된 보복의 칼을 다시 꺼내들었다. 역모, 역적으로 단죄되는 위험하고 불경스런 변화들이 구체적으로 나타나기 시작한 것은 18세기 후반부터였다. 사실은 17세기 초부터였지만 설마설마했다. 바로 '서학'西學으로 부른 천주교사상이 그 시작이었다. 중국에 다녀온 사신들이 소개한 천주교는 1603년 허균, 1641년 소현세자, 영조와 정조 때의 이백, 권일신, 정약종 3형제, 그리고 이승훈으로 이어지며 변화를 이끌었다. 이 변화를 두려워하지 않고 오히려 기껍게 맞이하는 사람들의 담대하고 절절한 믿음으로 조선 사회 속에 은밀히 퍼지기 시작한 것이다. 이는 가슴 떨리는 소식이었다. 태어나 처음 느낀 신세계였다. 경이로운 신세계에 관한 아주 적은 소식에 따르면 조선은 중국의 분신이 아니며, 중국이 세상 모든 것도 아닐뿐더러, 조선은 하늘 아래 존재하는 수많은 나라 가운데 한 나라이고, 중국도 그중 하나일 뿐이라는 것이었다. 조선 사람은 중국 사람을 상전으로 섬길 까닭이 없고, 양반이나 상민, 천민, 노비 모두 똑같은 사람이며, 살아서뿐만 아니라 죽어서 돌아갈 곳에서도 평등한 존재라고 했다. 그러자 소중화주의자들은 변화를 두려워하지 않는 이들을 역모로 단죄해 처형하기 시작했다. 중국 섬기는 것을 비난하는 자들을 살려두는 것은 대국大國에 대한 불경이자 배은망덕의 극치라며 무참하게 죽였다. 천주교에 물이 들었다고 여겨지는 사람을 죽이는 피바람은 1830년대부터 1880년에 이르는 60여 년 동안 계속되었다. 그렇게 처형된 이들의 주검을 땅에 묻고 무덤을 짓고 그 무덤에 잔디를 입혀준 사람들은, 죽은 자의 무덤 위에서도 자라는 풀잎을 보면서 놀라운 사실을 깨달았다. 조선 하늘 아래서 고개 들고 사는 사람들 목숨이 중화사상이나 소중화주의자들의 은총과 혜택으로 생겨나고 유지되는 것이 아니라, 오직 하늘과 땅의 이치에 따르는 것임을 깨닫고 그렇게 믿고 말하게 되었다. 1500여 년 동안 하늘처럼 공기처럼, 습기며 햇볕처럼 마치 계절 순환과 생로병사의 우주원리인 듯 한국인을 점령해온 한문의 힘, 중화사상에 대한 최초의 의심이자 부정은 그렇게 생겨났다.

살피건대, 남방 여러 고을에서 산출되는 차는 매우 좋다. 내가 본 바로는 해남, 강진, 영암, 장흥 등 모든 바닷가 고을은 차가 나지 않는 곳이 없다. 내 생각에는 차가 나는 모든 산은 지방관으로 하여금 재배하도록 하고 백성들의 초목樵牧을 금지해 그

것이 무성해진 뒤 해마다 몇 근씩을 임형시林衡寺에 바치면, 그 차를 다시 만하성滿河省에 보내 좋은 말을 사다가 목장에 나눠주어 키우게 하는 것도 또한 나라의 재정을 넉넉하게 할 것이다.[18]

중국이 아니라 하늘을 보았다는 천주교인 집단 처형과 유배 사건의 대표적 희생자인 정약종 3형제 중, 막내 정약용이 살아남아 강진 유배지에서 쓴 「각다고」榷茶考의 내용이다. 똑같이 한문으로 된 물을 마시고도, 한국인의 정체성과 한국 차의 독자성을 당당하게 말하고 기록해 역사를 만든 기적적인 깨달음이다. 그러나 19세기는 한국인들 곁에 너무 늦게 왔던 것 같다. 옳고 담대한 이론이자 절규였지만 소중화주의를 악착같이 신봉하는 자들의 책략을 깨뜨리지 못한 채 망각 속으로 사라졌다.

19세기는 중국이 청이라는 간판을 달고 일본에 격파당하는 충격의 세기이기도 했다. 중국도 무너지고 망할 수 있다는 것을 지켜보던 소중화주의자들은 재빨리 변신했다. 이번에는 친일로 방향을 틀었다. 매국노라는 규탄을 귀 밖으로 흘려버리면서 조선의 운명을 일본 천황 손에 넘겨주는 대신 천황이 내린 귀족 칭호를 두 손으로 받았다. 한문은 일본과 조선 지배층이 공유한 문자였기 때문에 다시없는 소통수단이 되었다. 친일파들은 독립운동가들을 탄압했다. 일본이 중국을 대신한 하늘이라 여겼기 때문이다. 해방이 되자 친일파는 다시 대한민국 정권의 핵심 권력을 장악하며 변신했다. 미군정과 미국 문화를 숭배했다. 친미파의 출현이다. 친미파는 자유당 정권과 함께 미국 등 서구열

강의 새로운 문물을 맨 앞에서 맛보고 자본화했다. 그리고 모든 연대와 정권 때마다 빠짐없이 영광과 권력을 누렸지만 한국 문화의 독자성과 한국인의 정체성에 대해서는 이렇다 할 연구나 정책을 내놓지 못했다. 이렇듯 한국의 주류 세력은 독자성과 정체성 개념보다는 강대국 의존이 항상 중요한 정책이었던 탓에 역사적 불임으로 과거를 답습하는 수준의 문화에 머물렀다.

그리하여 한국은 나라 밖에서 새롭고 힘 있는 것이 들어오기만 하면 언제든지 '그것의 나라'로 돌변했다. 엷은냄비 바닥처럼 참지 못하고 설쳐대는 정서로 금방 끓어 넘치다가 금방 식어 건망증의 늪 속으로 빨려들었다. 한 번도 주인 의식을 갖추지 못했다. 근년의 저 기이한 명품 열풍이나 커피 열풍도 마찬가지로 '명품의 나라' '커피의 나라'를 보여줄 뿐이다. 내일은 또 무엇이 들어와서 한국인을 들끓게 할 것인가? 중국 차 열풍, 일본 차 열풍 역시 '그것의 나라' 현상이다. 1500여 년이라는 무섭고도 두려운 세월 동안 중화사상에 의지해 살아오면서, 한국인은 중화사상 외에 그 무엇에도 계속적인 열정과 군건한 신뢰를 두지 못하는 참으로 기이한 일이 벌어진 것이 아닐까. 즉 외래문화를 받아들이는 사고의 형성 방법이 중국 하나로 못 박혀 있었던 만큼 좁고 작은 생각으로 외래문화에 휘둘려버리는 것이다. 집단정신병적 현상이라고도 봄직한 이런 습벽은 정작 한국 차 문화의 독자성이 선명하게 있는데도 이를 볼 수 없도록 정신의 눈을 가리고, 한국의 정체성을 인식하지 못하도록 의식을 강박하고 있는 것인지도 모른다. 우리 스스로가 선택한 업보일까?

그렇다면 그 업보는 우리 손으로 풀어야 한다. 이제는 중국어나 한문만큼 유용하고 다양한 외국어와 문화가 생활화되어 있다. 누구도 이런 사실을 잘못된 것이라 말할 수 없듯, 우리가 중국과 일본 차문화에 종속돼가는 현실을 바로 잡으려는 노력을 꾸짖을 사람도 없다. 사고의 다양성을 키우기 위해 중국과 일본 차문화에 의존하여 경직되어온 사고를 바로잡을 기회가 온 것이다. 더 늦기 전에 한국인이 누구인지 아프게 묻고 바른 대답을 찾자.

차의 정신성과 생활 속에서의 역할

중국 차문화는 당나라를 거치면서 확립되었다. '차'*라는 글자도 당나라 때 정립되었는데, 수도 장안에 집중된 다양한 서구 문화들을 중화라는 무서운 흡인력과 놀라운 소화력으로 중국화시키는 과정에서 차문화도 안정성과 보편성을 확보하게 되었다. 중국 차문화는 도교, 유교, 불교와의 긴밀한 관계를 통해 새롭게 종교적, 제도적인 발전을 이룩했다. 문인, 학자들로부터 특별한 애호를 받아 하나의 독립된 예술 형식으로도 승화되었고, 차 안에다 중국 문화를 포괄적으로 녹여 넣음으로써 중국을 상징하는 또 하나의 중국이 되었다.

차는 곧 중국, 중국인이었고, 중국인을 중국인답게 해주는 천혜의 선물로 만든 것도 중국인들이었다. 고구려, 신라, 백제, 고려와 조선의 상류 문화로 차가 자리매김하게 된 것은 단지 중국의 상류 문화였기 때문이었다는 지적이 어느 정도 설득력을 얻고 있다. 소중화주의적인 목적으로 차문화를 유지했다는 것이다. 실제로 중국에서 차는 민중 대부분이 마시는 국민적 기호음료인데 반해, 조선시대 위정자들은 조선의 상민들에게 차를 마시는 제도나 관습을 결코 허락하지 않았다. 사대부가 존재하는 데 가장 필요한 상민의 존재는 양반 사대부들이 먹고 입을 양식과 옷감을 생산하고, 소비할 재화를 생산하며, 편안하게 살 수 있도록 국방을 맡고, 도로와 하천 제방을 만들거나 수리하며, 땔감을 공급해주고 세금을 내는 것이었다. 상민들은 토지 소유가 제한되고 공교육 제도권에서 소외되며 오직 병역, 납세, 부역의 의무만 짊어졌다.

납세 중에는 차세茶稅도 포함되었다. 상류층 사대부들이 마실 차를 공급받고, 중국의 유명 차인들이나 관청에서 조선 차의 우수성을 알고 조공에 차를 포함시켰기 때문에 차를 세금 형식으로 거둬들일 필요가 있었다. 그러면서도 좋은 차를 많이 생산할 수 있도록 토지를 확대해주거나 차농사 짓는 농민을 보호해주는 제도는 전혀 없었다. 오직 차나무가 자라는 지리산 동남쪽 남해안 일대의 모든 농민들에게 일정량의 차 세금을 현물로 징수했다. 실제로 차나무가 전혀 살지 않는 지역 농민들에게도 차 세금이 부과되었다. 차 세금은 다른 세금에 비해 터무니없이 무거웠다. 농민 중에는 차 세금이 밀리고 쌓여 집을 버리고 도망하는 일도 빈번했다. 이런 역사의 증인이 점필재佔畢齋 김종직金宗直, 1431~92이다. 그는 고려 중엽 익재益齋 이제현李齊賢이 기틀을 세운 사대부문학 정신을 정치에 접목시킨 혁신의 지도자였다.

김종직은 야은 길재로 내림한 사대부문학 학통을 사림파^(士林派) 성리학자들에게 연결해준 가교적 존재이기도 하다. 그런 김종직이 함양군수로 재직[1471~74]하면서 함양군 농민들이 차 세금으로 겪는 고통을 체험하고 이를 해결해주기 위해 애쓴 기록이 분명히 보인다.

> 상공^(上供)하는 차가 본군에는 생산되지 않는다. 그런데도 해마다 백성들에게 이를 부과한다. 백성들은 돈을 가지고 전라도에 가서 사오는데, 대략 쌀 한 말에 차 한 홉을 얻는다. 내가 처음 이 고을에 부임해 그 폐단을 알고는 이것을 백성들에게 부과하지 않고, 관^(官)에 자체로 여기저기서 구걸해 납부했었다.[19]

그러나 김종직처럼 제도의 폐단 때문에 고통 받는 백성을 도울 생각이 많았던 사람들은 네 차례 사화를 겪으면서 대부분 처형되었고, 소중화주의자들만 살아남아 임진·정유 전쟁과 정묘·병자 호란 속에서도 중국에 맹종했다. 이 시기에 차문화가 있었다면 이런 자들의 전유물이었을 것인데, 이마저도 임진, 정유 전쟁 참화 이후부터는 거의 소멸되었다.

고대국가의 발전에 따라 제수로 사용되던 차가 최고 지배자에서 차츰 하위 지배층 소수 권력자들의 권위를 상징하는 음료로 변화했다. 인류의 진화와 인종, 국가의 발달 과정에 따라서 차나무 잎이 아닌 하오마, 소마,[20] 다르바, 쿠사, 마테, 커피[21] 등의 식물도 차로 사용됐다.

이 식물들의 즙은 적어도 8세기 이전까지는 여전히 상위 지배층에서 한정해 마셨다. 여전히 신과의 소통을 위한 신성한 물건이며, 지배층의 존엄과 권위의 상징물로 여겼기 때문이다. 중국에서 자라는 찻잎을 가공해 만든 즙*이 신을 위한 제사의 제수에서 높은 신분을 지닌 사람들이 마시는 기호음료로 변화한 때를 정확하게 기록한 문헌은 아직 발견되지 않았다. 그러나 기원 이전부터 약이나 반찬으로 먹었다는 기록은 다수 존재하며, 한나라 때의 기록이나 진나라와 수나라의 기록에서 차가 음료와 진귀한 약으로 차츰 폭넓게 사용됐음을 알게 된다. 당나라의 시작과 함께 본격적인 기호음료로 민간에까지 널리 알려지고 많이 마시게 된 기록들이 존재한다. 황제나 고위층 관료와 그 주변, 학문, 예술, 종교 지도자들과 영향력 있는 사람들의 기호음료로 정착한 것이다.

우리나라에 수입된 이래 지금까지 큰 영향을 미치고 있는 중국 차문화는, 한국인의 의식 속에 깊이 뿌리박혀 있는 중국에 대한 두려움과 경외감 그리고 신비감까지 겹쳐서 차 이상의 것으로 여겨진 측면이 있다. 은은하지만 틀림없이 녹아들어 있는 그 두려움과 경외감이 한국 차만의 오롯한 특성들을 외면하거나 애써 부정하게 만들었고, 지금도 부정하려는 사람이 많다. 심각한 자기부정적 병폐가 오히려 겸손인 것처럼 되어왔지만, 오직 한 사람, 초의선사가 지은 『동다송』 가운데 한국 차문화의 독자성과 한국인의 정체성을 우뚝 들어보이는 글귀가 있다. 참으로 눈물 난다.

『동다기』에 이르기를 혹 우리 차의 효험이 중국 것에 못 미친다 하는데 내 보기에는 색, 향, 기, 미가 조금도 못하지 않다.
차서에서 말하기를 '육안차는 맛이 좋고, 몽산차는 약효가 좋다'고 하는데 우리 차는 이 두 가지를 다 갖추었다.
만약 이찬황과 육자우가 지금 있다면 내 말이 틀리지 않다 할 것이다.

東茶記云或疑東茶之效不及越産 以余觀之色香氣味少無差異
茶書云陸安茶以味勝 夢山茶以藥勝東茶蓋兼之矣
若有李贊皇陸子羽基人必以余言爲然也

우리나라 차, 즉 '동다'는 중국 차가 지닌 것을 모두 갖췄을 뿐 아니라, 우리나라 차에만 오롯하게 있는 맛과 약효는 분명 독자적이며, 이 독자성을 인정하고 바탕 삼아 사는 것이 한국인의 정체성이라 할 것이다.

1 각묵 옮김, 「길게 설하신 경」 『디가니까야』 1, 초기불전연구원, 2005, 346쪽.
2 일연, 허경진 옮김, 『삼국유사』, 한길사, 2006, 66/468쪽.
3 송영주, 「한반도 남부 저지대의 식생 변천에 관한 화분학적 연구」, 울산대학교 대학원 생명과학과, 2002, 51쪽.
4 李穆, 「茶賦」 『寒齋集』.
5 관중, 「주합」(宙合), 『관자』 11, 소나무, 2006, 158쪽; 좌구명, 신동준 옮김, 『춘추좌전』 3, 한길사, 2006, 241쪽.
6 의상, 「법성게」(法性偈), 『가산불교대사림』 9, 가산불교문화연구원, 2007, 251쪽.
7 「志」 18, 『高麗史』 64, 禮六: 흉례, 중형주대의: 국사편찬위원회 한국사 DB http://db.history.go.kr/.
8 이수광, 「雜事部」 『芝峯類說』 17: 한국고전번역원 한국고전 DB http://db.itkc.or.kr/itkcdb/mainIndexIframe.jsp; 이익, 「인사문」(人事門), 『성호사설』 12, 다시(茶時); 한국고전번역원 한국고전 DB http://db.itkc.or.kr/itkcdb/mainIndexIframe.jsp.
9 지관, 『가산불교대사림』, 가산불교문화연구원, 1998, 1114쪽.
10 조주, 백련선서간행회 옮김, 『조주록』, 장경각, 1991, 157/부록 93쪽.
11 지관, 『가산불교대사림』, 가산불교문화연구원, 1998, 1116쪽.
12 陸羽, 「茶經」 七之事, 全國圖書館文獻微縮複製中心, 『中國古代茶道秘本五十種』 壹卷, 北京, 2003, p.55.
13 같은 책, p.56.
14 같은 책, pp.56~57.
15 일연, 리상호 옮김, 『삼국유사』, 까치글방, 1999, 163~166쪽; 일연, 허경진 옮김, 앞의 책, 153~155쪽.
16 송재소 외 옮김, 『한국의 차문화 천년』 1, 돌베개, 2009, 51쪽.
17 존 K. 페이뱅크 외 지음, 김한규 외 옮김, 『동양문화사』 상, 을유문화사, 1991, 142쪽.
18 정약용, 이익성 옮김, 「동관공조제」 6, 『경세유표』 2, 한길사, 1997, 215~216쪽.
19 김종직, 임정기 옮김, 『국역점필재집』 1, 민족문화주진회, 1996, 323~324쪽.

20 각묵 옮김, 앞의 책, 333쪽; 미르치아 엘리아데, 이용주 옮김, 『세계종교사상사』 1, 이학사, 2005, 321~324/465~468쪽.
21 빌 로스, 서종기 옮김, 『문명을 바꾼 50가지 식물』, 예경, 2011, 55쪽.

2 제사 역사와 차문화의 원류

- 한국 차문화사의 새로운 바탕을 다지기 위하여
- 희미한 역사의 흔적 다시 읽기
- 식물즙 제수의 종류와 역사
- 식물즙, 정화수, 차의 관계

한국 차문화사의 새로운 바탕을 다지기 위하여

동아시아 문화유산 중에서 한국, 일본, 중국 세 나라가 보편성을 지녔다고 여겨온 것이 있다. 동백나무과 Theaceae에 속하는 상록수 차나무 Camellia sinensis hinn: Thea sinensis hinn 잎을 몇 가지 방법으로 가공해 만든 차 茶·tcha·cha를 기호음료로 마시는 문화다. 차문화는 차를 만드는 법, 차를 끓여 마시는 방법, 차를 마시는 데 사용하는 그릇까지를 광범위하게 포함한다. 이와 같은 차문화를 한국, 중국, 일본은 저마다 고유한 명칭으로 부르고 있다. 중국에서는 '차다오' 茶道: the way of tea 또는 '차이' 茶藝: tea art라 하며, 한국은 '다도' 또는 '차도'라 부른다. 일본은 '차도' 茶道 또는 '차노유' 茶の湯라고 한다.

'다도'라는 말은 중국에서 처음 생겨났다. 당나라 승려였던 교연 皎然이 「음다가초최석사군」이라는 시에 사용한 뒤로 중국 차문화를 뜻하는 말로 자리 잡았다. 이렇게 정착된 '茶道'라는 말과 글자가 나라시대와 헤이안 平安시대, 가마쿠라 막부와 무로마치 막부 시대에 일본 승려들이 당, 송으로 유학하면서 일본으로 가져가 일본의 '茶道'가 되었다.

한국에서는 신라 중엽에 중국의 차문화가 처음 알려졌으나 '茶道'라는 말이 사용된 흔적이 발견되지 않았고, 고려 때는 송나라 차문화 영향을 크게 받았지만 '茶道'라는 말이 사용된 적은 없었다. 조선시대에 들어와서도 '차'茶라는 말 외에 '茶道'라는 글자가 따로 사용된 기록은 보이지 않는다. 국가적 외교나 공식 행사, 왕실과 귀족, 사대부들이 차를 마셨다는 기록에도 '차'만 있을 뿐 '茶道'는 없었다. 그러다가 19세기 중엽 처음으로 '茶道'라는 글자가 등장했는데, 초의선사가 『다신전』을 쓰면서 명나라의 장원이 지은 『다록』에서 '茶道'라는 말을 인용한 것이다. 그것이 전부였다. 그로부터 130여 년이 지나도록 '茶道'라는 말이 한국인의 생활에 나타난 적은 없었다.

'다도'라는 말이 한국 차문화를 가리키는 말처럼 자리 잡은 것은 1960년대부터다. 일본 차문화의 고유 명칭인 '차도'와, 차를 끓이고 끓인 차를 손님 앞에 내놓거나 차를 마시는 행위를 가리키는 '행다'行茶를 배우면서부터다.[1]

행다는 일본의 센차도煎茶道에서 손잡이가 옆으로 달린 큐스急須로 우려낸 차를 마시거나, 말차도抹茶道의 핵심인 이도다완井戶茶碗을 본뜬 다완에 가루차를 넣고 물을 부어 차선茶筅으로 저어 거품을 일으켜 마시는 것이다. 한국 도예가들이 일본의 큐스를 모방하여 다관을 만들고, 이도다완을 흉내 낸 '막사발'을 만들어 유통시키면서 '다도'라는 말이 유행하게 되었다. 이 과정에서 차 마시는 일을 좋아하는 사람들을 처음으로 '차인'茶人이라

위 | 아오키 모쿠베이의 큐스 작품들.
큐스는 일본의 다도에서 손잡이가 옆으로 달린 다관을 이르는 말이다.
아래 | 타케노 이도다완(武野井戶).

부르며, 이들을 조직화한 모임들이 생겨나면서 다도는 경제적으로 여유가 있거나 사회적 영향력이 있는 이들의 고급문화를 상징하는 새로운 문화로 자리 잡게 되었다.

한국의 다도는 일본 차도 문화의 영향을 강하게 받아서 생긴 말이다. 1970년대에는 초의선사의 『동다송』과 『다신전』 내용이 알려졌고, 초의선사가 이 책을 집필하면서 참고한 중국의 다

차선. 말차 등 찻가루와 물이 잘 섞이도록 젓는 도구다. 주로 대나무로 만든다.

서茶書들도 소개되면서 중국 차문화의 심오하고 유장한 내용들이 한국 차문화 형성에 기여한 바도 있다. 그러나 중국 차문화를 형성하고 있는 문헌과 차, 그릇, 차법이 한국 차문화일 수는 없다. 한국 현대 차문화는 일본과 중국 차문화의 독자성을 뒤섞어서 변용해낸 것이다. 여기에다 한국 사회 중상류층으로 일컬어지는 사람들의 적극적인 호응으로 비교적 짧은 시간 안에 새로운 문화 현상을 형성했다. 한국 특유의 조직문화를 더해 다도를 조직화한 것이다.

이렇게 놀라운 양적 팽창에도 불구하고 한국 '다도'의 정체성과 독자성 그리고 동아시아 차문화의 상징적 명칭인 '茶道'와의 관계에 대해서는 부정적인 평가가 계속돼왔다. 특히 한국의 다도는 중국과 일본의 '茶道'가 수천 년 시간을 겪으면서 확립해온 것처럼 보편성과 독자성을 인정할 만한 사료가 분명하지 않다는 지적이 공식적으로 제기되기도 했다.

차나무 잎을 가공해 만든 차와 차 끓이기, 차 마시기에 직접 관련되는 그릇과 도구들의 쓰임새로 구성되는 차문화사 전개 과정에서 중국의 역사적 중요성과 일본의 역할이 한국 차문화에 미친 영향은 매우 크다. 그 비중은 현재에도 여전히 크고 소중하다. 또한 '茶道'라는 단어 사용, 역사적 근원, 행위들의 구체적 단계들과 변용에 관한 한 한국 차문화의 독자성과 정체성을 말하기란 사실상 불가능하다. '茶道'의 한국식 발음이 중국의 '차다오'tcha-da-o, 일본의 '차도'cha-do와 달리 '다도'da-do라고 한다는 것만으로 독자성이나 정체성을 말하기는 어려울 것이다. 또한 '茶道'라는 땅이름이 행정구역의 공식 명칭으로 존재한다는 것과, 신라 경덕왕 때 충담이 사용한 차도구 '앵통'櫻筒을 신라 고유의 것으로 여기는 등 한국 차문화의 독자성에 대해 근거로 삼는 것들을 중국 사회과학원 일본연구소 장젠리長建立 교수가 부정하고 있음에도,[2] 이를 반박할 명확한 사료와 증거를 제시하지 못하는 한 한국 차문화의 독자성은 의심받을 수밖에 없다.

그리하여 나는 한국의 차문화가 중국과 일본의 '茶道'가 아니라 다른 어떤 문화의 영향을 받았거나 독자성을 지녔다고 평가할 만한 문화유산을 지니고 있지는 않은지 오랜 시간 추적해왔다. 유장하고 도도한 중국과 일본 '茶道' 역사의 광채와 향기에 가려 잊혔거나 아주 희미하게 이어져온 한국 차문화의 원형이라 할 만한 것은 없었는지를 찾아 헤맸다. '茶道'라는 고색창연한 언어로부터 자유로울 수 있는 물건이나 습관, 즉 특정 식물의 즙을 제사에 썼다거나 지배층의 기호음료로 사용한 문화유산은 없었는지를 찾아보자는 생각으로, 지난 30여 년 동안 내가 창안한 '동장윤다'東藏輪茶를 마시면서 쉼 없이 많은 문헌과 안개 같은 전설 속을 걸어왔다.

2015년의 한국 사회는 커피와 홍차의 큰 유행을 경험하고 있다. 엄청난 분량의 커피와 홍차가 수입되고 있고, 커피를 끓여내는 기술자, 홍차를 맛있게 마시는데 필요하다는 자격증을 얻기 위한 교육 제도들도 따라서 흥행을 이룬다.

이른바 '다도'를 체계적으로 가르치기 위해 여러 종류와 교육제도가 설치되었고, 중국·일본의 차문화를 가르치고 자격증을 주는 중국과 일본의 제도가 한국의 대학과 차단체에 보급되고 있다. 이런 현상 속에서 중국·일본 차문화의 팽창과 공세는 점점 더 적극화되고, 한국 차의 판매와 독자성 연구는 차츰 퇴보하고 있다. 그런데도 차 관련 문화를 가르치는 대학들은 표준화된 교육안을 만들지 못한 채 해마다 신입생을 받고, 졸업자를 내고 있다. 표준화된 교육안은 먼저 독자성을 갖추기 위한 기초연구가 있어야 하고, 정리된 기초연구는 중국·일본 차문화와의 비교연구를 통해서 독자성을 키우고 확립할 수 있는 내용을 핵심화하여 한국 차문화의 본질로 정립시켜야 한다. '차살림학'이 그 대안의 하나가 될 수 있을 것이다.

희미한 역사의 흔적 다시 읽기

백산차

한국은 역사의 근원이 오래된 민족이다. 그러다 보니 여러 가지 이름으로 부르는 신들과의 관계가 제사 형태로 남아서 전해오고 있다. 제사의 핵심인 제수는 식물즙을 사용했는데, 이 식물즙은 한국인의 오랜 습속으로 전승되었다. 한국의 고대국가들은 지리적인 이유로 수천 년 동안 시베리아 북방 민족들의 영향을 받을 수밖에 없었다. 특히 우리나라의 무속은 시베리아 여러 민족의 원시종교와 그 연원이 맞닿아 있기 때문에 우리 민족의 신앙과 종교를 탐구하는 데는 북방 민족을 두루 살펴볼 필요가 있다. 그중에서도 시베리아 야쿠트족의 샤먼 전통은 한국의 무속신앙과 유사성이 매우 많은 것으로 알려져 있다.3 샤먼의 자격을 얻는 의식을 치를 때, 의식을 주도하는 무당은 습지에서 자라는 식물 백산차白山茶를 피웠다.4 제의祭儀 공간을 청정하게 해 신성이 강림하게 하기 위함이었다. 민족 신앙의 형태는 시대 상황에 따라 변하는 부분도 있지만 대체로는 상고시대부터 오

백산차. 관상용으로 쓰거나 차로 마신다. 원산지는 한국이고
한국, 중국, 일본 등에 분포하며 높은 산의 숲 밑에서 서식한다.
북한에서는 천연기념물로 지정하고 있다(사진ⓒ 김태영, 2012).

늘날까지 큰 변화가 없는 경우도 적지 않다. 그런 까닭으로 고대부터 현대까지의 민족 신앙에 관한 기록들은 경우에 따라 동일한 가치로 취급하려는 견해가 꾸준히 설득력을 얻고 있기도 하다.5 여기서 눈여겨볼 것은 습지식물이라는 백산차다. 백산차의 생물학적 명칭은 'Ledum palustre L'$^{Rhododendron\ tomentosum\ Harmajal}$이며, 진달래과에 속한다. 개체에 따라 잎 크기나 폭의 변화가 심하며 예전에는 잎 모양에 따라 좁은잎백산차, 왕백산차 등으로 구분하기도 했다. 하지만 최근에는 같은 종 안에서 일어난 변이로 보고 따로 구분하지 않는다. 중국, 일본, 러시아 동부, 북아메리카, 유럽 북동부, 한국에서 자라는데, 주로 함경도와

양강도에서 자란다. 상록 관목이며 높이 50~70센티미터, 잎은 2~8센티미터의 선상피침형 또는 장타원형으로 어긋나게 난다. 잎 뒷면에는 적갈색 털이 촘촘하게 나 있다. 겨울눈에도 털이 촘촘하게 난다. 예로부터 잎을 약이나 차 대용으로 사용했다. 백산차의 실체를 규명하는 문제와 '백화'白樺, 즉 자작나무 새순으로 만든 음료와의 관계를 알아볼 필요가 있다.

「가락국기」의 난액

『삼국유사』 제2권, 「기이」와 「가락국기」駕洛國記에 실려 있는 내용이다.

> ……왕후가 왕이 임시로 머물던 곳에 가까이 가자 왕이 나와 맞으며 함께 장막 안으로 들어갔다. 잉신 이하의 여러 사람은 섬돌 아래 나아가 왕을 뵙고 곧 물러갔다. 왕이 유사에게 명해 잉신 부부를 불러다 명했다. "사람마다 방 하나씩 주어 편안히 쉬게 하고, 그 아래 종들에게는 방 하나에 대여섯 명씩 쉬게 하라. 단초로 만든 음료蘭液와 혜초蕙草로 만든 술을 주고, 무늬가 놓인 채색 자리에서 자게 하라. 의복, 비단, 보화 등도 많이 주고, 군사들을 많이 모아 지키게 하라." 그러고 나서 왕이 왕후와 함께 침전에 들자 왕후가 조용히 왕에게 말했다.6

이 글에 나타난 음료 '난액'蘭液이 어떤 식물 재료로 만든 것인지를 두고 번역자마다 다르게 표현하면서 혼란이 생겼다. 앞서 인용한 글에서는 '난액'을 '단초로 만든 음료'라고 했는데, '단초'라는 식물이 구체적으로 어떤 것인지 확인이 어렵다.

다른 책은 조선민주주의인민공화국 사회과학원 민족고전연구소에서 리상호가 번역해 펴낸 『삼국유사』로, 이를 다시 출판한 까치글방 출판사의 『사진과 함께 읽는 삼국유사』에는 '난액'을 이렇게 풀이하고 있다.

> 왕후가 점차 임금이 있는 처소에 가까이 오자 왕이 나가 그를 맞아 함께 장막으로 들어오니 후행 이하 여러 사람이 뜰아래에서 뵙고 곧 물러갔다. 왕이 관원을 시켜 후행 부부를 데려다 말하기를, "일반 사람들은 각각 한 방에 쉬게 하고 그 아래 노비들은 한 방에 대여섯 사람씩 들게 하라" 하면서 지극히 호사스런 음식을 주게 하고 之以蘭液蕙醑 무늬 놓은 요적과 채색 자리에 자게 하며 의복과 비단과 보물들은 바로 군사들을 추려 모아 호위하게 했다.

또 다른 책은 앞의 두 책과 다르게 표현하고 있다.

> 왕후가 점점 행재소에 가까이 오니, 왕이 나아가 맞아 함께 만전으로 들어왔다. 잉신 이하의 여러 사람은 뜰 아래서 뵙고 곧 물러가니, 왕이 유사에게 명해 잉신의 부처를 인도케 하기를, 이들 각 사람을 각 방에 두고, 그 이하 노비는 한 방에 대여섯명씩 두어, 난액향기 나는 음료과 혜서蕙醑를 주고, 문인채천文茵彩

薦으로 자게 하고······.7

그런가 하면 『한국의 토기잔』8에는 또 이렇게 말한다.

약 2000여 년 전 김수로왕이 허황후 일행을 맞이해 난액을 대접했다고 하며, 거등왕이 199년에 차례茶禮를 지내는 등 일찍이 음료문화가 발달한 사실과 무관하지 않은 듯하다.
······가야 지방에서 토기잔이 발달한 이유는 무엇인가. 가야가 비교적 비옥한 땅을 근거지로 삼는 한편 일찍이 해상교역을 통해 선진 외국 문화를 수용한 때문으로 풀이된다. ······실제로 가야에서는 약 2000여 년 전 허황옥 일행을 맞이해 난액이병도 박사는 고급 음료라고 해석했는데, 물 이상의 고급 음료가 음용되고 있었던 사실만은 분명하다을 대접한 일이 있고, 거등왕은 199년에 차례를 거행했다. 가야의 차례는 중단되었다가 신라에서 다시 부활해 오늘날까지 전승되고 있는 의식이다.

이 모든 기록들은 수로왕과 부인 허황후의 혼인 잔치 때 사용한 음료의 한 가지이거나 귀한 음식의 뜻으로 '난액'을 썼다고 했다. 과연 이 '난액'이란 무엇일까? 이 질문에 대한 답을 찾아보기 위해 「가락국기」를 다시 보기로 하자.

신라 제30대 법민왕문무왕 용삭 원년 신유661 3월에 왕이 조서를 내렸다. '짐은 가야국 원군수로왕의 9대손 구형왕이 본국신

1~2세기에 만들어진 가야의 음형 토기잔.

라에 항복할 때 데리고 온 아들 세종世宗의 아들 솔우공率友公의 아들 서운잡간庶云匝干: 김유신의 아버지의 딸 문명왕후가 낳았다. 그러므로 원군은 나에게 15대 되는 조상이다. 그가 다스리던 나라는 이미 없어졌으나 장사를 지낸 능묘는 아직 그대로 있으니 이를 종묘에 합사하고 제사를 계속할 것이다.' 뒤이어 고국의 옛 터에 사람을 보내 그 사당 근처에 있는 상상전上上田 30경頃을 주어 제사 모시는 밑천으로 삼게 하고 왕위전王位田이라고 불러 본래 있던 토지에 붙였다. 왕의 17대손 갱세급간賡世級干이 삼가 조정의 명령을 받들어 왕위전을 주관했다. 명절 때마다 술醪과 식혜醴를 마련하고, 떡餠, 메飯, 차茶, 과일菓 등 여러 제물을 차리고 제사를 모시니 해마다 어김이 없었다. 그 제삿날도 거등왕이 정한 1년에 닷새 그대로 하매, 정성스러운 조상 제사가 이제야 우리의 책임이 되었다. 거등왕이 즉위한 기묘년199에 편방便房: 임시로 마련한 제사 지내는 곳. 별실을 설치한 뒤부터 구형왕 때까지 내려오면서 330년 동안 제향 범절을 한 번도 어기지 않았다. 그러나 구형왕이 왕위를 잃고 나라를 떠난 뒤부터 문무왕이 즉위한 용삭 원년 신유에 이르는 99년 동안은 이 사당 제향을 가끔 거르기도 했다. 아름답도다, 문무왕이여. 먼저 조상을 받들어 효성을 다하고, 끊어진 제사를 이어 다시 받들게 했도다.9

앞의 기록을 통해 몇 가지 사실을 정리할 수 있다.

- 거등왕부터 구형왕에 이르기까지 330년 동안 해마다 다섯 차례에 걸쳐 수로왕에게 제향을 드렸고, 제사 때에는 풍성하고 정결한 제수를 올렸으며, 제수 품목 중에는 '난액'이 포함되었다. '난액'은 중국 문물제도와는 관련이 없는 가야의 것이었다.
- 구형왕 대에 이르러 신라에게 나라를 빼앗긴 뒤 129년 동안 단절되었던 수로왕 제사를 문무왕 즉위년부터 신라 종묘에 합사했다.
- 문무왕이 내린 조서에 따라 수로왕의 17대손 갱세급간이 조상 제사를 계승하게 되었다. 옛날 거등왕이 정한 날짜에 맞춰 지낸 제사의 제수 품목에 차가 들어 있었다.
- 거등왕이 재위한 199년부터 253년까지 제사에 쓴 '난액'이

문무왕 조서에 따라 수로왕 17대손 갱세급간이 제사에 사용한 '차'와 동일한 음료인지 아닌지는 밝혀지지 않았다. 다만 구형왕이 왕위를 잃고 신라에 투항한 562년까지 그사이에 '차'라는 말과 '茶'라는 글자가 가야 문화였다는 기록이나 다른 증거는 존재하지 않는다. '茶'는 중국 언어다. 신라가 당나라 정치와 문물제도를 도입해 왕 중심 중앙집권제를 실시하면서부터 당나라 귀족의 기호음료인 차가 신라에 유입됐다. 신라에 의해 멸망한 가야의 수로왕 제사가 복원된 것은 문무왕 즉위년인 661년부터다. 따라서 끊겼던 제사를 잇게 된 내력의 기록은 신라의 문물제도에 따랐으므로 '난액'이라 하지 않고 '차'茶라고 했다.

■ '난액'이든 '차'든 제사의 제수 품목에 올라 있는 것은 사실이다. 차나무 잎을 가공해 끓이거나 우려낸 즙을 제사에 썼다는 뜻이다. 비록 차나무가 아닐지라도 식물의 잎을 이용해 만든 즙을 제사에 사용한 것은 여러 고대 민족의 역사에 희미하게나마 흔적이 남아 있다. 우리 민족도 '난액' 외에 몇 가지 식물 즙을 제사에 사용한 역사적 사실을 확인할 수 있다면, 중국에서 비롯된 '茶道'의 영향과 상관없이 독자적인 목적음료 문화를 확립할 수 있을 것이다.

식물즙 제수의 종류와 역사

고대 문명은 제사를 가장 중요하게 여겼다. 우주 섭리의 지배를 받기 위해서가 아니라 여러 형태의 제사를 통해 우주의 섭리를 바꾸어 인간의 편으로 만들 수 있다고 믿은 데서 비롯된 것으로 본다. 제사로 모든 것을 해결하려는, 가히 '제사만능주의'라 부를 만큼 제사는 절대적인 것이었다.[10] 이 제사에서 가장 중요한 요소는 제물, 즉 신께 바치는 희생이었다. 희생은 사람, 동물, 동물의 피, 특별한 식물을 찧어 만든 즙과 나무 등이었다. 제사를 준비하는 데는 인간과 동물을 살생해야 하고, 나무를 베거나 풀을 베는 등 자연 훼손이 따랐다. 이 과정을 수행하기 위해 강제노역에 종사해 제물을 마련하는 사람이 때로는 필요했다. 이 같은 특수한 목적을 위해 종사하는 사람은 천민, 노예 또는 특수신분으로 분류되었다. 제사와 희생 종류는 민족에 따라 크게 달랐다.

인도의 제사와 제수

인도, 혹은 인도 종교는 만신전萬神殿이라는 말을 한다. 말 그대로 수만 가지 신들이 존재하는 종교, 혹은 종교의 나라라는 표현이다. 인도의 신의 종류는 점점 늘어왔다. 신 없는 인도, 신 없는 인도 종교는 상상할 수 없다. 따라서 제사 또한 많다. 인도는 신비의 나라, 신화로 가득 찬 나라다. 인도의 제사는 공공제사srauta-yajna, 가정제사grhya-yajna로 나뉘며, 각각 다시 일곱 가지씩의 기본제사로 나뉜다. 공공제사는 소마 즙을 헌공하는 소마 제사soma-yajna와 우유, 버터, 곡물 등을 헌공하는 하위르 제사havir-yajna로 이루어진다.[11]

소마soma · 하오마

'소마'는 '하오마' haoma 라고도 한다. 고대 이란의 베다교 종교의식을 상징하는 풀이었다. 따라서 소마는 천상에 기원을 둔 하늘 신들의 음식이라 여겨졌다. 독수리가 하늘까지 날아 올라가서 사유思惟의 속도로 돌진해, 청동으로 만든 벽을 부수고 들어가 소마 잎을 입에 물고 땅으로 가져왔다. 그때부터 땅에서도 자라게 되었는데, 이 일을 두고 예언자는 "소마·하오마의 탄생과 성장에 대해 물과 식물이 기뻐하고, 그의 탄생과 성장에 의해 물과 식물이 성장한다"고 노래했다.

소마의 내력은 자라투스트라Zarathustra라는 인물과 관련해 더욱 구체화되었다. 자라투스트라가 천상에 존재했을 때를 이야기 형식으로 푼 『아베스타』Avesta 속 경전 내용이다. 그는 역사의 중간 시점에, 세계의 중심에서 태어났다. 자라투스트라의 불꽃 화르나프 xvaremah를 몸속에 받아들인 순간 그의 어머니는 거대한 빛에 둘러싸였다. 그가 지상에 태어나기까지 3일 동안 집 주변이 마치 불에 타는 듯이 보였다. 마을은 대단히 밝은 빛으로 둘러싸였기 때문에 스피타마들은 화재가 난 것이라고 생각하고 마을을 버리고 떠났다. 나중에 마을로 되돌아온 그들은 눈부신 빛을 발하는 아이를 발견했다. 장차 아이의 몸을 구성할 실체가 하늘에서 만들어져 비와 함께 땅에 내려와 식물을 자라게 했다. 그 식물을 예언자의 부모가 기르던 암송아지 두 마리가 뜯어 먹었다. 몸을 구성하는 실체는 우유 속에 녹아들었고, 그 우유로 만든 소마 또는 하오마를 예언자의 부모가 마셨다. 부모의 결합으로 자라투스트라를 임신하게 되었다.[12]

소마·하오마의 효능과 신비한 힘

소마의 모든 효능은 그것을 섭취하면 생기는 엑스터시 체험과 밀접한 관계가 있다. 소마를 마시면 열 가지 신비한 힘을 갖게 된다.

- 불사不死 능력을 얻는다: 영생을 상징하며 신과의 일체감을 느낀다.
- 빛에 도달한다.
- 신을 본다: 신의 세계에 소속되어 있다는 일체감이 생겨난다.
- 소마, 하오마는 달과 동일시된다. 무한한 힘에 의해 세계

는 주기적으로 재창조된다. 달은 초사흘에 가장 작게 나타나서 점점 자라 보름에 가장 완전했다가 다시 그믐으로 가면서 작아지고 되살아나기를 반복한다. 소마 제사를 올리는 시기가 매월 그믐에 시작되는 것은, 달이 없는 그믐 시기에 소마를 헌공받은 달이 이를 마시고 기운을 회복해 초사흘 달로 점점 자라난다고 믿었기 때문이다. 자연의 기운을 함께 누리는 데서 우주적 사고가 형성된다.

- 질병과 사악한 기운으로부터 인간 육신을 수호해준다. 약리성의 효과다.
- 허약한 육신이 굳세어진다. 질병을 물리치는 힘이 있다. 질병치료의 약이다.
- 사유를 자극한다. 적극적으로 상상하게 만든다. 무한한 자유 감각을 확장시킨다. 정신세계의 심화현상인데 노장사상에 영향을 준 것으로 보인다.
- 전사의 용기를 회복시킨다. 강한 육체적, 정신적 힘을 계시받는다.
- 성적 능력을 증강시킨다. 생명력을 강화시킨다.
- 땅을 하늘 가까이 접근하게 한다. 소마가 자라는 산의 신성함을 상징한다.[13]

소마를 압착해 즙을 짜내는 행위의 상징
- 절구통에 소마를 넣고 절구로 찧을 때 절구통과 절구의 마찰은 성적 결합을 의미한다.

- 절구통에 소마를 넣고 찧을 때 나는 둔탁한 소리는 우레소리라 여긴다.
- 다 찧은 소마는 양털로 짠 헝겊에 싸서 즙을 짜내는데, 이때 양털은 곧 구름이다.
- 즙은 식물의 성장을 주도하는 비다.
- 소마는 우주적 풍요의 상징이며 신비한 가치라고 여긴다.[14]

『리그베다』Rigveda 인도: 아리아인의 소마

소마를 바치는 의식이 가장 대중적이며 제사의 중심을 이룬다. 이 제사는 사제들과 일부 제사 집행자들에 한정된 체험이다. 지복을 내려주는 완전한 존재에 대한 계시는 신들과의 합일을 통해 가능하다고 여기는데, 본래의 음료 소마가 사라진 뒤에도 인도의 정신성에 계속해 등장한다.

고행, 오르지^{orgie·orgy}는 고대 그리스, 로마에서 비밀리에 행하던 의식이다. 주신제_{酒神祭: 진탕 마시고 떠드는 술잔치}와 북새통 속에서 벌어지는 일탈, 명상 요가 기법, 신비주의 신앙 등 다른 수단의 도움을 받아 이러한 존재에 도달하고자 하는 시도는 계속되었다. 이는 절대적 자유에 대한 탐구다. 베다시대에는 상상도 할 수 없었던 일련의 방법과 철학적 운동을 통해 새로운 전망으로 통하게 했다. 그리하여 신학자들과 형이상학자들의 관심을 독차지한 것은 소마가 체현하는 우주론적 희생제의의 원리였다. 이렇듯 제사로 모든 것을 해결하려는 소마 제사에는 부정적 측면도 있다. 하지만 인간의 노력_{헌신, 귀의, 기도 등}을 중요하게 여기는 바라문들은, 수행을 통해 천상의 신들도 실현하지 못하는 해탈, 열반을 성취할 수 있다는 불교의 인간 중심 사상에 영향을 미쳤을 것이라고 보고 있다.[15]

다르바 darbha

소마와 함께 제사의례에 사용되었다.

쿠사 kusa

쿠사는 'Coriandrum Sativum'이란 학명으로 불리는데, 미나리과에 속하는 일년생 풀이다. 줄기는 속이 비었고, 길이 30~60센티미터이며, 잎은 마주 나서 자라고, 빈대 냄새 비슷한 독특한 향기를 지녔다. 6~7월에 작고 흰 꽃이 피고, 열매는 둥글고 향기가 있다. 동부 유럽이 원산지이나 인도 지방과 동남아시아 아열대 기후에서 많이 재배한다. 특히 사찰에서 재배해 수행승들이 즐겨 먹는 채소로 널리 알려져 있다. 또한 동남아시아 여러 국가들의 음식에 반드시 첨가되어 독특한 향취를 내는데, 쿠사의 향기가 악취나 잡냄새를 제거해주고, 고온다습한 지역의 음식에서 발생할 수 있는 나쁜 균을 소멸시키는 약리작용을 한다고 알려져 있다.

쿠사가 중국문화권에 알려진 뒤로 '호유'胡荽, '향유'香荽로 불렸다. 우리나라에서는 '고수'로 부르는데, 쿠사를 '고수'로 고쳐 부른다. 고수풀을 날로 돌돌 말아서 초고추장에 찍어 먹는 고수강회와 고수풀로 담는 고수김치가 생겼을 만큼 사찰의 특징적인 음식으로 자리 잡기도 했다. 고수풀은 비타민 A·C와 단백질도 많지만 광물질도 풍부하게 함유해 중풍을 치료하고, 염증 치료에도 효과가 높으며, 신경쇠약과 혈압조절에 빼어난 약효가 있는 것으로 알려져 있다. 소화기능을 좋게 하며 입냄새를 없애는 데도 탁월한 효과가 있다. 특히 고수의 씨는 향료와 약용에 널리 쓰여왔는데, 장의 가스를 제거해주고 경련을 진정시키는 효과도 입증되었다. 위액 분비를 촉진하기도 한다. 고대의 주술사들은 고수 씨를 태운 연기로 악령을 추방했다는 기록이 있고, 환각을 일으켜 제사장들의 기도에 중요한 준비물이기도 했다. 수천 년 전부터 세계 곳곳에서 다양한 용도로 이용되어온 고수와 고수 씨는 현대의학에서도 최면 유발 효과가 입증됐다. 현대의학에서는 또한 소화불량, 가벼운 경련을 동반하는 위장장애, 복부팽만감에 효과가 있으며, 산후 여성에게 젖 분비를 촉진시키고, 젖먹이 아이의 두뇌 기능 향상에도 도움이 된다고 한다. 『구약성경』에서는 파사 축제에 썼으며, 이집트에서는 고수 씨를 무덤에 넣는 부장품의 한 가지로 이용했다.[16]

그리스인은 고수에 사랑을 키워주는 힘이 있다고 믿었기 때문에 사랑의 묘약으로 불렀으며, 중국인들은 영원히 사는, 즉 불사의 비밀이 들어 있다고 여겼다.

잉카·마야 문명의 제사와 제수

마테 mate · yerba mate · Paraguay tea · Brazilian tea

잉카 문명의 종교의식에 사용되었다. 고전기 마야 문명기원전 600~100의 제사장들은 예언가와 점술가의 역할을 수행하면서 환각제를 사용하곤 했다. 마법사와 주술의呪術醫는 예언자였으며, 질병을 주는 동시에 치료하는 사람이기도 했다. 이들도 환각제를 썼다. 신령에게 음식을 바쳐서 정성을 표하는 제사에서도 마테를 사용했고, 고대 인디언이 제사에 쓰거나 마시던 환각 성분이 들어 있는 음료도 마테였다.

이와 같이 사용된 마테는 남아메리카 브라질, 파라과이, 페루 등지에서 야생으로 자라는 식물의 잎을 따서 일정한 방법으로 가공한 다음 즙을 내어 마시는 제사용 음료이자 기호음료였다. 상록 관목이나 교목인 마테$^{Iles\ paraguariensis}$의 잎을 말려서 끓여 마신 것인데, 녹색을 띠는 자극적인 음료다. 카페인과 탄닌 성분을 함유하고 있으며 보통 차보다 떫은맛이 덜하다. 마테 잎을 말리는 방법은 여러 가지인데, 브라질의 경우는 다음과 같다.

첫째, 잎이 달려 있는 줄기를 1.8제곱미터 넓이의 땅^{tatacua}에 쌓아놓고, 둘째, 그 주위에 불을 지핀다. 셋째, 가지들을 아치 모양으로 세워 불기운을 쬐게 한다. 넷째, 건조된 잎들을 땅속 구멍에 넣고 빻는다. 다섯째, 이 과정을 거쳐 만들어진 거친 가루가 '카카루' 또는 '예르바 두폴루스'라고 부르는 마테다.중국의 찻잎 건조 방법을 응용해 잎을 주석으로 만든 솥에 넣고 가열하는 방식도 사용된다.

브라질 남부, 파라과이에서 야생으로 자라는 마테를 처음 재배한 것은 예수회 선교사들이었으며, 그때부터 중국의 차 만드는 방법을 도입했다. 마테를 끓일 때는 말린 잎예르바을 속이 빈 호리병박에 넣고 끓는 물을 부어 맛을 우려낸다. 마테는 보통

그냥 마시지만 우유, 설탕, 레몬즙 등을 넣어 맛을 내기도 한다. 밀봉해 보관하면 오랫동안 향이 유지된다.

고대 에티오피아의 제사와 제수

커피 Coffee

커피의 고향인 에티오피아는 세계에서 역사가 가장 오래된 나라다. 초기 문명화가 시작된 시기를 기원전 2000~1000년쯤으로 보며, 고원지대의 쿠시족을 에티오피아 사람들의 대표적인 조상으로 보고 있다. 이들이 제사의식에 사용한 커피는 커피콩 씨앗이 아니라 잎으로 만든 차였다.[17] 에티오피아는 아프리카에서 가장 오래된 이슬람교의 정착지이자 최초로 그리스도교를 국교로 받아들인 나라이기도 하다. 커피 나무를 재배하게 된 것도 수도원의 수도사들이었고, 수도사들은 커피를 끓여 마시며 기도하는 중에 맑은 정신을 유지할 수 있었다.[18]

중국의 제사와 제수

차 Camellia Simensis hinn

차나무 잎을 가공해 끓여 마시거나 뜨거운 물을 부어 우려마신 것은 중국에서 처음 시작되었지만, 중국에 전해지기 전 중국 남동부 지역의 비한족인 남방소수민족들이 윈난, 광둥, 푸젠에서는 찻잎을 찧어서 즙을 마시거나 물에 끓여서 약으로 먹었다. 사람이 기호음료로 마시게 된 역사에는 신들에게 제사를 올릴 때 제수로 사용된 역사가 포함되어 있다. 어느 쪽이 먼저였는지

명확하게 말할 수 있는 자료는 없다. 중국 차문화사의 위대한 경전으로 여기는 육우의 『다경』에는 다음과 같은 기록이 수록되어 전하고 있다.[19]

나는 단구자라 하오. 당신이 차를 잘 달여 마신다는데 ······
이 일로 인해 우홍은 단구자에게 차로 제사를 지냈다.
五丹丘子也 門子善具飮 ······ 因立奠祀 ······
- 「신이기」神異記

집안에는 옛 무덤이 있는데 차를 마실 때마다 먼저 제사를 드렸다.
以宅中有古塚 每飮輒先祀之
- 「이원」異苑

포조의 누이동생 영휘는 「향명부」를 지었다. ······ '내 제사상 위에는 희생된 제물은 삼가 올리지 말고, 다만 떡, 과일, 마시는 차만 ······ 올리라' 했다.
鮑照妹令暉著香茗賦 ······ 我靈座上愼勿以牲爲祭 但設餠果茶飮.

유학의 새로운 지평을 연 송나라 주희朱熹의 『가례』家禮는 동아시아 예론의 전범이다. 이 책의 「통례」通禮에 차를 제사에 올리는 법이 나와 있다.

주인이 올라가 홀을 꽂고 주전자를 들어 술을 따르되, 먼저 정위에 올리고 다음에 부위에 올린다. 다음에 장자에 명해 여러 부위의 항렬이 낮은 이들에게 술을 따라 올리게 한다. 주부가 올라가 다선茶筅: 차의 냉온을 조절하는 도구을 잡고 집사가 탕병을 들고 따라가서 차를 넣는 것은 앞과 같이 한다. 장부나 장녀에게 명해 역시 그대로 한다. 보름에는 술을 진설하지 않고 신주도 내놓지 않는다. 주인이 차를 넣을 때 장자가 이를 돕고 먼저 내려간다. 주인은 향탁의 남쪽에 서서 재배하고 내려간다. 나머지는 위의 의식과 같다.[20]

고대 한국의 제사와 제수

한국의 역사, 민속에서 확인할 수 있는 것은 쑥과 물이다. 물은 정한수 또는 정화수井華水로 불렸다.

쑥은 엉거시과에 속하는 참쑥, 물쑥, 약쑥, 쑥 등을 한꺼번에 부르는 말이다. 여러해살이 풀이며 들에서 자라고, 아시아 곳곳에서 난다. 줄기, 잎자루는 약용, 어린잎은 식용, 잎은 뜸쑥으로 만들기도 한다. 다북쑥, 애초라고도 부른다. 일찍이 쑥은 우리 민족과 깊은 관련을 맺어왔다. 어린 쑥의 잎은 가난한 사람들의 훌륭한 먹거리로 수천 년 동안 그 역할은 변하지 않았다. 또한 약용으로도 매우 고마운 식물이다. 그러나 무엇보다도 한민족의 기원설화에서 쑥의 의미와 상징이 단연 돋보인다.

이때 곰 한 마리가 같은 동굴에 살면서 신인 환웅에게 빌어 사람으로 변화하기를 항상 원했다. 그러나 신인이 신령스러운 쑥 한 다발과 마늘 스무 개를 주면서 '너희들이 이것을 먹고 백일 동안 햇빛을 보지 않으면 곧 사람 모습을 얻을 수 있다'고 말했다. 곰과 범이 이것을 얻어먹으면서 삼칠일을 참은 끝에 곰은 여자의 몸을 얻었지만, 범은 참지 못해 사람의 몸을 얻지 못했다.[21]

『삼국유사』 첫 머리에 나오는 고조선 건국신화의 내용이다. 쑥의 약효는 널리 알려져 왔다. 임신 중의 하혈을 멈추게 하고, 쑥잎을 찧어서 즙을 마시면 위를 따뜻하게 해주며 토사곽란을 그치게 하며, 여성의 냉·대하에도 효험이 있는 민간약으로서 전해 내려왔다. 통경通經, 산한散寒, 제습除濕 등 쑥뜸의 효능은 참으로 다양하고 신비롭다.

'영애일주'靈艾一炷, 즉 '신령스러운 쑥 한 다발'을 곰은 어떤 방법으로 먹었을까? 쑥을 먹으면서 100일 동안 햇빛을 보지 않아야 하며, 그러기를 21일 동안 계속한 끝에 곰은 여자 몸으로 환생했다. 이 내용으로 미루어 말린 쑥잎이 분명하고, 흔히 떡이나 먹거리로 쓰는 참쑥이 아니라 황해도와 그 북쪽 지방에서 주로 나는 약쑥이었을 것으로 짐작된다. 이 약쑥을 삶아 그 물을 마시면서 마늘을 먹었던 것으로 보인다. 쑥물이었다는 말이다. 약쑥 삶은 즙을 마시면서 사람 몸 받기를 기도한 것이다. 따라서 쑥물汁을 사용한 최초의 목적은 하늘신에게 사람 몸 받게 해달라는 기도였다.

여자의 몸으로 변화한 웅녀 이후 쑥은 곧 이 나라 모든 여성들에게 더욱 큰 효험을 입증받으면서 깊은 믿음의 대상으로 자리 잡은 것이다. 그리고 여자로 변한 웅녀는 또 다른 기도를 올리는데, 기도를 올린 장소의 특징과 그때 사용한 물건, 즉 신과의 소통과 교감을 가능하게 해주는 물건이 쑥이었음을 추측하게 하는 내용이 있다.

> 곰네웅녀는 더불어 혼인할 사람이 없어 늘 신단수 밑에서 잉태할 수 있게 해달라고 빌었다. 환웅이 잠시 사람으로 변해 혼인하고 아들을 잉태해 낳으니 이를 '단군 왕검'이라 불렀다.[22]

'단수'檀樹는 곧 '신단수'神檀樹다. 고대인들은 큰 나무가 하늘과 땅과 지하의 세 지역의 접합점에 있는 '우주의 기둥'Cosmic tree·Cosmic pillar이라고 생각했다. 우리나라 단군신화에서 단군을 잉태하게 해준 신단수는 우주의 중심에 뿌리박고 있는 그 나무였으며, 그 신단수가 있던 곳은 거룩한 장소였다.[23] 신단수는 수목숭배 현상 가운데 하나였다. 이런 현상은 세계 여러 곳에서 확인되는데, 예를 들면 튜튼어, 켈트어에서 신전이나 제단을 뜻하는 단어는 숲과 어원이 같다고 한다. 스웨덴의 고대 종교중심지 웁살라Upsala에는 신목이 서 있는 숲이 있었고, 피노-우그리아르Finno-Ugriar족은 울타리가 있는 숲속에서 제의를 행했다. 동아프리카의 완키아Wankia족은 야자수를 훼손하는 자를 친모살해자로 취급해 처벌했다. 중앙아프리카의 바사가Basaga족은 나무

마을에서 가장 큰 느티나무 아래서 기도를 올리는 모습.

와 수목형제를 맺고, 볼가^{Volga}족은 희생과 설법의 제단이 되는 신목을 가지고 있었다.[24]

 니오라체$^{George\ Nioradze}$에 의하면 시베리아 여러 민족도 수목을 숭배했는데, 카차달^{Cachadal}인은 울창한 숲의 정령과 함께 살고 있어서 나뭇가지 하나라도 감히 꺾지 못할 뿐만 아니라, 그것에 손을 대는 것만으로도 생명을 내놓아야 할 만큼 신성하게 여겼다고 한다. 또한 게리악인은 십자가 모양과 죽은 나무를 숭배하고 브랴트인도 나무에 빈다고 했다.[25] 이와 같이 고대 여러 민족 사이에 존재한 수목숭배의 기원은 신과의 관계에 있었

가야시대 제사 때 사용한 뿔잔. 흙으로 빚어 만들었다.

다. 수목은 풍요의 상징이었다. 큰 나무일수록 우람한 가지에 꽃과 열매가 많이 맺혀 여러 생명체의 식량이 되는 사실에 근원한 신비성 때문이었다. 고대인들에게는 꽃과 열매가 피고 맺히는 그 자체가 외경의 대상이자 축복으로 여겨졌을 것이다. 또한 큰 나무들은 계절에 따라 다른 생태를 보여주는데, 활엽수나 관목의 경우에는 겨울철이 되어 잎을 모두 지워버린 채 나목으로 겨울의 추위를 견디다가 봄이 오면 새순이 터져 나와 무성한 잎으로 변하고, 꽃이 피고, 열매가 맺혀 익어간다. 이 모습을 윤회transmigration와 재생rebirth의 상징으로 여긴 것이다. 이처럼 '살

번개무늬. 선으로 테두리를 새기고, 그 안을 점이나 선으로 메꿨다.

기 위해 죽는' 나무는 신의 강림처라 여기게 되었고, 나무 아래 제단을 쌓고 제물을 차려 기도하면 그 나무를 통해 인간의 소망이 하늘의 신께 전해질 것이라고 믿었다. 신과 인간이 소통하는 통로로서 신성이 깃든 존재로 여긴 것이다.[26] 이 같이 큰 나무 아래에는 인간들이 기도하는 데 꼭 필요하다고 여긴 제단을 만들고 신께 바치는 제수를 올렸다. 『구약성경』에는 고대 이스라엘의 역사가 나타난다. 「열왕기」 상 제1장 50절 이하, 제2장 28절 이하, 「출애굽기」 제21장 12절, 「사무엘」 하 제14장 14절을 보면 신의 보호를 받기 위해 특별하게 신성화된 장소가 신목이 있는 자리가 등장한다. 이 자리는 두 가지 형태인데, 제단으로서의 아실룸^{Asylum}과 도피처로서의 아실룸이었다. 이 아실

우물. 물의 중요성은 곧 농사와 풍요로 이어져
오랜 옛날부터 우물과 우물물은 신성하게 여겨졌다.

룹은 뿔 혹은 뿔로 만든 그릇과 단을 쌓아 제물을 바치는 데 사용했다.[27]

『삼국유사』의 단군신화에 나오는 신단수와 파제르Fazer의 글에 등장하는 제단, 신목, 수목형제樹木兄弟, 니오라체의 글에 나타나는 시베리아 여러 민족의 숲에 대한 종교적 의식과 습속들, 『구약성경』에서 제단과 도피처로 사용된 큰 나무와 관련된 기록들은 서로 매우 닮았다.

이제 남은 문제는 과연 그 큰 나무 아래 제단에 올린 '뿔그릇', 혹은 토기에다 어떤 액체를 담았을까 하는 것이다. 일단 술 아니면 식물의 즙, 그리고 맑은 물이었을 것으로 짐작해볼 수 있다. 쑥의 즙, 쑥물을 마시고나서 여자 몸을 받은 곰네웅녀가 혼

바가지에 정화수를 떠놓고 기도하는 어머니.

인할 남정네를 만나게 해달라고 간절히 기도를 올릴 때, 신수神樹 아래 만든 단 위에 과연 무엇을 올려놓고 빌었을까?

함경북도 청진 농포동의 신석기시대 패총에서 발견된 번개무늬토기완은 4000년 전 제천의식祭天儀式 때 제사장이 사용했던 것으로 보인다. 이러한 모양과 관련 있는 토기가 사용되었으리라 짐작해볼 수도 있겠다. 왜냐하면 번개무늬토기완은 시베리아 여러 지역과 중국 흑룡강성 일대에서도 발견된다는 점에서 이 광활한 지역이 동일한 문화권이었음이 밝혀졌기 때문이다. 그렇다면 이 토기에 무엇을 담았을까? 술은 아니었으리라는 정황을 우리 민속에서 어렵지 않게 찾아볼 수 있다. 이른바 정화수라 부르는 물이 대표적이다. 첫새벽에 길어낸 맑고 깨끗한 우물물을 말한다. 여기서 맑음은 화학적인 규정이 아니라 신앙적 맑음과 정갈함을 강조한 것이다. 우물이나 샘의 물이 맑아야 한다는 것과 그 물을 마주하는 사람의 몸과 마음의 정결함이 결합해 만들어지는 신앙의 한 모습이기도 하다. 따라서 우물, 샘이 먼저 존재해야 한다. 그 우물 또는 샘은 신령의 거처이기 때문에 인간의 소망과 소통하는 공간이 되는 것이다. 그러한 우물이 우리 역사 속에서 확인된다. 신라의 알영정閼英井, 개성대정開城大井, 동제洞祭 모시는 마을 우물들이 그 증거다. 여기서 길어올린 정화수는 신령에게 소망을 빌 때 신령에게 바치는 제수 또는 공물이다. 지극히 간소하지만 바치는 사람의 간곡한 정성과 최선의 정결, 치성의 극을 상징한다.[28]

여기에 새벽녘의 고요와 맑음이 더해져 정화수의 신앙적 순결을 심화시켰고, 정화수의 맑은 상태는 신령과 인간이 소통하는 공간으로서 종교적 상징성을 지녔다. 정화수 그 자체는 신앙의 대상이 아니지만 신령과 소통하게 해주는 제수 역할을 했다. 한국의 오랜 습속이자 전통으로, 시간과 장소에 구애되지 않고 언제 어디서나 신령에게 소망하고 축원하는 비념 때마다 반드시 흰 그릇 또는 박 바가지에 담아 소반이나 장독대 위에 두고 더러움과 사악함에서 삶을 지켜주리라 믿는 등불이었다.[29]

식물즙, 정화수, 차의 관계

중국 차문화의 수입

차나무 잎을 여러 가지 방법으로 가공해 물을 붓고 끓이거나 끓인 물로 우려낸 뒤, 이 즙을 약으로 쓰거나 제사의 제수로 사용하기도 하고 기호음료로 마시기도 하면서 중국의 차문화가 발전해왔다.

고대국가였던 신라가 당나라의 정치 제도를 도입해 최고 권력자 중심의 중앙집권체제를 확립할 때 당나라 고급문화인 차문화도 함께 도입됐다. 신라의 법흥왕^{法興王: 재위 514~540}이 6부족 중심의 화백^{和白} 제도에서 왕권 중심 체제로 혁신할 때부터였다. 신라의 시조 박혁거세의 칭호를 거서간^{居西干}으로 부르기 시작한 뒤로 차차웅, 이사금, 마립간이란 칭호를 사용해온 신라 고유의 정치 제도를 과감하게 혁신해, 중국의 최고 권력자 칭호인 '왕'을 법흥이 처음으로 썼다. 법흥은 관료들의 직제에 따라 관복의 색깔도 다르게 하고, 지방제도를 개편해 지방의 명칭을 부여하는 등 당나라 제도를 신라에 응용했다. 그때 '차'라는 글

'茶' 자가 새겨진 신라시대 토기완.

자와 차 마시는 법도 함께 들여와서 쓰게 된 것으로 보이지만, '차'라는 글자와 말, 차를 마실 때 쓰는 그릇과 차 마시는 방법 등은 귀족과 승려 등 상류 신분에 국한되었다.

그 후 통일신라 첫 임금이라 할 수 있는 문무왕[재위 661~681]이 화해와 상생정책으로 안압지에서 자주 차회를 열고, 차회 때는 '茶' 자가 새겨진 그릇에다 차를 마시기도 한 것으로 보인다.[30] 그 후 경덕왕[재위 742~765]이 삼국통일 100년이 되는 즈음에 승려 충담, 월명으로 하여금 차와 관련된 중요한 법회를 주관토록 하면서 차문화가 더욱 널리 보급되는 계기를 마련했다.[31]

통일신라의 전성기 9세기에는 신라의 귀족들이 한층 풍부한 당나라 문물을 선호했는데, 특히 차문화는 귀족과 승려, 지방의 호족들을 중심으로 당나라 수도 장안의 유행을 그대로 따르는 풍조가 극성했다. 당 문화의 수입과 지나친 의존은 신라 상류층의 사치와 낭비로 이어져 신라 말기 지도층의 부패와 폐해를 낳았다.

당시 사회상은 진감선사대공탑비眞鑑禪師大空塔碑에 최치원의 문장으로 전해온다.32 지리산 쌍계사에서 수행한 진감국사의 생애와 사상을 기록한 이 탑은 국보 제47호로, 9세기 후반부터 차가 우리나라 문화로 자리 잡고 고려와 조선 초기까지 사찰과 귀족, 사대부의 기호음료로 사용됐음을 보여준다.

정화수 신앙과 차

우리나라는 중국의 차가 도입되기 훨씬 전부터 정화수 신앙을 지녀왔다. 또한 식사 뒤에는 숭늉을 마시는 습관이 있었는데, 이것은 오늘날의 차문화가 자리 잡는 데 매우 우호적인 생활 관습으로 짐작된다. 무엇보다 물이 맑고 넉넉해 '물 인심'이라는 말이 생겼을 만큼 물을 마시고 권하는 아름다운 풍속 또한 중국의 차문화를 이질감 없이 수용하는 바탕이 되었다. 맑은 물 한잔 마시는 일은 굳이 중국 문화의 '차 한잔'과 비교할 것도 없이 높고 향기로운 문화의 품격이었다.

백제의 무령왕릉에서 출토된 방격규구신수문경方格規矩神獸紋鏡에는 '山有仙人不知老渴飮玉泉飢食棗'산에 사는 신선은 늙을 줄을 모르는데, 목마르면 옥천을 마시고 배고프면 대추를 먹으니라는 글귀가 새겨져 있다. 여기서 말하는 '옥천'玉泉은 평범한 샘물이라기보다 오늘날의 차와 같은 기호음료의 역할과 탈속적이고 무위無爲적인 상징물이었다.

백제 무령왕재위 501~523 시대에는 중국 양나라와 외교하며 중국 문물제도의 영향을 받기도 했으나, 그때는 중국에서도 아직 차문화가 성행하지 않았고 상류층과 도교 수행자들에 한해 수행의 방편으로 마시던 때였다. 차문화가 중국 문화의 큰 흐름으로 정착된 사실을 증명해주는 육우의 『다경』은 780년에 완성되었고, 이때까지는 자그마치 400여 년이나 더 기다려야 했다. 또한 '산유선인'山有仙人의 '선인'은 곧 신선이니 도교에서 이상향으로 여기는 경지이며, 도교의 '무위'는 인위적인 차보다는 자연의 몸인 물玉泉이었다. 이와 같은 사상은 백제의 상류사회 지식인들에게도 깊은 영향을 준 것 같다. 또한 맑은 물에 관한 우리 민족의 오래된 정화수사상과 도교의 관련성을 짐작해볼 수도 있겠다.33

중국의 차는 문화적 산물이고, 우리나라의 정화수 사상은 신앙의 산물이므로 지식의 융화인 문화와 지식 이전 자연과 인간의 조화물인 신앙은 분명 다른 차원의 문제다. 그러면서도 물과 차는 서로 필요한 관계여서 차의 근원이 신앙과 지식을 아우르는 정신성, 역사성, 민족성, 약리성을 포함하고 있는 것이다.

차는 자연으로서 차나무가 지닌 식물적 특성을 인간의 삶에 적극적으로 끌어들인 문화적 산물이다. 따라서 차문화는 자연

무령왕릉에서 나온 방격규구신수문경.
당시 거울은 일상용구라기보다
지배자들의 권위를 상징하는 성격이 강했다.

과 문화라는 양의성兩義性을 지니게 되었다. 또한 차는 물과의 관계를 통해 오묘한 자연의 기운을 인간의 몸과 정신으로 연결시켜 융화하는 신비스러운 작용을 한다. 차와 물의 관계는 다음과 같은 글을 통해 차문화의 핵심 미학으로 평가받아왔다.

차는 물의 몸을 빌려 모든 것 나타내고
물은 차에게 제 몸 주어 차로 살게 한다.
하여, 좋은 물 아니면 차의 참모습 안 비치고

좋은 차 아니드면 차의 몸 없어라.

茶者水之神 水者茶之體

非眞水莫顯其神 非精茶莫窺其體 34

앞의 글에서 '神'은 차가 지닌 색, 향, 기운, 맛을 한마디로 응축한 표현이다. 아무리 좋은 차의 '신'이라 할지라도 좋은 물을 만나야만 제대로 맛을 낼 수 있다는 뜻이다. 이때 '좋은 물'에 대한 생각은 동아시아 차문화사의 가장 오래된 화두였다. 중국이나 일본과 달리 우리나라는 굳이 차와 관련하지 않고도 물에 관한 역사와 신앙이 매우 오래전부터 존속해왔다. 이미 차 이전부터 물은 인간과 신의 교감 통로이자 만물의 어머니라는 믿음이 있었다. 그 위에서 차문화도 꽃을 피웠다. 차가 어떤 식물보다 더 강력한 힘을 발휘할 수 있었던 것도 물과의 조화를 통해 더 신비스러운 존재로 부각됐기 때문이다.

물은 강, 폭포, 우물, 샘, 비 등 다양한 모습과 방식으로 존재해왔다. 차와 관련한 물은 샘과 우물 형태인데, 우물은 자연의 물을 인간의 삶 속으로 끌어들인 문화적 산물이다.35 샘泉과 우물井은 똑같이 자연 상태의 물을 담고 있지만, 샘은 저절로 만들어진 자연적 산물이거나 최소한의 인공적 변형에 그친 것인 데 비해 우물은 인공을 가한 문화적 산물로 인식된다.36 샘과 우물이 땅에서 솟아나는 동일한 계통의 물이면서도 샘이 삶의 터전과 무관하게 존재하는 것이라면 우물은 인간의 삶에 한결 가까이 자리 잡고 있다.

차문화에서 관심을 가져온 물은 우물과 샘 가운데 어느 것에 더 비중을 두고 있다고 단정 지을 수 없다. 다만 인적이 드문 산간에서는 자연적으로 생겨난 샘물을 높게 평가하기도 했는가 하면, 마을 공동체 삶의 중요한 역할을 하는 우물물도 자주 노래되어왔다. 우물물은 신화, 마을신앙 등을 다루는 가운데 우물의 신성성과 상징성에 관련된 부분이 크기 때문에 우리나라 물이 지닌 신앙적 측면에서 '정화수'라 불렀다. 수많은 물 가운데 유독 우물만이 이러한 상징성을 확보하게 된 것은 물이 지니고 있는 속성에서 비롯되었다. 더럽혀진 모든 것을 씻어주는 정화력은 더럽혀진 세속의 삶과 모든 삿된 것들을 물리쳐 맑은 심신으로 성스러운 영역에 들어설 수 있게 해준다는 상징체계로 설정되기에 충분했던 것이다.37 따라서 우리의 우물물은 성聖이면서 속俗의 의미를 동시에 지니고 있는데, 인간의 삶과 분리될 수 없는 문화적 산물로서 한층 체계적인 신성성을 지니고 있다고 보는 것이다. 이런 점에서 우물은 물이라는 신성성을 그대로 간직한 채 인간의 일상과 밀접하게 관련되어 있기 때문에 레비스트로스가 체계화시킨 이원적 상징론과도 관계 짓는다.38

땅속에 뿌리를 내리고 있으면서 그 속에 하늘도 담고 해와 달도 담아내는 우물의 이미지는 또 하나의 우주목目 · 세계축으로서 인간 세상과 신성 공간, 보이는 세계와 보이지 않는 세계의 이질적인 두 차원을 잇는 연결자로도 인식되어왔다. 또한 우물은 용궁과 내왕하는 통로, 또는 신성한 생명이 이 세상에 나오는 출구일 뿐 아니라, 이 세상과 저승세계 또는 이상적인 세계를 연결해주는 존재로도 보았다. 저승은 땅 밑으로 샘과 통한다는 황천^{黃泉}, 구천^{九泉}, 신단수, 솟대 등이 그러하다.39

용왕, 용의 신앙 등도 우물과 관련되어 있다. 따라서 우물물은 물 자체가 지닌 생명력에 더해 살아 있는 물의 상징으로 여겨져왔다. 이렇듯 우리나라에서 물의 신앙이 지닌 상징성과 신비성이 차에 더해진 것은 분명 중국 차문화에서는 발견할 수 없는 한국 차문화의 독자성이자 정체성이라 말할 수 있을 것이다.

알가와 차

'알가'$^{argha \cdot arghya \cdot 閼伽}$는 산스크리트어다. 인도유럽어족 가운데 인도이란어파에 속하는 옛 인도아리안 말로서, 불교에서 종교의식을 올릴 때 반드시 필요한 청정한 물을 뜻한다. 불교가 중국에 전해진 뒤 알가를 음역해 '閼伽'라고 썼으며, 우리나라는 중국의 한문과 인도의 발음을 그대로 쓴다. 알가의 본래 뜻은 '가치 있는 것'을 말했는데, '부처에게 바치는 공물' 또는 '공물을 담는 그릇'의 뜻으로도 변천했다고 한다. 그러다가 석가모니부처 때부터 부처 앞에 올리는 맑고 깨끗한 물을 일컫게 되었으며, '청정수' 또는 '정화수'라는 뜻으로 부르게 된 이후로는 불교의식에서 알가를 올릴 때는 반드시 '헌알가수진언'^{獻閼伽修眞言}을 외우게 되었다. 진언은 '옴^{om} 자^{jah} 훔^{hum} 밤^{vam} 하^{hah} 캄^{kham} 람^{ram}'인데, 우리나라에서는 '헌다게'^{獻茶偈}, '다게'^{茶偈}라고 부른다. 다게를 암송하면서 세 번 절을 올리는데 그 차례는 다음과 같다. 먼저 부처 앞의 불단에 향, 촛불, 꽃, 정화수 또는 청정수를 올려놓은 다음, 마지^{摩旨: 공양 올리는 밥}를 올리면서 다게를 외운다.

지금 제가 올린 정화수가 감로차로 변화였은즉 삼보전에 바칩니다. 원컨대 받아주소서.
我今淸淨水 變爲甘露茶 奉獻三宝前 願垂哀納受 40

이 헌다게 안에는 불교와 차문화 관계를 증언하는 역사와, 이를 바탕으로 이어지고 발전해온 불교 특유의 차문화가 응축되어 있다. 석가모니부처의 시대에는 불교와 차문화는 인연이 없었다. 그 시대 인도의 여러 종교에는 다만 소마제사가 있었을 따름이다. 소마제사의 원래 모습은 『디가니카야』의 '쿠타단타경'^{Kutadanta Sutta: 참된 제사}에 기록되어 전한다.

나는 이와 같이 들었다. 한때 세존께서는 500명의 비구 승가와 함께 마가다^{Magadha}를 유행하시다가 카누마타^{Khanumata}에 도착하셨다. 세존께서는 거기에서 암발라티카^{Ambalatthiks} 정원에 머무셨다. 그 무렵에 쿠타단타 바라문은 카누마타에 정착해 있었는데, 그곳은 사람들로 붐비고, 풀, 나무, 물, 곡식이 풍부했으며, 마가다의 왕 세니야 빔비사라가 왕의 하사품이자 거룩한 마음의 표시로 내려준 영지였다. 그 무렵 쿠타단타 바라문은 큰 제사^{maha-yanna}를 마련하고 있었다. 황소 700마리와 수송아지 700마리와 암송아지 700마리와 염소 700마리와 숫양 700마리가 제사를 위해서 제사기둥$^{thuna-sthuna}$에 끌려나와 있었다.

그 무렵 쿠타단타 바라문은 카누마타의 바라문들과 장자들이 암발라티카 정원에 머물고 있는 세존을 찾아뵙기 위해 가는 것을 보았다. 세존은 세 가지 제사의 성취와 열여섯 가지 제사의 필수품을 알고 있다는 이야기도 들었다. 쿠타단타 바라문은 큰 제사를 준비하던 중이어서 세존께서 알고 있는 세 가지 제사는 어떤 것인지 궁금해졌다. 세존을 찾아뵙고 세 가지 제사의 성취와 열여섯 가지 제사의 필수품이 어떤 것인지를 여쭈었다. 세존께서 대답해주셨다.

바라문이여, 옛날에 마하위지타^{Mahavijita}라는 왕이 있었소. 그는 큰 부자여서 재물과 재산이 많았으며 수많은 금은과 수많은 즐길거리와 재물과 곡식을 가졌으며 창고와 곳간은 가득 차 있었소. 어느 날 그는 생각했소. '나는 인간이 누릴 수 있는 큰 재산을 얻었고 광대한 영토를 다스리며 산다. 이제 나에게 오래도록 이익과 행복이 있도록 큰 제사를 지내리라'라고.

그리하여 마하위지타 왕은 왕의 종교적인 업무를 관장하는 궁중제관^{purohita} 바라문을 불러서 오래도록 이익과 행복이 있기를 비는 큰 제사를 지내라고 말했다. 그러자 궁중제관 바라문이 왕에게 제사의 참뜻을 이야기해주었다.

폐하의 영토에는 도둑이라는 가시밭이 있고 살벌합니다. 마을을 약탈하고 성읍도 약탈하며, 도시를 약탈하고 노상강도들도 있습니다. 이 같은 영토에서 세금을 올린다면 폐하는 소임을 다하지 못하는 것이 됩니다. 폐하께서는 이 도적떼를 체포하고, 죽이고, 재산을 몰수하며, 꾸짖고 추방하려 할 것입니다. 이것은 도둑 무리를 바르게 처벌하는 것이 아닙니다. 처벌에서 살아남은 자가 있게 마련이며, 그들은 나중에 왕국을 해코지할 것입니다. 그러므로 폐하께서는 폐하의 왕국에서 농사와 목축에 적합한 자들에게는 종자와 양식을 주시고, 상업에 적합한 자에게는 밑천을 주시고, 왕의 측근으로 알맞은 자에게는 양식과 보수를 정해주시면, 이들은 자신의 직업에 몰두하여 왕국을 해코지할 생각이 없어집니다. 그리되면 폐하에게는 큰 세입이 생길 것입니다. 땅은 안정되고, 영토는 도둑이라는 가시밭이 없어지고 살벌하지도 않게 될 것입니다. 백성들은 기쁨을 누리고, 기뻐서 가슴에 자식을 안고 춤을 추며, 집의 문을 열어놓고 살 것입니다.

궁중제관 바라문의 말은 사실이었다. 마하위지타 왕은 그런 뒤에 다시 궁중제관 바라문에게 오랫동안 이익과 행복이 있도록 하는 큰 제사 지내기를 소망하면서 구체적인 방법을 물었다. 궁중제관 바라문이 가르쳐주었다.

폐하의 왕국인 성읍이나 지방에 살면서 폐하로부터 봉토를 받은 크샤트리아들과 대신들과 큰 공소公所를 가진 바라문들과 부유한 장자들을 불러서 상의를 하십시오. '그대들이여, 이제 나는 큰 제사를 지내려 하오. 그대들은 내게 오랫동안 이익과 행복이 있도록 나를 이끌어주오'라고 하십시오.

그랬더니 마하위지타왕으로부터 토지를 받아 살던 크샤트리아, 대신, 바라문, 부유한 장사들은 매우 기쁜 마음으로 큰 제사 지내는 일에 동의하면서 기꺼이 필요한 제물을 마련했다. 이렇듯 기쁜 마음으로 제수를 제공한 네 계층의 사람들이 다름아닌 제사의 필수품이었다. 이렇게 시작된 석가세존의 제사법문은 차츰 그 형식과 내용이 지혜로 변하면서 마침내 제사의 완성 단계로 접어들었다.

바라문이여, 마침내 그 제사에서는 소를 죽이지 않았고, 염소, 양, 닭, 돼지를 한 마리도 죽이지 않았고, 여러 생명을 살해하지도 않았으며, 제사기둥으로 나무를 자르거나 제사풀 barhisa-barhis을 꺾지도 않았소. 제수를 마련하는 하인, 심부름꾼, 일꾼들이 매를 맞지도 않았으며, 두려움에 떨지 않고, 눈물을 흘리며 울지도 않고 일했소. 원하는 자들은 행했고, 원하지 않는 자들은 행하지 않았으며, 원하는 것을 행했고, 원하지 않는 것은 행하지 않았소. 다만 버터 기름, 참기름, 버터, 우유, 꿀, 사탕수수즙으로 그 제사는 완성되었소.[41]

이전에는 제사 종류에 따라 소, 말, 염소 등 가축을 희생물로 바쳤으며, 그 가축 중에서도 임신한 가축을 희생하는 잔인한 동물 희생은 물론, 사람까지 바치는 제사$^{purusa-yajna}$도 있었다. 그러다가 석가모니부처의 시대부터 공공제사의 핵심이 되는 동물 희생의식은 없어져갔다. 불교와 자이나교의 거센 비판을 받아 바라문들이 철저한 채식주의자로 바뀌는 경이로운 변화가 생겼다. 이는 세계사적인 제사의 흐름이기도 했다. 중국에서는 희생물이 만두로 대체되고, 인도에서도 쌀떡$^{ida: 오늘날 인도 이들리의 원형}$ 등으로 대체되었다. 고대의 모든 문명들은 모두 제사의식을 거행했고, 제사에는 반드시 피를 바치는 동물 희생과 인간 희생도 있었다. 이 같은 큰 제사 준비에는 살생, 자연 훼손, 강제 노역이 필요했다. 불교는 피를 보지 않는 것을 가장 중요하게 여긴다. 이런 불교와 자이나교의 영향으로 인도에서도 동물 희생이 없어지게 되었다. 석가세존은 참다운 제사로 '계^{戒} · 정^{定} · 혜^{慧}' 삼학^{三學}을 들어 가르치면서 인류사에 최초로 불살생을 설파했다. 목숨 지니고 사는 생물을 죽여 이익을 얻거나 구원 받으려는 믿음이나 행위는 다만 더 큰 불행을 만드는 어리석음이라고 가르쳤다. 인도의 제사에서 소마를 없앤 것도 소마가 지닌 환각성에 의존해온 고대 종교의 폐해와 독소 때문으로 보이는데, 소마를 대신해 제사에 올린 것이 알가였다.

알가가 일반 제사의식은 물론 불교의식에까지 사용되게 된 이유는 또 다른 역사에서 비롯되었다. 그 역사는 이러하다.

부처님은 많은 비구들과 함께 파바.pava: 말라(Malla)족의 도시로 가셨다. 그리고 대장장이의 아들 춘다Kammaraputta Cunda의 망고 숲에 머무셨다. 춘다는 이 소식을 듣고 망고 숲으로 가서 부처님께 인사를 드리고 한쪽에 가 앉았다. 부처님은 춘다에게 법을 설해 격려하시고 신심을 북돋우고 기쁘게 하셨다. 춘다는 부처님과 비구들을 다음 날 공양에 초대했다. 대장장이의 아들 춘다는 버섯요리와 부드럽고 좋은 음식을 푸짐하게 준비해 놓고 부처님께 때를 알렸다. 부처님은 발우를 가지고 비구들과 함께 춘다의 집으로 가셨다. 공양을 다 드신 후 부처님은 춘다를 위해 법을 설해 격려하시고 신심을 북돋우고 기쁘게 하신 후 자리에서 일어나 떠나셨다. 대장장이의 아들 춘다가 올린 음식을 드신 후 부처님은 발열과 복통이 생기면서 피와 곱이 나오는 설사병lohita-pakkhandika을 앓았다. 부처님은 거의 죽음에 이를 것 같은 극심한 고통으로 괴로워하셨다. 그러나 마음챙김과 깨어 있는 마음으로 동요 없이 참아내셨다. 그 후 부처님은 쿠시나라로 떠나셨다. 가시는 도중 어떤 나무 아래로 가서 말씀하셨다. "아난다, 가사를 네 겹으로 접어서 깔아라. 몹시 피곤하구나. 아난다, 물 좀 다오. 목이 마르구나. 나는 물을 마셔야겠다." 아난다가 대답했다. "부처님, 지금 500대의 수레가 이 길을 지나가고 있습니다. 수레바퀴가 물을 휘저어서 물이 좋지 않고, 더럽고, 흙탕물이 되었습니다. 부처님, 멀지 않은 곳에 카쿠타 강이 있습니다. 그 강은 맑고, 시원하며 깨끗해 먹을 만도 하지만 강둑이 튼튼하고 쾌적합니다. 거기가셔서 물도 드시고 몸을 시원하게 하실 수 있습니다." 그러나 부처님은 또다시 물을 찾으셨다. "아난다, 나에게 물을 좀 다오. 아난다, 목이 마르구나. 물을 마셔야겠다." 아난다는 앞서와 같이 똑같은 대답을 했다. 그러나 부처님은 세 번째에도 물을 가져오라고 하셨다. 아난다는 더는 미룰 수가 없어서 "그렇게 하겠습니다, 세존이시여"라고 대답했다. 그리고는 발우를 가지고 흙탕물로 범벅된 그 작은 냇가로 갔다. 아난다가 그 냇가로 다가서자 그토록 흙탕물로 범벅되어 혼탁하고 더럽던 물이 어느새 맑아졌고, 완전히 깨끗하며 차가워졌다. 아난다는 놀라면서 감탄했다. "여래의 큰 신통과 큰 위력은 참으로 경이롭고 참으로 놀랍구나. 수레바퀴들이 휘저어 흙범벅이 되어 혼탁해졌던 물이 내가 다가가자마자 맑고 깨끗한 물로 변하다니." 아난다는 발우로 물을 떠서 부처님께 다가가서 아뢰었다. "부처님, 여래의 큰 신통과 위력은 참으로 경이롭습니다. 참으로 놀랍습니다. 그토록 혼탁하던 물이 깨끗하고 맑고 차가워졌습니다. 부처님, 물을 드십시오." 그러자 부처님은 물을 드셨다. 그 후 부처님은 많은 무리의 비구들과 함께 카쿠타 강으로 가셔서 시원한 물도 드시고 목욕도 하신 후 망고 숲으로 가셨다.42

알가, 즉 맑고 깨끗한 물이 희생물과 제물을 차려놓고 병 없이 오래 살기와 더 큰 행복을 빌던 제사 관습의 폐단을 혁파한 뒤에 나타난 불교 제사 음식의 상징이었다면, 깨끗한 물 한 잔이 감로차로 변하는, 좀체 이해하기 어려운 이 현상은 다름 아 닌 부처님과 아난다 사이에서 있었던 대화와 실제 사건에서 비롯된 불교적 신앙 또는 믿음의 상징이라 할 수 있다.

 부처의 목마름 — 물을 가져다 달라는 부처의 말씀 — 흙탕물이어서 마시기에 적합하지 않다는 아난다의 대답 — 부처가 두 번째 물을 청함 — 아난다의 똑같은 두 번째 대답 — 부처가 세 번째 물을 청함 — 더는 머뭇거릴 수 없게 된 아난다가 흙탕물이라도 떠다드릴 생각으로 발우를 챙겨들고 냇가로 감 — 냇가에 이르렀을 때 흙탕물이 맑고 깨끗한 물로 변위變爲함 — 아난다가 부처의 큰 신통과 위력의 경이로움을 체험함.

 아난다가 체험한 부처의 신통력과 위신은 곧 믿음을 불러일으키고, 굳건한 믿음이 마음에 자리 잡고 자라나면서 수행과 정진을 지속시키는 원동력이 된다. 뒷날 중국 등 동아시아 지역에 불교가 전파되었고, 전파된 지역과 민족에 따라 기존해온 전통 신앙이나 토착 관습 등과 바깥에서 들어온 불교의 교류, 마찰, 갈등을 거쳐 나름의 정착 단계에서 다시 부처에 대한 믿음이 가장 큰 문제가 되었다. 이때 불교를 전해준 수행자들이 공통적으로 강조한 것이 부처와 아난다 사이에서 있었던 물 이야기였다. 특히 중국에서는 부처의 목마름과 물의 관계를 신앙화하기 위해 새로운 체계를 완성시켰는데, 인도 불교에서 '자비로움으로 인간을 굽어살피는 구세주'인 아발로키테스바라 Avalokitesvara를 관음觀音으로 번역해 관세음보살로 변형시킨 것이다. 관세음보

'모든 것을 내려다보시는 지배자'라는 뜻의 관세음보살상과 정병. 중생들을 고통으로부터 지켜주는 대자대비(大慈大悲)의 보살이다.

살은 끊임없는 고통과 번뇌의 뜨거움으로 갈증에 시달리는 중생을 구원하기 위해 감로병^{甘露瓶}을 지니고 있다가, 그때그때마다 감로병에 든 감로수로 중생의 갈증을 해소해준다는 신앙이다.[43] 감로수가 곧 '감로차'를 뜻한다. 다시 부처와 아난다, 관세음보살과 감로병의 신통력은 다게를 통해 불교 전체를 아우르는 상징적 장치로 자리 잡게 된 듯하다.

1 도예가 조소수의 부인 윤규옥(尹圭玉)이 이천에서 행다를 처음 가르치기 시작했다.
2 張建立,「東アジアの茶道と茶の湯」, "Commonality and Regionality in the Cultural Heritage of East Asia", International Symposium Barnard College, Columbia University NY: NY 9~10 May 2009, pp.8~9; http://ijs.cass.cn/japanese/uploadfile/2010/0119/20100119052512763.pdf.
3 나오라쩨, 이홍직 옮김,『시베리아 제민족의 원시종교』, 신구문화사, 1976, 3쪽.
4 같은 책, 83쪽.
5 손진태,「중화민족의 巫에 관한 연구」『조선민족문화의 연구』, 을유문화사, 1948, 277쪽.
6 일연, 이가원 외 옮김,『삼국유사』, 한길사, 2006, 211쪽.
7 일연, 이병도 외 옮김,『한국의 민속 종교사상』, 삼성출판사, 1983, 129쪽.
8 태평양박물관,『한국의 토기잔』, 태평양박물관, 2001, 9쪽.
9 일연, 이가원 외 옮김, 앞의 책, 215쪽.
10 각묵 옮김,「길게 설하신 경」『디가니까야』 1, 초기불전연구원, 2005, 333쪽.
11 같은 책, 346쪽.
12 미르치아 엘리아데, 이용주 옮김,『세계종교사상사』, 이학사, 2005, 321~324/465~468쪽.
13 같은 책.
14 같은 책.
15 같은 책.
16 Rudenko, Sergei I., tr. and preface by M. W. Thompson, *Frozen Tombs of Siberia: The Pazyryk Burials of Iron-Age Horsemen*, University of California Press, 1970, p.174.
17 조나단 실버타운, 진선미 옮김,『씨앗의 자연사』, 양문, 2010, 195쪽.
18 빌 로스, 서종기 옮김,『문명을 이끈 50가지 식물』, 예경, 2011, 55쪽.
19 陸羽,「茶經」七之事, 全國圖書館文獻微縮複製中心,『中國古代茶道秘本五十種』壹卷, 北京, 2003.
20 주희, 임민혁 옮김,『주자가례』, 예문서원, 1999, 66쪽.

21 일연, 이가원 외 옮김, 앞의 책, 66/468쪽.
22 같은 글.
23 허회숙,「소도에 관한 연구」,『경희사학』3, 1972, 7쪽.
24 James G. Frazer, James George, Sir, *The Golden Bough*, NY: Macmillan, 1922, pp.109~117/364~368.
25 니오라쩨, 앞의 책, 1949, 71~72쪽.
26 김열규,「怨歌의 樹木(栢) 象徵」,『국어국문학』18, 1957, 108쪽.
27 허회숙, 앞의 글. 13쪽.
28 김열규,『한국 민속과 문학 연구』, 일조각, 1975.
29 이두현 외,『한국 민속학 개설』, 일조각, 2004, 86~88쪽.
30 정동주,『한국 다완의 문양』, 상상의 숲, 2008, 59쪽.
31 일연, 이가원 옮김, 앞의 책, 154쪽.
32 이지관,「신라편」,『역대고승비문』, 가산문고, 1994, 147쪽.
33 정동주,『한국인과 茶』, 다른세상, 2004, 35쪽.
34 초의,「품천」(品泉),『다신전』.
35 구미래,「우물의 상징적 의미와 사회적 기능」(井戸の象徴的な意味と社會的な機能),『비교민속학』23, 2002, 314쪽.
36 김광언,「샘」,『한국민족문화대백과사전』11, 한국정신문화연구원, 1991, 634~635쪽.
37 구미래, 앞의 글.
38 전경수,『문화의 이해』, 일지사, 2009, 75쪽.
39 구미래, 앞의 글.
40 이지관,『가산불교대사림』3, 가산불교문화연구원, 2000, 775쪽.
41 각묵, 앞의 책, 345~379쪽.
42 일아 옮김,『한 권으로 읽는 빠알리 경전』, 민족사, 2008, 100~102쪽; 각묵 옮김, 앞의 책, 251~252쪽.
43 마이클 설리번, 김기수 옮김,『중국미술사』, 지식산업사, 1978, 105쪽.

3 한국 차문화의 상징인 동다의 이해

- 동다란 무엇인가
- 조선시대 차문화와 동다 개념의 변화

동다란 무엇인가

동다 개념 정립의 필요성

동다^{東茶}라는 말이 언제부터 생겨나 한국인의 차문화를 상징하는 말처럼 쓰이게 되었는지는 아직 밝혀지지 않았다. 다만 18세기 후반부터 19세기 중반 사이에 살았던 이덕리^{李德履,} $^{1728~?}$의 『기다』$_{記茶}$와 초의^{草衣} 장의순$^{張意恂, 1786~1866}$의 『동다송』$_{東茶頌}$에 '동다'라는 말과 글자가 사용된 것이 오늘날 한국 차문화의 이름을 정하는 자료가 된 것은 사실이다. '동다' 이전 우리나라 역사 전반에 걸쳐 한국인의 차문화를 가리키는 말은 시대마다 있어왔다. 대표적인 것으로는 가야의 '난액', 백제의 '옥천', 부여·고구려·발해 등 북방 민족들의 '백화' 또는 '백산'^{白} $_{山}$ 등이다. 신라·고려·조선에서는 '차'라고만 부르고 썼던 것을 초의선사가 '동다'라고 불렀다.

여기서 '동다'라고 부르게 된 이유가 궁금해진다. '동'^{東}과 '다'^{茶}의 결합으로 이루어진 글자이므로 먼저 '동'을 머리글로 놓은 까닭을 짚어볼 필요가 있다. '동다'의 정확한 뜻이 무엇인지 알아야 하기 때문이다. 그러자면 먼저 '동' 자의 역사·문화적 배경을 이해할 필요가 있다. '동' 자는 중국 문화가 주변국가들을 지배하고 영향을 미쳐온 우월성과 관련되어 있다. 따라서 매우 복잡하고 미묘한 뜻을 지니고 있다. 유럽이 세계 문명의 중심이라는 유럽 중심주의로 서양과 동양을 구분하는 지리적 기준점이 터키였다면, 중국인들이 그들의 동쪽에 사는 이들, 규모가 작고 역사도 깊지 않은 민족들을 멸시해 일컫던 말이 동이東夷였다. 좀더 자세하게 말하자면 황하黃河 중간쯤으로부터 아래쪽으로 동쪽에 있는 민족들을 가리키는데, 한국·일본·만주가 그 대상이었다. 이는 중국의 중화사상, 우월감의 산물이다.

광활한 아시아를 방위와 지리, 인종, 문화에 따라 나눈 개념이 서아시아, 동남아시아, 극동, 극동아시아다. 동아시아는 다시 세 가지 관점에서 정의하기도 하는데, 지리적 용어로서 동아시아는 아시아를 둘로 나누는 장벽, 즉 큰 산 에베레스트와 고비 사막의 동쪽을 의미한다. 인종적으로는 몽고 인종의 주거 지역을 말하며, 문화적으로는 고대 중국 문화에 뿌리를 둔 문화권을 가리킨다.[1] 고급문화와 문자의 기본 체계를 고대 중국에 기원을 두므로 동아시아란 곧 중국 문화권을 의미한다고도 했다.[2] 이렇듯 동양, 동이, 동아시아에 쓰이는 '동'은 중국 중심의 역사 속에서 발생한 우월감과 지배관념이 포함된 글자이다. 문화는 지식이 만든 것이므로 '동'은 중국 지식의 산물이다. 중국 지식은 '동'을 다양한 상징과 은유를 담은 글자로 만들고 발전시켰다. 동녘, 즉 해가 뜨는 방향日出方, 봄, 신생 등의 크고 근원을 상징하는 뜻을 담아서 시간, 장소에 따라 다양한 변화를 포용하도록 만들었다.

특히 진, 한으로 대변되는 중국 통치자에 의해 중국 대륙이 통일국가를 이루었던 진·한·수·당·송·명 시대, 중국 주변 소수민족 또는 중국 문화의 영향 아래 있는 다른 나라에 대한 호칭으로도 '동' 자를 사용했다. 이는 중국인의 우월의식에서 생겨난 것인데, 특히 고구려와 한국 고대 북방 여러 민족, 백제·신라·고려·조선을 일컬을 때 '동이'라는 큰 틀에 넣어 부르는 고정관념이 생겼다. 중국문화중심주의였다. 즉 중국 황제가 거처하는 궁궐의 동쪽에 위치한 주변 민족과 중국 천자의 뜻을 받들어 경영되는 일종의 속국처럼 여긴 것이다. 이러한 속국 관념은 고구려·신라·백제·고려·조선의 정치인과 학자들이 자발적으로 심화시킨 측면도 있다. 중화사대주의를 만든 것이다. 중국 문화에 대한 종속적 자세는 한국 지식인의 오랜 의식으로 굳어져왔다. 중화사대주의라는 말의 해석을 두고 외교적인 묘책을 담고 있다는 주장을 펴면서 결코 종속적이거나 저열한 뜻이 아니라는 견해도 있다. 현대에 와서도 유효한 관행처럼 지속되는 중국의 강압적인 정치외교 태도에 한국은 자신감 없이 무시당하는 현실이 계속되고 있다.

한국의 차인들 스스로 한국 차문화가 중국에 종속된 것처럼 여기는 사실도 냉철하게 따져보아야 할 대목이다. 특히 한국이 중국 차문화 상품 시장으로 변질되고 있는 점이나 한국 지식인들이 한국 차문화의 독자성과 보편성을 스스로 부정하는 현상은 오래도록 중국 문화에 길들어 맹종해온 슬픈 버릇이라 하겠다. 그렇게 안주하는 것이 살아남는 데 유리하다고 판단하게 된 것도 맹종의 습관이기 때문이다. 이른바 친한親漢 의식의 고착화현상이다.

이쯤에서 초의선사와 다산이 치열하게 고뇌하면서 쓴 『동다송』과 「각다고」에 녹아들어 있는 아프고도 절절한 메시지를 다시 읽어보아야 할 것 같다. 다산은 음식의 한 종류인 차가 단순한 마실거리만이 아니라는 것을 알고 있었다. 차가 인류 역사에서 매우 특별한 가치를 지니고 있으며, 차를 만들거나 마시는 행위는 일반적인 음식류와는 사뭇 다른 정치적, 종교적 상징이면서 경제적으로도 큰 힘을 지녔다고 보았다. 「각다고」 내용 중에서 가장 특별한 것은 전라도 강진을 비롯한 해안 지역에서 생산된 차를 만하성滿河省으로 보내서 팔자는 것이다. 차를 판매한 대금으로 말을 사다가 번식시키자는 내용도 있다.

만하성이란 다산이 기존의 조선 행정구역인 8도를 12성省으로 개편하자는 '지방행정개편론'을 제의하면서 처음으로 붙인 지명이다. 기존의 함경도를 둘로 나누되, 두만강을 낀 북동쪽 지방 중에서 두만강 북쪽을 만하성이라고 부르자는 데서 비롯되었다. 이 각다정책은 조선의 물류를 원활하게 하자는 탁월한 정책이기도 했다.3 안타까운 것은 조선 후기에 와서 간신히 되살아난 차문화에 대한 관심이 지속되지 못했고, 지금에 이르도록 이때 쓰인 '동다'의 내밀한 의미를 비평적으로 탐구하려는 노력이 없었다는 사실이다.

또한 '다도'라는 말과 '행다'라는 행위를 지난 50여 년 동안

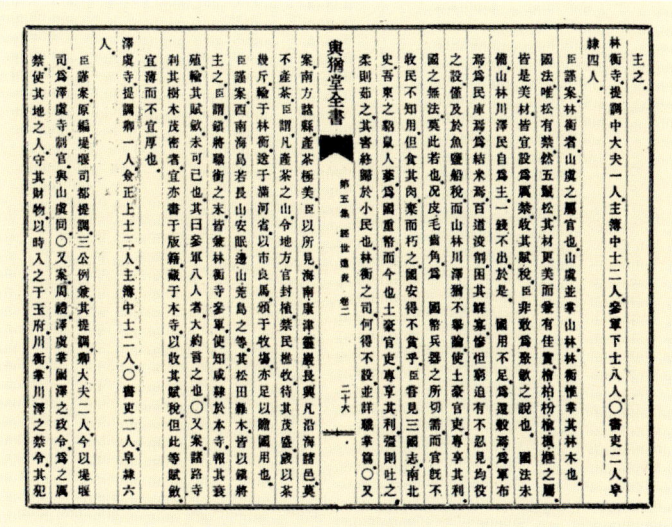

「각다고」원문. 다산 정약용의 『경세유표』(經世遺表) 중에서
차에 관한 글이다. 중원에서 시행한 전매제도를 논했다.

한국 차문화의 독자성인 것처럼 일컫고 가르쳐온 데 대한 반성이나 학문적 연구도 소홀했다. '다도'는 본디 중국의 문화였다. 이 말을 수입한 일본은 '차도'라고 일본화했다. 현대 한국은 중국의 '차다오'와 일본의 '차도' 사이에서 매우 어정쩡하고 기회주의적인 태도로 일관하면서 자신감을 잃어가고 있다.

중국과 일본의 '다도' 또는 '다예'多藝 연구자들은, 한국의 '다도'와 관련해 한국 차인들이나 차문화 이론가들, 이른바 '차선생'이 말하거나 주장하는 내용들 중에서 가장 핵심이 되어야 할 한국 차문화의 보편성과 독자성이 왜곡되었거나 전혀 언급하지 않고 있음을 지적해왔다.4 중국과 일본 다도의 역사와 문화적 전개 과정, 즉 차 제조, 차 끓이기, 차 마시기, 차실, 찻그릇 등에 관해 한국은 이들을 모방해 왜곡하거나 변형시켜 한국 차문화의 독자성인 것처럼 가르치고 있다는 것이다. 부끄러운 일이다.

중국과 일본 다도를 정확하게 배우고 공부해 아름답고 품격 높은 외국 문화로 이해한 다음 이를 생활 속에서 즐기고 공부하는 것은 한국 차문화의 깊이와 넓이를 더하기 위해서도 좋은 일이다. 그러나 이때 외국의 차문화를 수용하면서 한국 차문화의 독자성, 혹은 보편성을 부정하거나 무시하는 것은 매우 조심해야 한다. 문화는 정신을 만드는 모태다. 문자, 언어와 함께 음식은 그 민족의 정신을 이루는 핵심 중 한 가지인데, 차는 음식의 영역에 속하면서 정신성이라는 측면에서 다른 음식과 다르다. 차는 주로 지배층이 선호해온 기호음식이어서 사회적 영향력이 여느 음식들과는 다소 다르게 나타난다고 보아왔다. 따라서 중국과 일본 다도에 종속되거나, 모방에 연연하거나, 오류와 허위로 본질을 왜곡하고 한국 차문화의 자생력을 약화시키는 과오를 바로잡고 반복하지 않아야 한다. 한국 차인들이 스스로 폐해를 키우면서 이를 조직화해 문화권력단체로 둔갑하고 이 망측한 짓들을 반복한 측면이 강하다. 폐해를 인정하고 이를 극복할 방안을 연구하고 실천할 대안을 마련해야 할 것이다.

그 대안의 하나로 '동다' 개념을 다시 세우고, 한국 차문화의 독자성을 새롭게 탐구할 필요가 있다. 차 만들기, 차 끓이기, 차 마시기, 찻그릇에 이르는 한국 차문화를 창안해야 한다. 다소 늦었지만, 이제부터라도 그 작업을 서둘러야 할 것이다. 이를테면 '차살림'과 '차살림법'이 그 대안이 될 수 있을 것이다.

동東, 한국의 정체성과 문화적 바탕

외국어인 한자와 한문이 우리나라에 전해진 시기가 언제인지는 정확하게 알기 어렵다. 다만 중국과의 외교에 한문으로 작성된 외교문서가 공식적으로 등장한 것은 6~7세기부터였다고 확인됐다.5 우리 민족은 고유의 언어는 있었으나 이를 적어서 기록으로 의사를 소통하고, 역사를 기록하며, 학교에서 가르칠 문자는 제대로 갖추지 못했었다. 우리가 문자 생활을 시작한 것은 한자가 전해진 뒤부터였고, 다른 나라와의 외교에서 공식 문서화된 교류 방법을 갖게 된 것도 마찬가지였다. 고대국가의 규모가 커지면서 강력한 왕권 확립과 중앙집권제의 필요성도 함께 커졌다. 인접 나라들과의 분쟁 해결과 우수한 문물제도를 도입해 나라를 부강하게 만들어야 한다는 이유 때문에도 공식 문자는 절실하게 필요했다. 고대국가들의 공통된 통치 방식이던 신권통치와 주술적 방법으로는 급변하는 동아시아의 국제 정세에 적응하는 것이 불가능했기 때문이기도 하다. 따라서 종교적 측면에서 오랜 세월 전승된 제정일치 원칙의 민족신앙에서 벗어나, 새로운 세계의 흐름을 담고 있는 불교를 받아들임으로써 최고 권력자 중심의 중앙집권제로 전환할 필요가 있었다.

이처럼 국제 변화를 국내 정치 환경으로 수용하게 된 것이 신라 제23대 법흥왕 때였다. 그는 신라$^{기원전 57~935}$의 최고 권력자 56명 중에서 왕이라는 칭호를 사용한 최초의 인물이다. '거서

간, 차차웅, 이사금, 마립간'으로 부르던 신라 고유의 호칭을 버리고, 중국 정치제도의 산물인 '왕' 칭호를 전략적으로 채택한 것이다. '왕'^{王}은 고대중국 주^{周}나라 때부터 시작된 군현제의 산물이었다. 춘추시대와 전국시대를 통하여 최고지배자인 천자^{天子}, 즉 황제^{皇帝}가 거느린 군현의 지도자를 '王'으로 임명하여 거대한 중국 통치를 한 데서 비롯되었다. 그 후 '한'^{漢}시대부터 지방의 책임자를 '王'에 봉하였고, 그 뒤부터 '王'은 황제의 통치에 복종하는 직위였다. 신라가 채택한 왕제^{王制}도 중국 황제와 주종관계처럼 되었고, 백제, 고려, 조선 시대까지 그 영향이 미쳤다. 그는 즉위하면서 양나라와 외교를 성사시켜 본격적인 중국의 문물제도를 도입했고, 이에 따라 신라의 정치 체제와 문물제도 개혁을 시도했다. 처음으로 병부^{兵部}를 두어 왕이 주변 국가들과의 전쟁에서 한층 민첩하고 효율적으로 군대를 지휘, 통솔할 수 있도록 했다. 또한 율령을 반포해 처음으로 관료의 관복을 직급별로 구분하고, 불교를 공인함으로써 6부족의 토착신앙이던 천경림^{天鏡林}을 배척했다. 그렇게 시작된 법흥왕의 개혁은 진흥왕, 진지왕, 진평왕, 선덕여왕, 진덕여왕으로 계속되면서 당나라와의 국교 수립으로 이어졌다.

　귀족, 승려 등 상류층의 문화도 별다른 저항 없이 중국의 고급문화에 차츰 친숙해졌다. 중국처럼 차를 마시거나 종묘제례 및 불교의식 때 차를 올리는 의식도 6~7세기 무렵부터 시작되었다. 유교경전도 전래되어 유교적 가치관이 지배층의 생활 규범으로 안착하자, 한자와 한문도 차츰 신라 문화의 핵심으로 자리 잡았다. 한문의 영향력은 통일신라와 고려를 거치면서 지배층 주류 문화로 정착했다.

조선 왕조의 등장은 중국 문화와의 관계에서 이전 삼국시대나 고려보다 한층 적극적이고 정치적인 모습으로 변화했다. 특히 '동'의 의미가 더욱 심화되었다. 1392년부터 1910년까지 518년 동안 존속한 조선은 무려 5세기 동안이나 줄곧 중국과 밀접한 관계를 유지했으며, 중국에 확고한 충성을 보임으로써 숙명적으로 중국에 의존, 차동내부且소內附: 의지하고 귀속함한 나라가 되었다.

'조선'이라는 나라 이름은 명나라로부터 승낙을 받은 것이다. 고대국가 시절이던 중국의 춘추전국시대에, 제나라 환공桓公과 유명 정치가 관자管仲: 기원전 725~645의 문답에서 '발조선'發朝鮮이라는 나라 이름이 처음 나타났다.[6] 동이를 대표하는 소수부족 "발조선이 조공을 해오지 않으면, 청컨대 그곳에서 생산되는 아름다운 모피와 갓옷을 화폐로 만들면 됩니다"라고 했다. 여기서 말하는 '발'은 조선을 말하는 접두사로, 최남선, 손진태, 안재홍은 이를 동이족에 붙이는 접두어로서 '밝음'의 음차이며, 중국인들은 이런 내용을 알지 못하기 때문에 잘못된 해석을 해왔다고 했다. 이는 곧 '광명光明 조선'으로 풀이한다고 했다.[7]

이렇게 시작된 조선은 철저하게 중국의 정치 노선을 그대로 따랐다. 그럼으로써 조선 지배층의 가치 체계와 사회 관습은 신라, 고려보다 더욱 철저하게 중국적인 것으로 개조할 수 있다는 열정으로 유교를 국가 이념으로 채택했다. 조선은 중국의 과거 시험 제도를 채택했는데, 이는 지배층 전체의 관심을 유교와 유교 경전에 집중시킬 수 있었기 때문이다. 유교적 학술과 사상을 습득하면 성공과 명성이 보장되었으므로 조선의 사대부들은 대를 이어서 소년시절부터 유교 경전을 잘 읽기 위해 외국어 학습에 몰두했다. 『천자문』『동몽선습』『소학』으로 이어지는 기초 외국어를 철저하게 익히는 것이 장차 명성을 드날리고 가문의 권력과 특권을 세습적으로 누릴 절대적인 처세술이라고 믿었다. 최고 행복을 획득하고 소망이 이뤄지는 길이 유교 경전 안에 들어 있다는 굳건한 신념으로 열정을 쏟아부었다. 그러나 아무리 중국 문화에 익숙해진다 하더라도 조선인에게 중국은 부정할 수 없는 외국이었다. 유교 경전을 읽는 언어와 교육의 주제가 모두 외국인 중국의 것이어서, 조선 소년들에게는 혹독한 반복 훈련이 필요했다. 여덟 살 때부터 공식적으로 시작되는 사대부 소년들의 한문 공부와 유교 경전 외우는 일은 곧 살아가는 가장 큰 이유이자 명분이었다. 그리하여 조선은 여러 면에서 가장 모범적인 유교 사회가 되었으며, 중국보다 더 적극적으로 유교 정치의 강점과 약점을 동시에 지닌 나라가 되기도 했다.[8]

유생儒生으로 대변되는 조선 지식인들에게 지식 연마의 최고와 최선은 중국인과 똑같은 '조선 중국인'이 되는 것이었다. 조국인 조선을 지향하는 것이 아니라 대국 중화인을 지향하는 것이었다. 조선인이 조선에 대한 정체성을 갖고 있지 않았던 것이다.[9] 이렇듯 '동'에 내재된 중국인의 우월감을 조선 지식인들은 아무 문제의식 없이 받아들였거나 오히려 기꺼이 굴종했다. 선조에게 명나라에 '내부'하자는 말을 당당하게 주장하는 유생이 있을 정도였다.[10] 이와 같은 사고방식과 행동은 조선의 문화적 토양으로 고착되었다. 유교 경전 연구에 생을 걸고 여러 세기 동안 매달려온 나머지, 유교적 원칙들에 대한 조선 지식인들의 사고방식에서 융통성과 다양성, 상대에 대한 배려가 부족해졌고 독선과 아집으로 반대자를 비난하고 극단적 행동으로 반대자를 죽이거나 소외시켜버리는 당쟁과 사화 등 집단행동이 확대되었다. 또한 유교의식에 대해 성실하게 애정을 바치고 열광적으로 충실했다. 이 같은 방식으로 차츰 지적 관심의 범주가 좁아졌고 독단성이 커지는 부작용이 심화됐다. 갈등과 분쟁의 위험도 점점 높아졌다. 과거제도 또한 학문적, 문학적 기술 교육과 상고적, 역사적 관심을 지나칠 정도로 강조한 나머지 중국보다 더 심하게 독창성과 실용성 발전을 억압했다.[11] 그리하여 중국에 관한 것밖에 알지 못하는 외눈박이 상태가 되어갔다. 모든 것이 중국에서 시작해 중국으로 귀결되어야 한다는 소중화주의에 매몰되어, 조선 사회 전 분야에서 다양성과 창조성이 폐쇄됐다. 더욱 참담한 것은 조선 지식인들이 자발적으로 눈과 귀를 막고, 생각을 가두고, 소중화주의의 행동을 선택했다는 점이다. 이런 바탕 위에서 조선 지식인들이 의지하고 기꺼이 구속되어온 '동'의 핵심적인 사례를 살펴보자.

동국東國

우리나라의 존재를 중국 앞에서 일컫는 말이다. 신라·백제·고려·조선이라는 엄연한 이름이 있었음에도 제 나라 이름을 말하지 못하고 동국이라 스스로 낮춰 적거나 말했다. 명^明의 『일통지』^{一統志}를 본떠 만든 조선의 팔도지리지 『동국여지승람』^{東國輿地勝覽}을 '조선팔도지리지'라 적거나 부르지 못한 예가 대표적인 경우다. 우리나라 역사책인 『동국통감』^{東國通鑑}, 우리나라 사람이 한자를 읽을 때 바르게 발음해야 할 내용을 정리한 『동국정운』^{東國正韻} 등이 그렇다.

동사東史

중국에서 우리나라 역사를 낮춰서 일컫던 말이다. 송의 주희가 지은 『통감강목』^{通鑑綱目}을 본떠 만든 어린이용 교재 『동국강목』^{東國綱目}이 대표적이다.

동문東文

우리나라의 시문을 일컫는다. 『동문선』^{東文選}이 대표적인 예다.

동인東人

'동국인'^{東國人}의 준말로 우리나라 사람을 일컫는다. 신라인, 백제인, 고구려인, 고려인, 조선인이라고 부르지 못하고, 모두 뭉뚱그려 동인이라 했다.

동다東茶

중국의 차는 생산지에 따르거나 또 다른 여러 역사·문화적 특성에 따라 차 이름을 다양하게 정한다. 그리고 이에 따라 부르고 적는다. 하지만 우리나라에서 나는 차는 모두 동다라고만 불렀다.

이처럼 '동'이라는 한자 한 글자만으로 우리나라의 역사와 정체성을 모두 간단하게 가두어버리고 이를 천 년 넘게 지속해옴으로써, 한국인의 사고방식에서 정체성이 소멸되고 중국에 대한 두려움과 경외감이 생겨난 것이다.

'동인'과 '동다'에 관한 고뇌의 흔적들

한번 자리를 잡은 한 민족의 습속은 쉽사리 변하기도 어렵지만 소멸되기란 더더욱 힘들다. 습속은 인간의 생로병사와 행주좌와行住坐臥와 관련된 것이어서 인간의 육신 또는 버릇을 만들고 유지하는 또 하나의 삶이다. 문화는 지식의 작용으로 생겨났다. 따라서 습속과는 다르게 그 사회의 상류층과 지배층의 사고방식과 행동양식에 강하게 영향을 미친다. 중국 문화인 한문과 이를 바탕해 형성되어온 정치, 사회, 문화를 통섭해 중국 주변 소수민족들을 가장 효과적으로 지배하는 마력을 지닌 글자가 '동'이었다. '동'의 위력 앞에서 한없이 무력해지고 슬픈 굴종을 습관화하지 않고, 우리 자신을 점검해보면서 중국중심주의적 삶의 방식을 꾸짖고 개탄하면서 바른 길을 모색했던 이들도 있었다. 소수이긴 했지만 그들의 행적을 챙겨보려 한다.

하동 쌍계사 진감선사 대공탑비문의 동인東人

무릇 도道가 사람을 멀리하는 것이 아니요, 사람에 있어서도 다른 나라가 있는 것이 아니다. 이런 까닭에 우리나라의 자제들이 승려도 되고 유학자도 되어 서쪽으로 큰 바다를 건너가 이중의 통역을 거쳐 학문에 종사하려 하니, 목숨은 배에 맡겼으나 마음은 중국으로 향한 것이다. 빈 배로 갔다가 채워서 돌아오고, 고생한 후에 얻었으니······.

夫道不遠人 人無異國是以 東人之子 爲釋爲儒 必有西浮大洋 重譯從學 命奇剡木 必懸寶洲 虛往實歸 先難後獲 [12]

887년에 완성된 이 비문은 국보 제47호로 지정된 최치원의 글이다. 최치원은 신라 말엽에 왕실 붕괴와 육두품 출신의 주류 진출로 한문학의 저변을 확대시켜 문학 활동의 주체 세력으로 성장한 대표적인 인물이다. 당나라에 유학해 빈공과賓貢科에 급제한 인물로서 당시 신라 한문학의 높은 수준을 보여주는 상징적 존재다. 그런 그가 왜 '우리나라의 자제들'을 '新羅之子'라 하지 않고 '東人之子'라 했을까? 이는 당문화의 절대적 영향 아래 있는 신라의 위치를 말해주는 것으로 보인다. 이와 같은 최치원과 다른 모습을 보여주는 것이 이 비석의 주인인 진감선사眞鑑禪師의 행적으로, 이 비문 안에 내용이 들어 있다.

혹시라도 외국 향을 가져다 드리는 이가 있으면 곧 질그릇에 잿불을 담아 환을 만들지 않고 태우면서, "나는 이것이 무슨 냄새인지 알지 못하겠다. 마음을 정성스럽게 할 뿐이다" 했다. 또한 중국 차를 공양하는 이가 있으면 돌솥에 섶으로 불을 지펴 가루를 만들지 않고 끓이면서 "나는 이것이 무슨 맛인지 알지 못하겠다. 배를 적실 뿐이다" 했다. 진眞을 지키고 속俗을 거스르는 것이 모두 이러했다.

或有以胡香 爲贈者則 以瓦載燼灰 不爲丸而爇之曰

吾不識是何臭 虔心而已

復以漢茗爲供者則 以薪爨石釜 不爲屑而煮之曰

吾不識是何味 濡腹而已

守眞忤俗皆此类也.13

진감의 이름은 혜소慧昭,774~850다. 소박하고 조졸한 성품이었고 대중과 함께 수행하는 것을 유일한 기쁨으로 삼았으며, 평상심을 소중하게 여긴 신라 말의 수행자였다. 젊은 시절에는 길거리에서 짚신을 삼아 3년 동안 길거리를 오가는 사람들에게 신겨주는 보시 수행을 했다. 이러한 경력이 말해주듯 평범한 사람들의 감정을 밝고 깨끗하게 해주면 세상이 평안해진다고 여겼다.

그는 838년 민애왕이 한번 만나기를 청했으나 응하지 않았고, 서울로 초청했으나 이에도 응하지 않았다. 청정 수행자인 그를 흠모해 따르려는 신라 말의 귀족과 호족들이 많았다. 특히 호족들은 빈번하게 당나라 장안을 여행해 장안에서 유행하는 값비싸고 희귀한 보석이며 당이 외국에서 들여온 진귀한 귀중품들을 들여와 화려한 사치 풍조를 불러일으켰다. 비단옷과 보

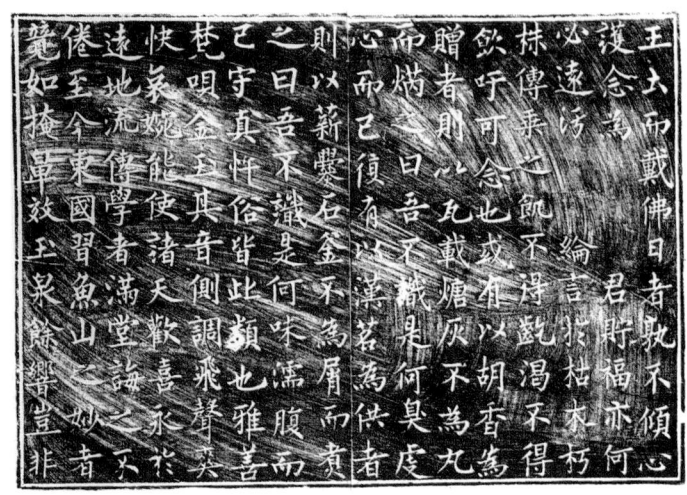

쌍계사 진감선사대공탑비.
향, 차와 관련해 진감선사의 행적을 기록했다.

석류 외에 아라비아와 페르시아 지역에서 만든 값비싼 향과 향로, 갖가지 보석, 유리그릇들을 집안에 장식해놓고, 당나라에서 이름난 매우 귀하고 비싼 차를 사와서 향락을 즐겼다. 신라 수도인 경주가 마치 당나라 수도 장안의 모습을 보는 듯했다. 높은 권력, 넓은 토지, 많은 하인과 개인 무사, 탐욕과 부패, 사치와 방종이 심해져 신라는 상류층부터 썩어 무너지기 시작했다. 호족과 귀족들은 앞을 다투어 혜소에게 진귀한 향과 비싼 차를 싸들고 와서 선물했다. 이들의 선물을 받은 혜소가 시주한 사람들에게 답으로 보내는 법문은 늘 그들을 꾸짖는 내용을 담고 있었다.

신라 귀족들이 당나라에서 산 향은 최고급품이었는데 금으로 장식한 향합에 담겨 있고 모두 고운 분말로 되어 있었다. 이런 향을 제대로 사용하는 법은 가루향을 좁쌀보다 작게 알맹이로 만들고, 향로 속 잿불에 몇 알씩 넣어 은은하게 향연이 피어오르도록 하는 것이었다. 알갱이가 너무 크면 향이 지나치기 쉽고 너무 작으면 향이 너무 약하며, 향 가루에 섞어 알갱이로 만드는 재료에 따라 향의 품격이 달라질 수도 있었다. 향로 또한 귀중하고 비싼 것부터 헐값인 것도 많았다. 제대로 된 향로에다 이름난 향을 피우는 일은 곧 신라 귀족들이 신분과 명예, 권위와 권세를 뜻했지만, 그들의 명예와 권세란 향불과 열기처럼 사라질 수도 있다는 것을 상징하기도 했다. 이런 향과 향 피우기를 얼핏 몹시 거칠고 격식 따위를 우습게 보듯이 질그릇에 잿불을 퍼담아 가루향을 쏟아버린 것인데, 이는 마음을 청정하게 하는 향의 본질을 벗어난 귀족들의 사치와 낭비를 나무라는 것이었다.

차를 선물 받은 뒤의 행동도 마찬가지였다. 당나라의 단차^{團茶}인 설화^{雪花}, 운유^{雲腴}, 쌍정^{雙井}, 일주^{日注}, 간월^{澗月}, 운감^{雲龕} 또는 육안^{六安}, 몽산^{蒙山} 같은 귀하고 비싼 차였을 터이다. 이런 차는 먼저 옥으로 다듬은 맷돌에다 정성껏 갈고 가는 체로 쳐서 탕솥에 좋은 물을 끓이다가 찻가루를 넣고 끓여서 다완에 담아 마시는 것이 격식이다. 또는 단차를 불에 쬐어 쪼갠 다음 찻물을 끓이다가 차를 넣고 한 번 더 끓인 다음 마시는 것도 옳은 차법이다.

그러나 혜소는 가마솥에 물을 붓고 차를 통째로 던져넣은 다음 섶으로 불을 지펴 끓이는데, 마치 무시래기 삶는 솥에 거친 땔감을 쑤셔넣는 듯하다. 이는 자칫 신라의 운명을 비극적인 쪽으로 기울게 할지 모르는 귀족들의 사치와 화려하기 그지없는 차문화에 대한 수행자의 깊은 고뇌에서 비롯된 꾸짖음이었다. 특히 정치와 밀접한 불교와 왕으로부터 존경받으면서 신라 지도층에게 큰 영향력을 미치던 신라 말기 승려들 가운데 대표적 인물이던 혜소로서는 모른 척 지나칠 수 없는 병폐였다.

이런 현상은 당나라나 당나라 권력자들이 강압으로 요구하거나 권유한 것도 아니었다. 신라 상류층 인사들이 자발적으로 당나라 문화, 즉 당풍唐風을 흉내 내고 흠모한 폐단이었다. 신라인으로서 당나라 상류문화를 배워 즐기는 것이 아니라 당 사람처럼 되고자 했던 것이다. 혜소는 이점을 꾸짖은 것이다. 당나라 사람이 되고자 하면 할수록 당나라 사람은 물론 신라인으로서의 정체성도 약화 소멸되다가 마침내는 국적 없는 신세가 되며, 내가 누구인지 모르게 되고 마는 세태를 꼬집었던 것이다. 마침내는 당나라로부터 능멸당하고 무시당하게 될 화근을 키우는 것이었다.

최치원이 중국적 시각에서 신라를 바라본 것과 달리 혜소는 오직 수행자로서의 도리에 충실했다. 신라 후기 귀족들의 사치와 부패는 민중의 고통을 심화시켰고, 지식인들의 향락과 당 문화에의 함몰로 민중의 절규는 더욱 커졌다. 혜소는 국수주의나 민족주의의 위험이 아닌 냉철하고 객관적인 시각으로 신라를 보려 했던 것이다.

이덕리의 『기다』 속 동다

이덕리李德履, 1728~?는 무관 출신으로 1764년영조 40년 조선통신사의 무관으로서 에도^{江戸}에 다녀왔다. 조선통신사는 총 20차례 파견됐는데, 이덕리는 19회째 조선통신사의 일행이었다. 당시 정사^{正使}는 조엄^{趙曮}이었고 부사^{副使}는 이인배^{李仁培}였다. 그때 조엄은 대마도에서 고구마의 종자를 들여오면서 보관법과 재배법까지 배워왔다. 조선의 농민들에게 고구마 재배법을 널리 보급해 흉년과 식량 부족의 고통을 극복할 수 있는 훌륭한 구황식량으로 삼았다. 식량의 핵심인 쌀과 곡류가 절대적으로 부족해 굶주림으로 고통받던 농민들에게 지워지지 않는 은혜를 선물한 것이다.

정사 조엄의 이 같은 생각과 행동은 함께 일본을 방문해 눈부신 에도 문화와 일본 문물을 확인한 통신사 일행의 적극적인 행동으로 이어졌던 것 같다. 비록 무관으로서 정사와 부사 일행의 안전을 책임지던 이덕리였지만, 그가 에도에 체류하는 동안 겪고 느낀 에도 문화는 대단히 강렬한 힘을 지니고 있었다. 그 가운데 대표적인 것이 일본 상류사회의 특별한 다도문화였던 모양이다.

조선통신사가 열아홉 번째로 일본으로 방문한 1764년, 당시 일본의 최고 문인들은 자유로운 사고와 비판정신의 중요성을 인식해 주로 예술 분야를 중심으로 변화의 물결을 만들고 있었다. 그 변화의 핵심은 차문화였다. 지난 600여 년 동안 일본의 무가정권과 그 추종자들이 의존해온 중국 차문화와 조선 문화를 극복하기 위해 차문화에서 일본의 정체성을 발견하고 정립하는 심오한 작업이었다.

차문화는 일본 사회의 지식인층과 지도자층, 경제력을 지닌 특권층이 선호하는 고급문화였기 때문에 더는 방치할 수 없다는 자성론이 일기 시작한 것이다. 에도시대 인문주의자들은 차츰 자유분방한 환경을 확장시켜나갔다. 특히 시인들이 변화를 주도했다. 무사를 나쁘게 표현하거나 무가문화의 모순을 건드리는 소재는 금물이라는 오랜 관습에 저항했다. 중국 것을 모방 답습하는 데 길들어 있던 서예와 그림에도 변화가 나타났다. 이런 변화를 한데 묶어서 체계적이고 지속적으로 실천해나간 것이 차문화였다. 중국에서 수입해오던 중국 차를 일본에서도 만들기 시작했고, 차를 마시는 데 필요한 찻그릇들을 일본 도예로 새롭게 해석해내는 작업이 활발해졌다.

독자적인 차문화를 위해 새로운 그릇을 만드는 바탕에는 새로운 인문사상을 확대·심화시키고 철학을 현실화하는 담대한 담론이 깔려 있었다. 당대를 대표하는 인문주의자들이 이 문제에 참여함으로써 일본은 에도 문화의 독창성과 동아시아적 보편성 획득이라는 경이로운 과제를 기꺼이 떠안고서 괄목할 만한 변화들을 만들어내기 시작했다.[14]

그 무렵에 조선통신사가 에도를 찾아온 것이었다. 정사 조엄은 이런 변화들의 핵심에는 과거의 폐습과 과오를 인정하고 다양한 개혁을 현실화하려는 에도 막부의 의지를 확인했다. 특히 서민의 생활을 향상시키려는 다양한 노력들은 큰 충격이었다. 식량 증산을 위해 농업 방식을 개선하고 종자를 개량하며, 수산업을 과학적으로 발전시키는 모습을 보면서 조선 관료와 정치의 폐단을 깨달았다. 고구마는 대표적인 변화의 상징처럼 보였다. 그리하여 농사 관계자들을 일일이 만나서 묻고 또 확인하면서 기록했던 것이다. 무관이던 이덕리도 그 나름의 신선하고 놀라운 에도 문화를 체험하다가, 정사 조엄의 모습을 보면서 차문화의 이채로움에 관심이 끌렸던 것 같다.

일본에서 돌아온 이덕리는 1785년 전남 진도에 죄인으로 유배되어 10년 동안 유배 생활을 했다. 일본에 다녀온 지 20년 뒤였다. 구체적인 죄목은 알려져 있지 않지만, 진도 유배 생활 중에 저술한 것이 바로 『기다』記茶였다.[15] 그가 조선의 차문화를 최초로 기록하게 된 것은 조선통신사로 일본에 갔을 때 감명받은 일본 차문화와 관련이 있다. 이 『기다』는 차문화 정책에 관해 매우 구체적이고 체계적으로 기술되어 있다. 이전에는 조선의 차문화 정책 내용과 체계를 기술한 기록은 존재하지 않았다. 그러나 중국의 당·송·명·청과 일본의 카마쿠라·무로마치·에도 막부 시대에는 매우 체계적이고 전문화된 차문화 정책을 담은 문헌들이 많았다. 이덕리가 참고한 것이 중국와 일본의 문헌이라는 것은 어렵지 않게 짐작할 수 있다. 그가 쓴 『기다』 구성 내용의 핵심을 살펴보자.

- 차를 이용한 상공업 부흥과 나라를 부강시킬 방도 제안 뒷날 정약용의 각다정책에 직접 영향을 준 것으로 짐작된다.
- 차나무의 생리와 식물학적 특성
- 찻잎 따는 시기
- 차 제조법

- 명차의 이름과 생산지
- 공정한 차 가격
- 세금 부과 방법
- 차 종류
- 차 관리
- 차의 효능

비교적 체계적으로 정리된 이 기록이 이후 정약용, 장의순을 거치면서 현실적인 검토와 실천이 얼마큼 구체화되었는지는 알려져 있지 않다.

다산 정약용의 만불차와 동다 정신

문화는 받아들이는 사람의 인식 능력과 목적에 따라서 순기능과 역기능으로 나뉜다. 신라 후기 지식인들이 당 문화의 우월성에 함몰되어 분별력을 잃은 사고와 행동을 할 때, 이를 질타하는 상징적 법문으로 향과 차를 거칠게 다루면서 꾸짖었던 혜소스님이 있었다. 그로부터 1000여 년이 지난 1800년 초반, 조선 사회에서 참으로 놀라운 일이 벌어졌다. 청나라 문화의 위력 앞에서 쩔쩔매거나 맹종하는 조선 지식인들의 모습은 마치 천 년 전 신라 말기 지식인들이 당 문화의 격랑에 휩쓸려 스스로 신라 사람이라는 사실을 잊는 듯하던 상황을 재연하는 것 같았다. 그때 실용철학자 다산 정약용은 비록 유배자 신분이었으나 도도한 청나라 차문화에 냉정한 이성으로 응전하는 자세는 천 년 전 혜소를 보는 듯했다.

정약용은 걸출한 인문주의적 지도자였던 정조의 깊은 신뢰와 예우를 받으며 천재적인 지혜와 실용정신으로 정조를 도왔다. 정조와 함께 정약용의 학문과 지혜를 인정하며 아꼈던 사람이 번암樊巖 채제공蔡濟恭, 1720~99이다. 그는 정조시대 후반 1788~98 국가의 중요한 정책 결정자로서 정치, 경제, 사회 각 방면의 개혁을 위해 진력했고, 국가 정책에 개혁사상을 반영한 진보적 학자였다.16 그는 서학을 양명학陽明學이나 불교, 도교 등의 이단보다 더 중요하게 인식하지는 않았다. 이승훈, 이벽, 권철신, 정약용 등이 서학사상을 논의하며 교리연구회를 열 정도로 무르익은 서학적 분위기를 간과하지도 않았다. 이가환李家煥 등 서학에 심취한 인물들을 무척 아꼈으며, 이가환은 후계자로까지 마음에 두고 있어서 그들이 서학을 버리고 정학正學·儒學에 전념하게 되기를 간절히 기대했다. 빼어난 인재들의 장래를 위해서라도 서학사건을 처리함에 신중하기 그지없었다.17 특히 채제공과 각별한 관계에 있던 저명한 천주교 신자 이가환, 이승훈, 정약용은 모두 인척관계였다. 채제공은 집안의 대를 잇기 위해 입양한 홍원弘遠을 이가환의 집안인 이겸환李謙煥의 딸과 혼인시켰다. 그런가 하면 55세 때 낳은 서자 홍근弘根을 정약용의 부친이자 친구인 정재원丁載遠의 서녀, 즉 정약용의 이복누이와 혼인시키기도 했다. 이는 모두 젊고 유능한 인재들을 양성하고 보호해 나라의 장래를 맡기기 위함이었다.

서학에서 비롯된 문제들이 본격적으로 드러나기 시작한 1791년, 조상의 제사 문제에서 발단된 '진산사건'珍山事件이 일어났다. 정약용의 외종 윤지충과 권상연이 조상 제사를 폐하고 신주를 불사른 사건이었다. 조선의 사대부들은 커다란 충격과 분노에 휩싸였다. 그때 채재공은 재상으로서 이들을 처벌하는 결정권자였다. 채재공은 이들의 행위가 조선 성리학 윤리를 부정하는 중대한 사안임을 인정했으나, 이 사건이 정치적으로 악용되는 것은 옳지 않다고 판단했다. 정치적 확대를 막아야 한다는 그의 목적은 정약용, 이가환, 이승훈 등 그가 아끼는 청년 인재들이 정치싸움의 희생물이 되어서는 안 된다는 것이었다.

그러나 그 노력도 1799년, 그가 죽고난 뒤로 무위로 끝났다. 더욱이 1800년에 정조까지 세상을 떠나자 천주교인에 대한 박해는 누구의 방해도 받지 않고 거침없이 진행됐다. 천주교 유행이 조선왕조 존립에 대한 위협으로 인식되면서 1801년 정약용에게도 그동안 여러 차례 모면했던 응징이 가해졌다. 이른바 신유박해다. 정약용은 경상도 포항 장기로 유배되었다가 9개월 뒤 전라도 강진으로 옮겨졌다.[18]

강진으로 온 지 몇 해 뒤인 1803년 봄, 만덕사라는 오래된 절에 들른 정약용은 그곳에서 아암혜장을 만났다. 두 사람의 만남은 조선 후기 유교와 불교의 기이한 사례 가운데서 가장 아름다운 일로 일컬어질 만큼 향기와 감동을 지닌 사건이었다.[19] 만덕사는 오늘날 강진 만덕산에 있었던 만불사萬佛寺의 다른 이름이며 지금의 백련사白蓮寺다. 만불사는 본래 천태종 도량으로서 아미타불 염불수행 도량으로 이름난 곳이었다. 아암혜장은 만불사 승려였고 만불사에서는 예부터 차를 만들어 스님들이 마셔왔는데, 제다법이 독특한 그 차가 매우 훌륭했다고 전한다. 즉 "교남 강진현 만불사에서도 차가 나는데, 다산 정약용이 유배생활 할 때 이 차를 쪄서 덩어리를 만들어 작은 떡처럼 만든 것을 만불차萬佛茶라 한다."[20]

혜장은 연담유일蓮潭有一, 1720~99의 제자다. 연담선사는 만불사에서도 제자들을 가르쳤으며, 다산이 강진으로 오기 3년 전에 입적했다. 연담선사의 유학 식견은 당시 유생들 사이에서 널리 알려졌을 만큼 탁월했다. 특히 당대 유생들의 불교 배척론이 지닌 모순과 악의적인 왜곡에 매우 논리적이며 설득력 있게 반박하면서 바른 길을 제시한 『임하록』林下錄은 유생들에게 깊은 감명을 주었다. 유생들의 비뚤어지고 협소한 불교 상식과 의도적으로 왜곡 폄훼한 불교철학 비판에 대해 구체적으로 전개한 논리와 문장이 유학적 바탕을 지니고 있어서 큰 호응을 얻었다. 특히 번암 채제공은 연담선사의 깊고 광활한 유학 식견을 조선 사회의 새로운 가능성 모색을 위한 귀한 해답으로 받아들였고, 두 사람의 은밀한 교유와 우정은 서로 존경하는 사이로 깊어졌다. 해남 대흥사와 장성 백양사에는 연담선사의 진영이 모셔져 있는데, 여기에 번암이 영찬影贊을 썼다. 이보다 깨끗하고 진솔하게 표현된 존경은 보기가 쉽지 않다. 연담선사가 생존해 있을 때 제작된 것으로 두 사람 관계를 짐작해볼 수 있다.[21]

혜장과 다산의 인연을 이어주고 지속시켜준 몇 가지 중에서 가장 돋보이는 것은 단연 차였다. 두 사람은 차와 시문을 주고받으며 교류를 이어나갔는데, 다산이 혜장에게 보낸 「걸명소」

는 다산의 차에 관한 깊은 관심을 확인할 수 있다. 즉 다산이 육우의 『다경』을 아함혜장에게서 빌려 읽었으며 그 내용을 깊숙하게 이해하게 됨으로써 차문화에 관한 주관을 갖추게 되었음을 알 수 있다. 특히 『다경』에서 읽고 손수 차를 만들어보기도 하면서 구증구포九蒸九曝 제다법의 특징을 간파해, 이보다 더 좋은 차를 만들기 위해 애쓴 것도 혜장과의 만남이 준 선물이었다.22 다산이 강진에 머물던 초기에 마신 차는 대개 혜장과 혜장의 제자 색성賾性이 만들어 보낸 것이었다.23

이러한 과정에서 오간 시편들 중에서 「기증혜장상인걸명」에는 혜장이 만든 차의 독특한 맛과 향, 색을 가늠하게 해주는 귀중한 내용이 들어 있다.

불에 쬐이고 햇볕에 말리기를 법대로 해야만
물에 우렸을 때 찻물빛이 해맑다네
焙晒須如法 浸漬色方瀅

'배쇄'는 불에 쬐고 햇볕에 말리는 과정을 거쳐서 차를 만드는 제다법을 말한다. '배'焙는 불에 쬐어 말린다는 뜻을 지녔고, '쇄'晒는 햇볕에 쬐어 말린다는 뜻이다. 불에 쬔다는 것은 불기운을 직접 쬐는 것이 아니라 돌솥이나 무쇠솥을 불로 달구어 그 열기로 찻잎을 덖어내는 것을 뜻한다. 이렇게 해석해야 하는 이유는 '침지'浸漬라는 말을 제대로 해석하기 위함이다. 침지란 '물에 담그다'는 뜻인데, 불에 쬐고 햇볕에 말린 차를 더운 물에 담그는, 즉 우려서 마시는 차를 말하고 있다.

'배쇄'라는 과정을 거쳐 만든 차를 조금 더 정밀하게 분석해 보자. '배', 즉 찻잎을 불에다 덖으면 눅진눅진해진다. 습기를 제때 잘 말려야만 차의 맛과 향과 색이 좋아지는데, 습기 제거를 효과적으로 하는 과정을 '쇄'라고 부른다. '晒'는 '曬'의 속자인데 '햇볕을 쬐다'라는 뜻의 '포'曝와 같은 의미로 사용되거나 혹은 '햇볕을 쬐어 말리다'라는 뜻이다. '포쇄'는 '바람에 쏘이고 햇볕에 말리다'라는 말이다. 따라서 '배쇄' 과정은 찻잎을 따서 뜨거운 솥바닥에 덖은 다음, 눅눅하고 뜨거워진 찻잎을 일단 바람에 식힌 뒤 햇볕에다 건조시키는 것을 말한다. 즉 '배쇄수여법'焙晒須如法은 '불에 덖고 바람과 햇볕에 말리기를 법대로 해야만' 좋은 차가 된다는 것을 말한다. '침지색방형'浸漬色方瀅에서 '침지'는 '찻잎을 물에 담그다', 즉 우려낸다는 뜻이며, '색'은 우러난 찻물의 색깔을 말하고, '방'은 향기를, '형'은 우러난 찻물의 색과 향이 맑음을 뜻한다. '법대로 만든 차를 물에 우려내면 색과 향이 맑다네'라고 읽을 수 있겠다.

이 시편에서 나타난 정보에 따르면 혜장과 그의 제자들은 주로 '잎차'를 만들어 즐겨 마셨던 것 같다. 앞에서 살펴본 이규경의 『도다변증설』에 나타난 또 다른 제다법, 즉 '만불차'라고 불렀던 찌고 말린 뒤 덩이 지어 작은 떡처럼 만든 떡차도 이미 오래전부터 있었던 것이 확인됨으로써, 혜장과 다산이 친교할 때 두 종류의 차가 있었음을 알 수 있다.

애틋했던 혜장과 다산의 친교는 1811년 혜장이 젊은 나이로 죽자 끝이 나고, 다산은 유배지에서 혜장을 그리워하는 심사를 「아암장공탑명」으로 적어 해남 대흥사에 남겼다. 혜장이 죽고 난 뒤 다산은 혜장의 사형師兄되는 완호윤우玩虎尹佑, 1758~1826와 가깝게 지냈다. 완호는 연담유일의 말상좌이자 초의의 스승이다. 차를 만들어 보내주고 경제적 후원도 하던 혜장이 입적한 뒤부터 다산은 손수 차를 만드는 일에 참여했는데, 조재삼趙在三, 1808~66의 『송남잡지』松南雜識에는 다음과 같은 기록이 전한다.

해남에는 예부터 황차가 있었다. 세상에 아는 사람이 없었는데 오로지 정약용이 알았을 뿐이다. 해서 그 이름을 정차 또는 남차라 한다.
海南古有黃茶 世無知者 惟丁若鏞知之 故名丁茶南茶

또한 이유원李裕元, 1814~88의 『임하필기』林下筆記 제32권에는 이렇게 써 있다.

강진 보림사 대밭차는 정열수 약용이 체득해 절의 승려에게
아홉 번 찌고 아홉 번 말리는 방법을 가르쳐주었다.
그 품질은 보이차 못지않으며,
곡우 전에 채취한 것을 더욱 귀하게 여긴다.
이는 우전차라 해도 될 것이다.
唐津普林寺竹田茶 丁洌水若鏞得之 教寺僧以九蒸九曝之法
其品不下普洱茶 以穀前所取尤貴 為之以雨前茶可也

다산은 우리나라 차문화의 현실이 어떠하며 장차 어떻게 해야 할지를 더욱 적극적으로 고뇌하게 되었다. 청나라 연경에 사신으로 다녀온 사람들에 의해 중국 차문화의 상징처럼 여기는 보이차가 한창 알려지던 무렵이었다. 다산은 음식의 한 종류인 차가 단순한 마실거리가 아니라 인류 역사에서 매우 특별한 가치를 지니고 있음을 알게 되었다. 차를 만들거나 마시는 일이 역사적으로는 정치적·종교적 상징물이기도 했지만, 경제적으로도 커다란 힘을 지니고 있다는 것도 통찰했다. 차가 지배층 문화로 작용해온 역사만큼이나 현실 사회에서 그 차를 마시는 지식인들의 사고방식과 행동이 사회에 미치는 영향 또한 결코 무시할 수 없음도 알았다. 그런 상황 속에서 그를 따르는 후학들과 함께 배움과 나눔을 신의로 실천하는 다신계茶信契를 조직해 차나무를 심고 가꾸며, 찻잎을 따서 차를 만들고, 이 일을 바탕으로 해 나라가 차 산업을 일으켜 국가의 재정을 마련해야 한다는 데까지 생각이 미쳤다. 청나라에서 불어닥치는 중국 보이차의 거대한 시장 점령에 맞서서, 차나무를 심어 가꾸고 좋은 차를 만들어 나라를 부강하게 하자는 그의 의지는 분명 실학자다운 발상이었다.

살피건대 남방 여러 고을에서 산출되는 차가 매우 좋다. 내가 본 바로는 해남·강진·영암·장흥 등 바닷가 고을은 차가 나지 않는 곳이 없다. 내 생각에는 지방관으로 하여금 차가 나는 모든 산을 재배하도록 하고, 백성들이 그 차나무를 땔감으로 베어가지 못하게 하고 가축들이 뜯어먹지 못하게 금지해, 차나무가 무성해진 뒤에는 해마다 몇 근씩을 만들어 임형시^{林衡}$^{寺:\,산의\,나무를\,관장하는\,관청}$에 바치게 한다. 그 차를 다시 만하성^{滿}^{河省}에 보내 차를 판 돈이나 찻값으로 계산된 액수에 따라 좋은 말을 사다가 목장에 나누어 공급하는 것 또한 나라의 쓰임새를 넉넉하게 하기에 족할 것이다.[24]

다산의 신선하고 놀라운 제안에는 차의 생산을 확대하는 데 가장 중요한 내용, 즉 우리나라에서 생산되는 차의 품질이 중국 차에 못지않기 때문에 시장에 상품을 내놓아도 좋으리라는 자신감이 들어 있었다. 손수 차를 만들어보고, 중국 차와 조선 차 맛을 비교해본 뒤에 내린 결론이었다. 농민이 생산한 차를 정부 기관인 임형시에서 적당한 가격으로 사들인 다음, 시장에 내다 팔아서 이익을 남기는 방법을 이용하자는 다산의 정책은 이미 중국 당나라가 재정 정책으로 실시했던 '각다'를 응용한 차문화 정책이었다.

초의의 『동다송』과 실학정신

초의선사의 『동다송』 내용 중에는 비록 간략한 몇 줄이긴 하지만 이덕리의 『기다』가 지닌 정책적 측면보다 우리 차문화의 독자성을 강조한 기록이 포함되어 있다.

우리나라에서 나는 차도 근원은 중국 차와 같아서

색, 향, 기운과 맛이 중국 차와 다를 바 없다.

육안차는 맛이 빼어나고 몽산차는 약효가 좋은데

옛사람은 우리 차가 이 둘을 다 지녔다고 했다.

『동다기』에 이르기를 어떤 이들은 우리 차의 효험이 중국 차에 못 미친다고 하는데, 내 보기에는 색, 향, 맛이 조금도 차이가 없다.

차서들이 일컫기를 육안차는 맛이요, 몽산차는 약이라고들 하지만, 우리나라 차는 이 둘을 다 갖추었다.

이찬황, 육우가 살아 있다면 그들도 내 말에 반드시 동의할 것이다.

東國所産元相同 色香氣味論一功

陸安之味蒙山藥 古人高判兼兩宗

東茶記云 或疑東茶之效 不及越産 以余觀之

色香氣味 少無差異 茶書云 陸安茶 以味勝

蒙山茶以藥勝 東茶蓋兼之矣

若有李贊皇陸子羽 其人必以余言爲然也

이 글의 핵심은 두 가지다. 우리나라 차의 효험이 중국 차를 대표하는 육안차와 몽산차의 효험을 다 지녀서 우수하다는 것이 하나이며, 중국 차의 우월성을 주장해온 조선의 차인들 생각이 잘못된 것이라는 지적이 두 번째다. 사실 육안차와 몽산차가 지닌 효험은 단순히 차문화사에 그치지 않고 중국 역사와 문화 전반에 걸쳐 있는 긍지의 상징이기도 했다. 이 두 차에 대한 조선 지식인들의 생각이 차의 효험에서 비롯해 중국의 문물과 제도에 대한 존경과 경외로 확대되는 고정관념으로 뿌리 깊이 얽매이려는 태도를 에둘러 지적하는 글이다.

초의선사의 이러한 생각과 행동은 당시 사회와 지난 수백 년 동안 지속되어온 중국관에 비쳐볼 때 결코 예사로운 일이 아니었다. 감히 조선의 차 효험을 최고의 권위로 수천 년 동안 중국 내외에 표방해온 육안, 몽안차의 효험과 동일하다고 주장한 것은 믿기 어려운 일이다. 이런 놀라운 일이 일어나게 된 원인은 정약용의 실학사상과 관련이 깊은 것으로 보인다.

'동다'라는 말이 처음 생겨나서 한국 차문화사의 정신적 적자嫡子로 나선 것은 19세기 중엽부터였다. 조선의 19세기는 서구 문물 유입으로 인한 위기의식과 민족주의 사상이 동시에 나타나면서 한국 근대사를 고통의 소용돌이 속으로 몰고 간 붕괴와 멸렬의 세기였다. 그러므로 '동다'라는 말 안에는 복잡미묘한 국제정치의 기류와 민족 내부의 고뇌와 슬픔이 응어리져 있다. 중국이나 일본 차문화에서는 찾아보기 어려운 한국만의 시대상이며 상처다. 흔히 다선일미茶禪一味, 법희선열法喜禪悅, 화경청적和敬淸寂이라 일컫는 '초월적 정취, 한가로움, 우아함의 세계가 지닌 빛과 향기, 이를 머금은 차 한 잔의 넉넉함'에서 한참 벗어나 옹색하고 불안한 자리에서 동다가 잉태된 것이다.

당시 조선의 생존법은 옹색했고 불안했다. 천주교 전파로 전통 유교 가치관은 크게 흔들리고 붕괴되어 갔으며, 다양한 방면으로 진행된 서양의 개항 요구로 사회 전반에서 전통 질서에 대한 불신과 불안이 싹텄다. 청나라를 통해 유입된 서구 문물의 영향을 두고 찬성론과 반대론으로 대립을 부추긴 정치세력들의 자중지란까지 겹쳐 위기의식은 날로 커져갔다. 조선의 핵심 지식인이자 책임 지도층인 유생들의 현실 인식은 중화사대주의의 틀 안에서 소극적으로 자기 안일만 추구할 뿐이었다. 그들은 서양의 문화를 중화가 중심이 된 동아시아 문화 질서와는 이질적인 것으로 파악했다. 동아시아의 성리학적 문화는 '사람'의 문화임에 비해, 서양의 문화는 '짐승'의 문화로 규정했다. 그들은 천주교를 포함한 서양의 '짐승' 문화가 소중화인 조선을 침략한다고 인식했다. 일본도 여기에 포함시켜 왜양(倭洋)이 동일시되었을 뿐만 아니라, '중화(中華)=소화(小華)=조선'의 등식이 성립되었다.[25]

영국과 프랑스가 주축이 되어 시작된 동아시아 식민지화 정책은 일본을 자극해, 19세기 조선의 퇴로를 끊고 궁지로 거칠게 몰아붙였다. 유생들은 대부분 쇄국정책, 위정척사론에 목숨까지 내걸고 외세와의 교류를 극렬히 반대했다. 오직 중화의 계승자인 청나라만이 조선을 지켜주고, 조선이 믿고 의지할 수 있는 '사람' 문화를 지니고 있다는 신념을 한사코 놓으려 하지 않았다.

이때, 같은 19세기를 숨 쉬면서도 전혀 다른 생각을 하고 행동하기를 주저하지 않는 일단의 지식인들이 있었는데, 이들을 실학파라 불렀다. 박지원(朴趾源), 김정희(金正喜), 정약용(丁若鏞)이 그 시대 대표적 실학사상가였다. 연암 박지원의 영향을 받은 사람으로는 박규수, 김옥균, 박영호, 홍영식, 유길준, 김교헌, 김택영 등이 있다. 추사 김정희로부터 직간접 영향을 받은 이들은 신관호, 김기수, 강위, 이하응 대원군, 오경석 등이다. 다산 정약용의 영향이 가장 크고 깊었는데, 이정, 이강희, 정학연, 초의 장의순, 이중협, 정하웅, 신기영, 신관호, 남종삼, 홍봉주, 신정희, 어윤중, 박은식 등이 그의 영향을 받았다.[26] 동다의 개념은 19세기 중엽 실학자들의 고뇌와 열정 속에서 잉태된 것이다. 민족 생존과 인간으로서의 생존을 함께 고뇌해야만 했던 그 시대 어느 외진 곳에서 동다실학의 시대정신과 불교의 평등성을 지니고 생겨난 것이다.

'차살림'의 동다

21세기 인류가 누리고 있는 차문화에서는 커피와 홍차가 주된 흐름으로 두드러지고 있다. 하지만 중국 차의 전통적인 영향력은 여전하다. 9세기 무렵부터 본격화된 중국 차문화는 1300여 년이 지나 21세기에 이르기까지 위세가 변함없다. 12세기 송나라로부터 본격적인 차문화를 받아들여 '차노유' 茶の湯라 부르면서 시작된 일본 차도는 일본의 상징적인 문화로서 세계 고급문화의 한 영역을 선명하게 형성하고 있다.

독자성을 갖춘 차문화가 확립되는 데는 반드시 세 가지 조건을 갖춰야 하는데, 이는 중국과 일본의 오랜 차문화사에서 자연스럽게 형성된 비범하고 신비스런 결론이다. 고유한 제다법이 있을 것, 차를 끓여 마시는 방법, 즉 차법이 확고한 형식으로 갖춰져 있을 것, 차를 끓이고 마시는 데 반드시 있어야 할 찻그릇이 앞의 두 조건을 조화시키면서 도자예술로서의 멋과 품격을 지닐 것 등이다. 이 세 가지 조건은 매우 심오하고 유장한 역사와 철학에 관계된 것들이다. 중국과 일본 차문화의 적극적인 세계시장 진출을 두고 '무기와 군대를 동원하지 않은 세계 문화전쟁의 상징'이라는 표현까지 생겨났다.

한국은 나름의 차문화 전통을 지녔음에도 이들 두 나라 차문화에 종속되고 있다는 우려가 커지는 중이다. 주류 문화의 변방이자 두 나라 차문화 상품의 소비시장으로 고착되고 있다는 것이 우려의 핵심이다. 이러한 우려가 현실이 되고 있는 원인은 독자성을 갖춘 차문화의 조건이라 할 세 가지 중에서 어느 한 가지도 제대로 갖추지 못했기 때문이다. 한국은 중국, 일본 차문화의 변방 종속국이자 식민소비시장이라는 지적을 아프게 인식할 자긍심이나마 가지고 있는지, 한국 나름으로 지녀온 차문화 역사를 연구하고 새롭게 일으켜 동아시아 차문화사에서 제 자리를 확보할 지혜가 있는지를 생각해야 하건만 행여 행동하기에 너무 늦은 것은 아닐까.

차는 음식 중에서 약리성, 정신성, 역사성, 예술성이 매우 강한 것이어서 여러 분야로 깊고 은밀하게 지속적인 영향을 미친다. 차문화의 이런 특성이 세계인들을 영원한 차 지지자로 만들고, 지지자들은 행복해하며, 차 생산국인 중국과 일본 문화에 대한 존경심을 갖게 한다. 차가 단순히 개인적 취미 생활에 그치지 않는 이유다. 이와 같은 특징을 이용한 중국과 일본의 외교 전략과 대외 경제정책은 국제사회에서 그들의 영향력을 큰 반감 없이 확장시키고 있으며, 심지어 차가 품격 높은 외교사절단 역할까지 하고 있다. 이들 두 국가의 차문화를 받아들여 차생활을 하는 한국인이라면 지금의 한국 차문화가 지닌 문제들을 점검하고 근원적 제도를 마련해야 한다는 책무를 느껴야 할 것이다.

차의 약리성은 중독성이 매우 강하고, 정신성은 종교적 위력을 지니기도 하며, 그 역사성은 상대방의 주체성을 약화·말살시켜버릴 정도로 도도하고 은밀하다. 차의 예술성은 모든 예술 분야를 포함하고 있어서 생명력이 매우 강하고, 파급력 또한 놀랍다. 그래서 차문화는 무기와 군대를 동원하지 않고서도 상대방을 점령 지배하는 신비한 효험을 지녔다고 하는 것이다.

'동다'라는 말이 처음으로 생겨나서 한국 차문화의 정신적 적자로 자리매김하기 시작한 것은 조선시대 후반, 19세기 중엽부터다. 그러면서도 '동다'는 '동국'의 차, 즉 중국 중심 역사관으로 규정한 중국의 변방이자 문화적 속국인 조선의 차를 의미한다는 고정관념에서 완전히 자유롭지 못했다. 어디까지나 중국 문화의 곁가지임을 스스로 인정하는 조선의 성리학적 역사의식이 낳은 결과다. 자신감도, 명분도 없었던 것이 사실이다. 그러나 중국 문자의 뜻에 따라온 오랜 관습에서 벗어나, 우리 본디 생각을 회복해 '東'을 '태양이 떠오르는 쪽'의 뜻으로 매기는 것이 옳다. 그러면 '동'은 곧 '태양', 옛것을 새로이 하는 힘, 어둠을 뚫고 나오는 빛, 즉 질병, 절망, 구속, 소외, 폐쇄를 극복하는 힘이라고 풀이할 수 있겠다. 또한 따뜻함의 정서를 상징하기도

역사와 전통이 깃든 한국의 아름다움을 차문화로 꾸려낸 차살림 모습. 모두살림법 장면이다.

한다. 한국인은 따뜻함에 대해 매우 깊고 폭넓은 정서를 지니고 있다. 나눔, 베풂, 보살핌으로 함께 사는 집단정서다. 그리고 포용, 용서와 화합을 뜻하는 껴안음의 정서도 유별하다. 이 모든 것이 해의 따뜻함, 빛의 근원성을 의미하는 '동'인 것이다. 중국의 주변부를 가리키는 방위로서가 아니라 지구의 자전으로 생기는 기회와 변화의 원천이라는 큰 뜻으로 볼 수 있는 것이다. 따라서 '동다'는 '동쪽 지방의 차'가 아니라, '우주적 뜻을 담고 있는 차'라는 말이 된다. 동다의 정신사를 처음으로 쓸 수 있게 되는 것이다. 이렇게 생겨나고 마련한 '동다'는 우리의 역사와 전통이 녹아 있는 한국의 아름다움을 차문화로 꾸려낸 '차살림'이라 할 수 있을 것이다. 따라서 중국 차문화와 일본 다도를 참조해 시작된 이른바 한국의 다도와는 근본적으로 다른 차문화다. 전남 강진 몇몇 절집 스님의 차살림과 정약용이 재현해낸 차들, 초의선사가 이룩한 '동다'에는 한국 차문화의 정신을 깃들게 하려는 깊은 고뇌와 금강석 같은 자긍이 있었다. 그 깨달음이 옛것을 새롭게 만드는 힘의 씨앗을 심어둔 것이다.

'차, 떼·데, 다'의 문화

차 tcha

'차'는 중국 남부 광둥 마카오 지방 사투리다. 광둥은 북회귀선 아래쪽이어서 중국에서 유일하게 열대성과 아열대성 기후를 지닌 곳이다. 겨울은 매우 따뜻하고 무더운 여름은 지역에 따라 그 기간이 조금씩 다를 만큼 드넓은 데다, 긴 해안선을 끼고 있어 일찍이 외부 문물 교류가 원활했다. 이곳은 한족 최초의 통일국가인 진나라 시황제가 광둥을 정복한 기원전 222년 이전까지 이른바 남방소수민족의 땅이었다. 광둥 원주민들은 물에 세균이 많아서 있는 물을 그대로 마시지 않았다. 차나무 잎을 찧어 그 즙을 물에 타서 마시거나, 찻잎을 넣고 끓인 물을 마시는 오랜 습속이 있었다. 원주민들의 식수 습관은 기호음료를 선택적으로 즐기는 것과는 동떨어진, 필연적인 생존법이었다. 또한 찻잎이 지닌 살균 효과 등 약으로서의 효험을 전승하면서 살아온 매우 독특한 음료 습속이었다.

진시황이 광둥을 중국 영토로 편입시킨 뒤, 중국은 광둥을 꽤 오랫동안 제대로 다스리지 못했다. 한족과 변방 오랑캐들이 전쟁과 갈등을 반복해 대륙 평정이 불가능했기 때문이다. 수·당·북송에 이르는 5세기 동안 581~1126 군사와 농업 부문의 식민화 정책이 꾸준히 진행된 다음에야 광둥을 완전히 한족의 지배 아래 둘 수 있었다. 특히 당나라 때는 광둥의 특산물인 차를 국가

재정의 중요한 재원으로 삼기 위해서라도 강력하고 세심한 관리가 필요했다. 그래서 한족을 광둥으로 집단 이주시키고 차문화를 발전시킬 정책을 지속적으로 펼쳤다. 이때 광둥의 차가 지닌 중요성이 워낙 컸기 때문에 '차'라는 지역 사투리가 한족 전체의 표준어가 된 것이며, 중화사상이 어떤 것인지를 잘 보여주는 증거이기도 한다.

떼 · 데 te

'떼 · 데'는 아시아에서 가장 아름다운 곳 가운데 하나로 손꼽히는 중국 푸젠福建의 아오먼 지방 사투리다. 숲이 우거진 구릉, 휘감아도는 강, 과수원, 차밭, 완만한 경사지에 일구어놓은 계단식 논 등은 빼어난 경치를 자랑한다. 푸젠성과 중국 내륙 사이에 놓인 자연 경계선 우이 산맥武夷山脈은 유명한 우이차 전설의 고향이기도 하다. 또한 푸젠은 당나라 불교 선종의 한 종파인 황벽종黃檗宗의 본산 황벽산과 함께, 중국 선종불교 차법인 부초차釜炒茶 문화가 시작되고 번창한 곳이기도 하다.

789년 정간正幹이 황벽산에 처음 절을 짓고 건복사建福寺라 불렀는데, 이곳에서 황벽희운黃檗希運, ?~850이 크게 종풍을 떨치기 시작해 1628년 은원隱元, 1592~1673이 부초차법으로 중국과 일본 승려에게까지 차와 불교의 관계를 가르쳤다. 이러한 역사를 지닌 푸젠성의 아오먼 지방 사투리 '떼', 혹은 '데'는 뒷날 세계인의 보통명사가 된 'tea'의 문화적 원형이 되었을 만큼 푸젠의 차문화는 경이롭다. 흔히 한 국가의 표준어는 중앙집권제를 유지하기 위해 정치적으로 조형해낸 언어이며, 중앙집권제에 대한 소극적인 부정 또는 저항의 의미로도 해석되는 지방 사투리를 약화시키고 소멸시켜온 것이 인류의 역사였음을 상기하면 아오먼 지방 사투리가 지닌 정치적, 역사적 상징성은 매우 이채롭다.

차·떼

'차'와 '떼'는 광둥, 푸젠지역 고유의 사투리였으나 글자로는 표기하지 못했다. 그 지방 원주민들은 문자를 갖지 못했기 때문이다. 광둥과 푸젠 땅이 한족의 영토에 복속되고 한족들의 집단 이주 정책이 강행되면서 차와 떼를 뜻하는 한자를 새로 만들거나 응용하게 되었다. 맨 처음 사용된 글자는 '苦'고였고, 그 다음은 '檟'도였다. 그 다음에는 '茶'도 자로 변형돼 오랫동안 사용되다가 육우의 『다경』과 함께 '茶'로 변하면서 확립되어 오늘에 이르고 있다. 중국 바깥에서 유입된 이민족 문화가 한족 문화로 수용되면 이를 뜻하는 새로운 한자를 만들어 사용했다. 외래문화를 포용하고 중국화하는 무서운 소화력을 증명하는 중국의 힘이자 '중화'^{中華}의 실체이다. 가장 대표적인 것이 인도의 불교철학을 중국 불교화하면서 산스크리트 발음과 비슷하게 소리나는 한자로 고쳐 적은 경우다.

다 dha

'茶'를 '다'로 발음하는 것은 푸젠 지방의 '떼·데'와는 관련 없는 별개의 것이다. '다' dha: ड·ढ·ध는 산스크리트어이기 때문이다. 일찍이 불교와 더불어 우리나라에도 전해진 브라흐마 문자로서, 산스크리트 시담^{siddam} 문자의 50자문^{子門} 또는 42자문의 자모^{子母}의 하나인데, 중국에서 '다'로 발음되는 '多'를 '茶'로 적으면서 생겨난 것이다.

> '다' 자문은 제법에 들어가는 구경처이니 끝남도 없으며 시작도 없다. '다' 자를 지나면 '무' 자로 가히 설하는 것이다. 왜냐하면 '무' 자를 생기게 하기 때문이다.
> 茶字門 入諸法邊竟處 故不終不生 過茶無字可說 何以故 生無字故 [27]

> '다' 자문은 제법의 최후의 경지에 도달하는 것이니 불가득이다. 또한 끝남도 없고 태어남도 없다는 뜻이니 '다' 자 이후에는 얻을 수 있는 것이 없기 때문이다. 왜냐하면 다시는 글자가 없기 때문이다.
> 茶字門 入諸法邊竟處 不可得故不終不生 過茶無字可得 何以故 更無字故 [28]

> '다' 자는 법륜이 차별 없는 반야바라밀다문에 들어 일체법의 구경 처소가 없음을 깨닫는 것이다.
> 茶字時入法輪無差別藏 般若波羅蜜多門 一切法究竟處所不可得故 [29]

일체법이 재앙과 변고를 떠났기에 '다' 자형을 나타낸다.

或一切法離災變故現茶字形 30

재난해충·수재·화재 또는 도적떼의 창궐을 여의는 연고도 '다' 자의 모양을 나투나니.

或災變離故茶字形現 31

'다'로 발음하는 '茶'자는 불교가 중국에 전파된 뒤, '다'^{ᄃ·ᄐ} 자에 함축된 다양하고 심오한 뜻과 불교의 권위를 중국 차문화에 변용시킨 것으로 보인다. 따라서 차는 고전 역사에서 제수로 사용되고 다양한 효능을 지닌 약으로도 오랫동안 통용되었으며, 당나라 때부터 고급 기호음료로 이용된 차문화사에 불교적 경이와 신비를 더하게 된 것이다. 그리하여 당·송 시대 불교를 이끈 수행자들이 차의 불교적 특성이자 중국 차문화의 형이상학적 체계화를 상징하는 '다선일미'茶禪一味, '법희선열'法喜禪悅, '끽다거'喫茶去와 같이 상징과 은유로 함축된 법문을 남기기도 했다. 불교와 차의 융화를 보여주는 몇 가지 말이 새롭게 생겨나기도 했는데, 이는 중국 차문화의 '차'가 산스크리트어 '다'의 심오한 의미들과 융합했음을 보여준다. 가장 대표적인 글자 몇 가지를 보자.

- 다게茶偈: 각종 예경 및 재공의례 때 차를 올리며 음송하는 게송. '헌다게'의 준말.

- **다각**茶角: 절집에서 차를 달여 대중에게 공양하는 소임, 또는 그 일을 맡아보는 사람.
- **다고**茶鼓: 보리달마조사의 기일에 차를 올릴 때나 다례 시작을 대중에게 알리기 위해 울리는 북. 대중은 북소리를 듣고 모여서 의식을 행한다.
- **다기**茶器: 불단에 차나 정화수를 담아 올리는 그릇.
- **다길니법**茶吉尼法: 불법의 수호신인 다키니^{dhakini}에게 수명, 장수, 치병 등의 가피를 구하는 밀교의궤.
- **다담**茶啖: 절에서 손님을 대접하기 위해 내놓는 차와 과일.
- **다당**茶堂: 방장의 응접실. 대중이 직접 차를 끓여 마실 수 있도록 설비한 다실.
- **다도**茶道: 차를 만들고 끓이고 접대할 때의 모든 법도.
- **다두**茶頭: 선방에서 차를 달이는 소임.
- **다례**茶禮: 선원에서 행하는 차를 끓이고 내는 예식.
- **다리반리불향별처**茶裏飯裏不向別處 —— **다반**茶飯: 불법은 별스런 곳에 있는 것이 아니다. 차를 마시거나 밥을 먹을 때도 몸과 마음이 불법을 여의고 다른 곳으로 가지 않는다.

이렇게 심오한 불교철학에서 '다' 는 'ㄷ'자와 함께 'ㄸ·ㄸ'자도 같이 사용한다. '멸예경계滅穢境界의 음'이라는 뜻을 지닌 글자다. '예'란 '예토'穢土, 즉 '더러운 국토', 인간이 생로병사의 고통과 두려움으로 살고 있는 사바세계를 말한다. '다'를 소리 내어 외우거나 쓰면 더럽고 고통스런 사바세계의 죄업에 물들지 않고 살아갈 수 있다고 믿는다. 더러움, 두려움의 원인은 살생, 도둑질, 음행, 거짓, 음주 다섯 가지 행위 때문으로 보았다. 다섯 가지 행위로 인해 지금 생애와 다음 생애에 두려움과 증오가 생겨나고, 괴로움과 슬픔으로 표출된다. '다'荼·荈·茗가 '차'茶로 음역되고, 불교철학의 심오한 의미를 차문화가 미묘하게 녹여서 받아들임으로써 차를 단순한 기호음료 이상의 형이상학적 영역으로 확장시켰다. 보리달마 이후 인도 승려들이 동방전교를 시작하고 중국 불교라는 뜻밖의 변화와 응용의 역사 속에서 'tcha'와 'dha'가 융화되어 함께 사용되었고, 우리나라에도 그대로 전해진 것으로 보인다.

중국 선禪불교와 차문화의 계보

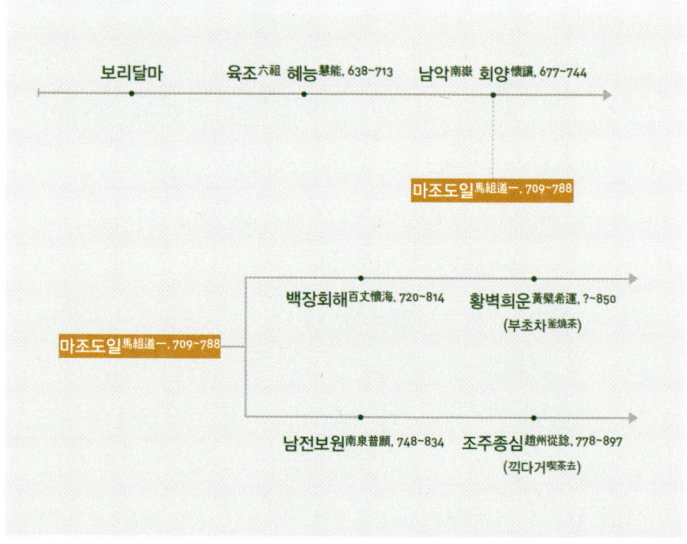

조선시대 차문화와 동다 개념의 변화

조선 초기 차문화의 특징

고려시대 차문화와의 구분

조선 초기 차문화는 고려시대와 크게 다르지 않았다. 차의 종류, 차 마시는 데 사용된 그릇들, 차를 끓일 때 쓰는 도구들, 차를 끓이고 마시는 방법 모두 고려시대와 달라진 것이 없었다. 고려시대를 살았던 차인들이 나라 이름만 조선으로 바뀌었을 뿐 그 집, 그 자리에서 써오던 그릇에 마시던 차를 그대로 끓여 먹었기 때문이다. 조선 나름의 새로운 문물제도에 틀이 잡히기 시작한 세종대왕 집권 시기부터 전혀 새로운 그릇인 분청사기가 등장했고, 독창적이면서 자유분방한 형태와 문양으로 완성된 그릇들에다 차를 담고 마시게 되면서부터 차 마시는 사람들의 신분 계층이 고려시대와 달라지기 시작했다.

고려시대에는 귀족, 승려를 비롯해 고려의 모든 사람들이 차를 알고 좋아하며 차 마시는 일이 생활화되어 있었던 것과 달리, 조선시대에는 매우 제한적이어서 사대부와 승려들만이 차

분청다완, 조선 15~16세기, 도쿠가와 미술관.

를 마셨다. 그리고 이마저도 시간이 흐르면서 더 위축되었다. 조선 건국을 주도한 핵심 세력들은 고려 멸망의 원인이라 규정한 퇴폐적인 불교세력과 원나라의 내정간섭으로 정체성을 상실한 채, 혼돈과 부패에 빠져 살아온 귀족과 지식인들에게 혹독한 책임을 물었다. 소수의 절의파 사대부들은 건국 세력의 집요한 설득과 협박에 맞서 죽임을 당하거나 철저한 은둔자로 생을 마쳤다. 조선 건국 주도자들은 성리학을 정치이념으로 내세워 불교 세력을 배척하고 타도하면서 새로운 조선 사회를 모색했다. '훈구파'로 대변되는 개국공신들과 그 후예들은 고려의 정통성을 주장한 이색, 정몽주, 이숭인, 길재 등 고려의 대표적인 학자들을 제거하고, 뿌리 깊은 불교세력을 혁파하는 데 기여했다. 그들은 공로의 대가로 넓은 토지와 많은 노비들 외에 그들이 원하는 권력까지 독점할 수 있었다. 이들 훈구파 양반 귀족들은 고려에서 마셨던 차보다는 술을 택했다.

1392년, 조선 건국으로부터 30여 년을 지나 세종이 즉위할 때까지 조선 초기 국정에 참여한 학자, 무사, 귀족, 사대부 중에는 고려에서 태어나 성인이 된 뒤에 조선 건국에 공을 세운 사람들이 많았다. 뒷날 훈구파로 일컬어진 이들 개국공신 대부분은 개인문집을 남겼는데, 여기에 차시茶詩를 실은 경우는 그리 많지 않다. 차를 좋아하지 않기 때문이었는지, 차 마시는 일은 고려와의 관계를 청산하지 못하고 있다는 증거가 되어 화를 입을지 모른다는 생존본능 때문이었는지는 분명하지 않지만, 이 점도 조선 초기 차문화의 특징처럼 여겨지는 부분이다.

사대부문학의 정신과 차

1419년 즉위한 세종은 젊은 문신文臣을 유능한 인재로 양성하는 정책을 폈다. 문학을 진작시켜야만 유능한 사대부가 많이 배출된다는 신념에 따른 것이다. 세종의 주된 관심은 사대부문학의 문학정신이었다. 고려의 익재 이제현을 사대부문학의 기틀을 확립한 이로 보는데, 문학자는 곧 '사대부=관인官人=문인文人'이라는 등식 관계가 성립되는 계층이었다. 이것은 조선 초엽 사대부의 전형적인 모습이었고, 독서를 해서 벼슬하는 것이 그들의 기본 임무이자 당연한 현상이기도 했다.

그 당시 문인학자들에게 문학은 근대적 개념의 예술로서의 문학과 달리 매우 포괄적이었다. 동아시아에서 유장하게 전해져온 도와 문학이 공존하는 '도문일치'道文一致 문학관의 영향을 받아, 문학을 경세제민經世濟民의 이념을 실현하기 위한 방법이자 나라를 다스리는 근본 방법이라 여겼다. 이것이 조선 초기 사대부들이 지향하는 문학이었고, 이러한 문학정신은 고려말 사대부로부터 내려온 관념이었다.32

세종은 집현전을 세우고 '사가독서'賜暇讀書라는 제도를 시행했다. 국가에 필요한 젊고 유능한 인재를 길러내기 위해 젊은 문신들에게 휴가를 주어 독서에 전념하도록 하는 제도였다. 1426년세종 8년 12월 처음 실시한 사가독서에서는 세 명을 뽑아 관청 업무에 전념치 말고 연구에만 몰두하게 했으며, 독서 장소는 각자의 집으로 정했다. 이 제도를 운용하는 규범은 대제학 변계량卞季良, 1369~1430에게 맡겼다. 목은 이색, 양촌 권근의 문인인 그는 고려왕조의 문과 급제자로서, 1392년 조선왕조 건국에도 참여했고 고려 말과 조선 초기에 정도전, 권근으로 이어지는 관인문학官人文學을 대표하는 인물이다. 따라서 비록 사대부문학과는 지향점이 달랐지만, 1420년 세종이 집현전을 설치하고 그를 대제학으로 삼은 것은 태종 때부터 대제학을 맡아 외교문서를 작성해왔으며, 과거의 시관으로 선비 뽑는 일에 지극히 공정을 기해 고려 말의 폐단을 개혁하는 데 기울여온 정성이 개인의 영달을 위한 것이 아님을 알았기 때문이다. 특히 변계량은 스승 목은 이색이 빼어난 차인茶人이었음을 흠모해 차 생활을 즐겼는데, 그의 차시들이 『신증동국여지승람』과 『동문선』에 실렸을 정도다. 그러나 이 시기는 대체로 관인문학이 주류를 이루어서 이름난 차시를 남길 만큼 차를 좋아하고 생활화한 사람은 많지 않았다.

사대부문학 학통과 사림파의 차

세종은 비록 사대부문학의 문학정신으로 구현된 이상사회를 만들지는 못했으나, 언젠가 실현될 수 있다는 믿음을 포기하지는 않았다. 그 같은 믿음은 성종^{재위 1460~94} 때에 와서야 현실화되었다. 태조 즉위 때부터 시작되어 세습된 훈구대신들의 주요 관직 독점과 수적 증가는 뿌리 깊은 폐단으로 자리 잡았다. 성종은 이 오래된 폐단을 척결할 방법으로, 사대부문학의 정신을 계승한 지방의 중소 지주 자제들로서 성리학을 연마해온 신진 사대부들을 중앙 관직에 등용하기로 작정했다.

이러한 성종의 생각을 현실적으로 구현해줄 인물로 발탁된 사람이 김종직^{金宗直, 1431~92}이었다. 그는 밀양 사람으로 1453년^{단종 1년} 진사가 되고, 1459년^{세조 5년} 식년문과에 정과로 급제했다. 세조는 1456년 집현전을 폐지하고 사가독서 제도도 중단시켰다. 세조가 죽고 예종이 그 뒤를 이었으나 이렇다 할 업적은 없었다. 성종은 즉위해 예문관^{藝文館}을 설립하면서 사가독서를 부활시켰다. 김종직에게 사가독서하게 한 다음 예문관 봉교, 예문관 제학, 홍문관 제학을 맡기면서 사대부문학의 정신을 정치에 접목시키는 혁신을 주도해나갔다. 김종직은 강호^{江湖} 김숙자^{金叔滋, 1389~1465}의 아들이다. 두 사람은 부자간이자 사제로서 야은 길재의 사대부문학 학통을 사림파^{士林派} 성리학자들에게 연결시켜주는 가교적 존재였다. 따라서 이들 부자는 성리학의 학문적 계보에서 매우 중요한 위치에 있었지만, 김종직은 성리학 관련 저술을 남긴 바가 없고 오히려 시문학에 주력했다. 즉 익재 이제현에서 틀이 잡힌 사대부문학을 다음 시대에 들어와 성리학 정신의 발양 계기로 마련한 것이 김종직의 문학이었다고 볼 수 있겠다.33

익재 이제현 → 목은 이색 → 포은 정몽주·도은 이숭인 → 야은 길재로 이어진 고려 후기 사대부문학의 계보는 매우 특별한 역사로 발전했다. 이제현李齊賢, 1287~1367은 경상도 안강 사람이다. 당대를 풍미한 차인이어서 눈부시게 아름답고 깊은 사유의 향기를 머금은 차시를 여럿 남겼다.『익재난고』益齋亂藁 제4권의 「송광화상기혜신명순필난도기정장하」松廣和尙寄惠新茗順筆乱道寄呈丈下는 '송광화상이 차를 보내주시니 그 고마움에 붓 가는 대로 써서 스님의 법 아래 드린다'는 뜻의 제법 긴 차시다.

송광松廣은 송광산이고, 지금의 전남 순천의 조계산 송광사를 가리킨다. 그때는 정혜사定慧寺라 불렀다. 이곳은 보조국사 지눌선사로부터 시작되어 16국사國師가 나온 조계선풍曹溪禪風의 근본 도량이다. 이곳에서는 일찍부터 차가 생산되었다. 많은 스님들의 수행을 위해 반드시 필요했기도 하지만, 이곳에서 나는 차는 개경의 맑은 선비들에게도 선물로 더러 보내져서 절집 수행자와 세속의 유학자들을 이어주는 다리가 되고 아름다운 풍류가 생겨나게 했다. 이 시에는 이제현 아버지 동암東菴 이진李瑱, 1244~1321과 송광산 정혜사 제10세 국사 만항혜감萬恒慧鑑, 1249~1319 때부터 차로 인연된 유교와 불교의 아름다운 만남이 적혀 있다. 이 같은 인연은 다시 동암의 아들 익재와 만항혜감의 제자였던 경호景瑚 선사로 이어졌다. 봄철이면 잊지 않고 차를 선물하고, 차를 선물 받은 익재는 또 시로써 고마움을 전하는 또 하나의 세상이 펼쳐졌다.

이제현의 제자인 목은牧隱 이색李穡, 1328~96은 경상도 영덕 사람이다. 영덕의 외가에서 태어나 성장한 까닭으로 영덕 사람이라 부른다. 문집 『목은시고』 제27권의 「문전수성」聞煎水聲을 비롯해 10여 수의 차시는 왕조가 교체되는 고려 말 조선 초, 격변의 시대를 살았던 그의 차에 관한 식견을 잘 드러낸다. 차를 마시며 마음을 고요하게 하는 것은 곧 천하를 평온하게 하는 것과 통한다는 깊을 깨달음을 적고 있다. 이색은 대학자며 정치가였고 뛰어난 문인이었던 만큼, 그 시대를 이끌어갈 많은 제자를 길러냈다. 관인문학의 길을 간 변계량과 정도전이 그러하고, 사대부문학의 절의와 지조의 길을 택한 정몽주, 이숭인, 길재도 그의 문하였다. 변계량은 밀양 사람이고 정도전은 경상도 영주훗날 충청도 단양 사람이었으며, 정몽주는 경상도 영천, 이숭인은 경상도 성주, 길재는 경상도 선산 사람이었다. 정몽주, 이숭인은 차를 무척 좋아해 차시도 더러 남겼다. 길재 또한 선산 도리사에서 독서할 때 쓴 차시가 남아 전한다.

참으로 우연한 일이겠으나 이제현에서 길재에 이르는 이 사대부문학 학통은 곧 차의 계보가 되는 셈이기도 하다. 그리고 길재는 김숙자를 가르쳤고 김숙자는 김종직을 가르쳐 이 학통을 이었다.

도학의 정맥과 차

불교가 귀족과 결탁하고 시와 문장이 귀족에 봉사하는 장식물이 되는 데 대해 사대부들은 유교를 인간이 살아가는 도구로 삼아 실천할 것을 주장하고, 그렇게 사회를 교화할 엘리트로서 '경명행수지사'經明行修之士를 강조했다. 이러한 방향으로 나아가기 위해 문풍文風을 바꾸어야만 했는데, 이색, 정몽주, 정도전 등 영향력 큰 문인학자들에 의해 문학 노선이 계승되어 조선 사대부들의 보편적인 신조로 뿌리 내릴 수 있었다. 특히 세종이 집현전에, 성종이 홍문관과 성균관에 각별하게 베푼 교학 시책이 실효를 봐 문운이 융성하고 문체가 바르게 잡힐 수 있었다.34

성종은 고려로부터 단순히 왕조 교체 또는 순환에 그치지 않고 조선에 실질적인 변역變易이 있어야 한다고 생각했다. 이런 생각을 구체화시킬 수 있다 여긴 사람이 김종직이었던 것이다. 성종의 예문관 설립, 김종직이 예문관 봉교와 제학을 지낸 사실은 곧 성종과 김종직 관계를 보여주는 좋은 사례다.

고려 말 정몽주와 길재의 학통을 이은 아버지에게 수학해 뒷날 사림의 조종祖宗이 된 김종직은 문장과 사학史學에 두루 능통했으며, 절의를 중요하게 여겨 조선시대 도학道學의 정맥을 잇는 중추가 되었다. 김종직은 제자들이 당당하게 과거시험을 거쳐 중앙 관직에 진출하는 길을 열었다. 오랫동안 지방에서 유교 경전 공부와 수행에만 전념해온 젊은 사대부들은 거침없이 속속 중앙 관직으로 진출했다. 그들은 주로 삼사三司: 사헌부, 사간원, 홍문관에 임명되어 나라의 기강을 바로잡고, 탄핵과 감찰로 뿌리 깊은 부패와 부정을 척결하는 데 주력했다. 훈구파 세력들과의 집요하고 날카로운 반목과 대립 속에서 중종 집권기에 정치적 발전을 도맡았다.

뒷날 제자 김일손이 사관으로서 사초史草에 수록해 무오사화의 단서가 된 「조의제문」弔義帝文은 중국의 고사를 인용해 의제와 단종을 비유하면서 세조의 왕위 찬탈을 비난한 것으로, 깊은 식견과 절의를 중요하게 여기는 도학자의 참모습을 보여줬다는 역사적 평가를 받았다. 그러나 「조의제문」은 무오사화라는 참극을 불러일으켰다. 유자광을 중심으로 한 훈구파들은 이미 죽어서 장례를 치르고 무덤에 들어 있던 김종직의 관을 들어내 시신의 목을 베는 부관참시형을 집행했고, 김종직 문인으로 알려진 많은 사대부문학자들을 죽이거나 유배형에 처했다. 무오사화 이전에 죽은 김종직 문인들에게도 부관참시형을 가하고, 다시 갑자사화 때는 무오사화로 죽은 김종직 문인들에게 다시 부관참시형을 가하는 극단적인 응징을 하기도 했다.

김종직의 사대부문학 정신은 도학사상으로 심화되어 여러 제자들을 당대의 양심적인 학자로 길러냈다. 이들을 두고 '사림학파' 또는 '영남사림학파'라고 부른다. 김굉필金宏弼, 정여창鄭汝昌, 김일손金馹孫, 유호인兪好仁, 남효온南孝溫, 조위曹偉, 이맹전李孟傳, 이종준李宗準, 홍유손洪裕孫, 정희량鄭希亮, 이주李胄, 이원李黿, 김흔金訢, 강혼姜渾, 이목李穆 등이 대표적인 인물들이다.35

김종직 문인들과 차

익재 이제현, 목은 이색, 포은 정몽주, 도은 이숭인, 야은 길재의 삶에는 사대부문학자, 영남 출신, 당대를 대표하는 수재이자 정치가였다는 공통점 외에도 또 하나의 매우 이채로운 공통점이 있다. 차를 몹시 좋아했고 빼어난 차시를 썼다는 사실이다. 점필재 김종직도 사대부문학 학통의 스승들 못지않은 차인이었다.

『점필재집』제1~11권까지의 시편 중에는 차시가 여러 편 포함되어 있고, 그중에서도 제3권에 수록된 「다원」茶園이란 차시는 김종직이 1471년성종 2년 경상도 함양군수로 부임해서 쓴 것으로 매우 희귀하고 소중한 역사 기록이기도 하다.

그가 함양군수로 부임해 가장 먼저 발견한 것은 함양 사람들이 터무니없는 차 공납 때문에 오랫동안 고통을 겪고 있다는 사실이었다. 함양에서는 차가 생산되지 않는데도 해마다 차를 공물로 바쳐야 했다. 하는 수 없이 차가 나는 전라도까지 가서 차를 사서 바치는데, 가격이 워낙 비싸 고통이 이만저만이 아니었다. 쌀 한 말로 간신히 차 한 근을 살 수 있는 매우 귀한 물건인 점도 그렇지만, 농사지을 토지가 부족한 데다 잦은 수해와 흉년으로 양식은 목숨과 바꿔야 할 만큼 귀해 농민들의 고통은 형언하기 어려웠다. 당시 조정에서는 지리산과 가까운 모든 농촌에 다 일괄적으로 차 공물을 배정해 징수했다. 차가 생산되는지 여부를 확인하지도 않고, 다만 지리산록에 포함되기만 하면 그만이었다. 이런 정책은 이미 고려 때부터 있어온 가혹한 농민 수

김종직 관영 차밭 기념비.
600년 전 함양군수였던
김종직은 백성들의 차세
납부의 고통을 덜어주기 위해
관영 차밭을 조성했다.

탈 정책으로, 조선왕조에 들어와서도 그대로 악용되고 있었다. 이규보^{李奎報}, 1168~1241는 고려 무신집권시대를 살면서, 지리산 록에 사는 남쪽 농민들이 차 공물의 폐단으로 고통 받는 사실을 잘 알고 있었던 것 같다. 어느 날 남쪽 지방으로 부임해 가는 손한장^{孫翰長}이 이규보가 쓴 '유차시'^{孺茶詩}를 읽고 화답하는 시를 짓자 이에 답하는 글에서 그 문제를 매우 단호한 어조로 토로했다.

험준한 산중에서 간신히 따 모아
머나먼 서울까지 등짐 져 날랐네.

이는 백성의 애끓는 고혈이니

수많은 사람의 피땀으로 여기까지 이르렀네

……

산림과 들판 불살라 차 공납 금한다면

남녘 백성 편히 쉼이 이로부터 시작되리

瘴嶺千重眩手收 玉京萬里頳肩致

此是蒼生膏與肉 臠割萬人方得至

……

焚山燎野禁稅茶 唱作南民息肩始36

김종직은 훈구파 집권 100년이 넘도록 정치에서 고려의 폐습과 학정이 그대로 존속되고 있다는 것을 뼈저리게 느꼈다. 그때부터 그는 농민들에게서 차 공물을 받지 않고 자신의 능력으로 해결하기 위해 애를 썼다. 하지만 그 일도 한두 번이지, 언제까지 계속할 수는 없었다. 그리하여 함양군에서 직접 관리하는 다원을 만들어 그곳에서 수확한 차로 차 공물을 충당할 계획을 세웠다. 그리고 차 종자를 구해 관영의 토지에 차밭을 만들었다. 그는 몇 년 동안 정성껏 차밭을 돌본다면 머잖아 함양 농민들의 오랜 고통을 해결할 수 있을 것이라는 내용을 시로 남긴 것이다. 정치는 무엇보다 먼저 굶주리는 백성을 구하는 일이며, 부당한 고통과 수탈을 당하지 않고서 성심껏 일해 사는 보람을 느끼게 하는 것이며, 임금을 바로 깨우쳐서 선정을 펴도록 돕는 것이라는 그의 사상이 잘 드러난 역사였다.

이렇듯 차인 김종직의 학통과 사상은 제자들에게로 전해졌다. 익재 이제현으로부터 100여 년 동안 학문과 사상 그리고 차의 성품^{茶性}까지, 사대부 차인의 계보라 불러도 좋을 우리나라 유일의 차인 계보가 영남학파 또는 영남사림학파의 드러나지 않은 정신사로 전해내려온다. 김종직 문인 중에서 대표적인 차인의 생애를 살펴보자.

■ 홍유손^{洪裕孫, 1431~1529}

김종직과 동갑이면서 동시에 제자였다. 집안이 청빈했으나 경^經과 사^史를 섭렵하고 방달^{放達}한 기질로 얽매임을 싫어해 과거 보는 일에 관심이 없었다. 스스로 김종직을 찾아가서 그 문인이 되었다. 김종직은 "이 사람은 이미 안자^{顔子}가 즐긴 바를 알고 있으니 학자들은 모두 본받을 것이다"라고 했다. 그는 세상을 희롱해 고답하면서 영리를 구하지 않고 일생을 보냈다. 김수온, 김시습, 남효온과 가깝게 지내면서 죽림칠현을 자처하고, 노자와 장자 학문을 토론하길 즐겼다. 무오사화 때는 김종직 문인이라는 이유로 제주도로 유배되고, 노비 신분으로 떨어져 형벌을 받다가 1506년 중종반정으로 풀려났다. 76세에 처음 아내를 맞아들여 아들 하나를 얻었다.

■ 유호인^{兪好仁, 1445~94}

조선 초기의 문신이며 문장가였다. 1462년 생원, 1474년 식년 문과에 급제해 봉상시부봉사, 거창현감, 공조좌랑, 검토관,

홍문관교리, 의성현령을 지내고 『동국여지승람』 편찬에 참여했다. 문장에 명성이 있어 성종의 지극한 총애를 받았으며, 사가독서를 했다. 1494년 합천군수 재직 중 병으로 죽었다. 『속동문선』 등에 차시가 전한다.

■ 남효온 南孝溫, 1454~92

경기도 고양 사람으로 호를 추강秋江이라 했다. 약관 나이에 도를 구할 뜻을 두어 책 상자를 짊어지고 김종직을 찾아와 제자가 되었는데, 김굉필, 정여창과 함께 김종직 문인으로서 학문과 의리를 닦았다. 김종직은 그를 존경해 이름을 부르지 않고 "늙은 나는 그대의 선생이 아니고 그대는 바로 늙은 나의 벗이다" 하면서 '우리 추강'이라 했다. 24세인 1478년성종 9년 소릉昭陵을 복원하라는 상소를 올려 미친 사람이라는 소리를 들었다. 소릉은 단종의 생모인 현덕왕후의 능이다. 본래 안산安山에 있었으나 단종이 죽은 뒤 세조의 꿈에 현덕왕후가 나타나 아들 죽인 일을 책망하는 것을 보았다 하여, 그 무덤을 파서 물가로 이장시켜버렸다. 그 후 영남의 유생을 중심으로 세 번이나 소릉을 제자리로 옮겨야 한다는 논의가 일어났다. 첫 번째 논의가 1478년성종 9년 남효온의 상소였고, 두 번째는 연산군 때 김일손이었으며, 세 번째는 1513년중종 8년 소세양의 건의를 채택해 현릉顯陵: 문종의 능으로 이장되었다.

1480년성종 11년 사마시에 입격해 진사가 되었으나 끝내 과거에 응하지 않았다. 그를 아끼는 이들이 과거를 보아 출사할 뜻을 권할 때마다 그는 '소릉이 복위된 뒤에 응시해도 늦지 않을 것'이라며 절의를 밝혔다. 소릉 복위가 끝내 받아들여지지 않자 벼슬을 단념하고 몸소 농사를 지으면서 바른 말과 과격한 의론으로써 당시 사람들이 두려워 회피하는 일들을 꺼리지 않았다. 영욕을 초탈하고 지향이 고상해 세상일에 얽매이지 않아서, 신영희, 홍유손, 주계정, 이심원, 안응세 등과 죽림우사를 맺어 술과 시로 울분을 달래며 살았다. 그가 당대 최고의 금기였던 사육신死六臣에 관한 논의를 들고 나오자 그의 문인들이 장차 큰 재앙이 될까 두려워 만류했으나, '죽는 것이 두려워 충신의 명성을 소멸시킬 수는 없다'며 기어코 『육신전』六臣傳을 펴냈다. 평소 술을 즐겨 어머니의 걱정이 몹시 커지자 그는 「지주부」止酒賦를 짓고 술을 끊기로 맹세했다. 가까운 벗 동봉東峰이 편지로 술 마시기를 권하니 그 편지에 이렇게 답했다.

> 저는 젊어서부터 술을 몹시 좋아해 중년에 비난을 받은 일이 적지 않았지만, 방자하게 술 미치광이가 되어 영원히 버려짐을 분수로 여겼습니다. 그래서 몸은 외물外物에 끌려가고, 마음은 육체에 부려져 정신은 예전보다 절로 줄어들고, 도덕은 처음 마음에서 날로 어긋나게 되었습니다. 뜻하지 않게 점점 부덕한 사람이 되어 집안에서 방자하게 주정을 부리다가 어머니께 수치를 끼쳤습니다. 맹자는 '장기 두고, 바둑 두며, 술 마시기를 좋아해 부모 봉양을 돌아보지 않는 것'을 불효라 했거늘, 하물며 감히 술주정에 이르겠습니까. 술이 깨고서 스스로

생각건대 그 죄가 삼천 가지 중 으뜸에 해당하니, 무슨 마음으로 다시 술잔을 들겠습니까. 이에 천지에 물어보고 마음에 맹세하기를 '지금 이후로는 군부君父의 명령이 아니면 감히 마시지 않겠다'고 했습니다.37

그는 유랑생활 중 1492년에 39세를 일기로 생을 마쳤다. 1498년 무오사화 때 김종직의 문인으로 고담궤설高談詭說로서 시국을 비방했다는 죄를 써 그의 아들을 국문하라는 청이 있었다. 1504년 갑자사화 때는 다시 그를 난신亂臣의 예로 규정해 부관참시했고, 큰 아들 충세도 함께 죽였다. 갑자사화 때 형장의 이슬로 사라지고 구족九族이 몰살당하는 사대부들이 앞뒤로 이어지니, 세상은 모두 두려워해 글 읽는 것을 재앙의 근원으로 여기게 되었다. 또한 글과 함께 재앙의 근원으로 지목된 것이 차로 짐작되는데, 남효온이 남긴 「은당자명」銀鐺煮茗, 즉 '은솥에 차를 달이면서'라는 차시 한 편에 담긴 내용이 자못 불순하고 방자한 사상이라는 혐의를 받기에 충분하기 때문이다.

　일찍이 세상에서 동서남북 내달렸으나
　십 년 찌든 뱃속에선 주린 솔개 우는구나
　아이 불러 차 달일 때는 저문 강도 차갑더니
　메마른 폐부 마음의 불길도 가라앉네
　온갖 생각 가라앉고 마음이 밝아지니
　날마다 안석에 기대 이목을 수렴하네

동화문 밖에선 옳고 그름 다투건만

시끄럽게 떠드는 소리 귀에 들리지 않네

曾向世間馳東西 十年枯服飢鳶啼

呼童煮茗暮江寒 醫我渴肺心火低

百慮漸齊虛室明 日長烏几收視聽

東華門外競是非 啾啾聒耳不聞殹 38

'십년고복'十年枯服은 십 년 찌든 뱃속, '갈폐'渴肺는 메마른 폐부, '심화'心火는 마음의 불길을 뜻한다. 억눌려 살아야 하는 시대와의 불화를 은유적으로 드러낸 지식인의 울분과 꽉 막힌 세상을 향한 절규가 응축되어 있다.

김종직으로 상징되는 영남사림학파 지식인들이 차라는 정신적 의지처를 통해 단종, 세조로 이어진 정치적 혼돈 속에서 도학의 지향점을 추구하며 생애를 던져야 했던 비장감과 단호한 절의가 잘 표출되고 있다. 또한 무오·갑자 두 사화를 거치면서 영남사림학파가 겪은 처참한 희생으로 영남 사람들 사이에 섬찟하게 번져나간 학문의 위험성 그리고 사대부 정신의 상징처럼 전해져온 차 마시는 행위의 불길함은 이후 영남 지방의 금기 중 금기처럼 되어 슬픈 역사를 확인하게 한다.

■ 조위曹偉, 1454~1503

호는 매계梅溪다. 김종직의 처남이며 경북 금릉 출신 문인이다. 1474년 식년문과에 병과로 합격해 예문관검열을 거쳐, 성종

때 부활시킨 사가독서에 첫 번째로 뽑혔을 만큼 문장과 글씨로 높은 평판을 얻었다. 성리학자로서 사림의 추앙을 받아 스승 김종직과 더불어 신진사류의 지도자가 되었다. 홍문관 정자, 사헌부 지평, 홍문관 교리, 사헌부 장령, 도승지를 지냈으며, 고향인 경상도 함양군수를 지내기도 했다. 함양군수 시절에는 군민의 조부祖賦를 균등하게 하기 위해 『함양지도지』咸陽地圖志를 만들었는데, 이는 스승 김종직이 선산부사로 있을 때 『일선지도지』一善地圖志를 만든 것을 참조한 것이었다. 그가 함양군수로 부임한 시기는 김종직이 함양군수로 있을 때 차 공물 폐단을 줄이기 위해 만든 차밭에서 차를 수확하게 된 때였다. 스승이 남겨놓은 도학자의 참모습을 확인하면서 진정한 스승은 살아 있는 동안 모든 언행을 통해 제자에게 교훈을 주며, 죽은 뒤에는 죽음 그 자체가 교훈이 되어야 한다는 것을 새삼 확인했다고 한다. 1495년 연산 1년 대사성으로 지춘추관사知春秋館事가 되어 『성종실록』을 편찬할 때, 사관 김일손이 그들 스승 김종직이 지은 「조의제문」을 사초에 수록해 올리자 원문대로 받아들여 편찬하게 했다. 1498년 성절사로 명나라에 다녀오던 중 무오사화가 일어나, 김종직의 글을 수찬한 책임을 물어 오랫동안 함경도 의주에 유배되었다. 이후 순천으로 옮겨져 유배지에서 죽었는데 그때 나이 향년 49세였다. 평소 차를 즐겨 마신 차인이었으며, 『속동문선』 제5권에 차시, 「가섭암」迦葉庵이 실려 있다.

졸졸 샘물이 바위틈에서 흘러나와

암자 앞에 쏟아지니 시원하고 맑아라

산승이 움켜 마셔 아침 요기하니

맑고 단맛이 강왕곡 샘물보다 낫구나

객이 와 스님 불러 날마다 차를 끓이는데

풍로 타는 불에 설유, 백비탕이 번득이네

누가 이 차 세 사발을 노동에게 부치며

또한 더없이 좋은 차를 육우에게 자랑할꼬

내 평생 먼지 몇 말을 먹었으니

폐는 시들고 입술도 말라 윤기가 없다네

꽃잔에 눈 같은 차 기울이니

오장육부 모두 맑게 새로워지는구나

連筒泉水出崑腹 來瀉庵前寒更淥

山僧掬飲慰朝飢 淸甘遠勝康王谷

客至呼僧烹日注 活火風爐飜雪乳

誰持三椀寄盧仝 更將絶品誇陸羽

平生厭食幾斗塵 肺枯吻渴無由津

花甌快傾如卷雪 頓覺六用俱淸新 39

맑은 샘물이 바위틈에서 흘러나오는 '가섭암'은 충북 음성군 가섭산에 있는 절이다. 1365~76년 사이에 나옹화상이 창건했는데, 이 암자는 감로정^{甘露井}이라는 바위틈에서 솟아나는 샘물로 유명하다. 또한 이 감로정은 국가에 중대한 변고가 있기 전에 물이 마르거나 줄어들어 변고를 예고하는 오랜 전설이 있기

도 하다.⁴⁰

옥천자^{玉川子}로 더 잘 알려지고 중국 당나라 때 차 품평으로 이름을 높여 「다가」^{茶歌}를 쓴 노동^{盧仝}에게 차 세 사발을 보내 맛이 어떠냐고 물어보고 싶다는 구절이나, 차의 경전으로 읽혀온 『다경』의 저자 육우에게 자랑하고 싶을 만큼 맛이 빼어난 차를 이야기하고 있다. 조위의 차 안목은 예사롭지 않다. 더구나 『속동문선』 제3권에 수록된 「부설용왕형공운」^{賦雪用王型公韻}은 그가 중국 차문화사를 얼마나 해박하게 꿰뚫고 있는지를 알게 해준다. 그 외에도 차 생활의 고요함과 심오한 정신세계를 나타내는 물소리와 깨끗한 풍경에 대한 시편들로 미루어보면, 그는 김종직 문인 중에서 남효온, 정희량과 함께 사림차인 계보의 핵심인물이 됨직하다.

■ 허암^{虛庵} 정희량$^{鄭希良, 1469~?}$

『속동문선』 제5권 「허암선생유집」에 그의 차시, 「밤에 앉아 차를 달이며」^{夜座煎茶}가 실려 있다.

밤이 얼마쯤 되었을까, 눈이 오시려는데
푸른 등불 켠 추운 옛 집 잠이 안 오네
상머리에 이끼 돋은 낡은 병을 가져다가
푸른 바다런가 차거운 물을 쏟아 붓고
문무 불길 알맞게 피운다네
벽 위로 달 떠오르고 푸른 연기 피어오르네

솔바람 우수수 빈 골짜기 울리는 듯
폭포수 좍좍 긴 내에서 떨어지는 듯
천둥 번개 한참 우르릉 쾅쾅 하더니
급히 가던 수레 덜커덩 넘어지는 듯
이윽고 구름 걷히고 바람도 자니
물결 일지 않고 잔잔하여 밝아지네
바가지에 쏟아놓으니 눈같이 흰 빛
간담이 휑 뚫려 신선과도 통함직하네
천천히 마시어 혼돈 구멍 뚫어내고
홀로 신마 타고 신선세계 노니네
돌아보니 예전의 마음속 자갈밭이여
요마 속념이 모두 망연해지고
마음의 근원이 활짝 열려서
만물을 초월하여 하늘 밖에 노니는 듯
내 들으니 천상 선인은 깨끗함을 좋아하여
이슬을 마시며 똥오줌도 안 누어
노을 옥을 먹고 장생하며
골수를 씻고 털을 베어 늘 동안이라지
나도 세상에서 이러하거늘
어찌 고목과 오래 살기를 다투리
그대는 안 보았는가, 노동은 배고프면 삼백 조각을 희롱한 것을
도덕경 오천 부질없고 게으른 문자라는 것을
夜如何其天欲雪 淸燈古屋寒無眼

手取床頭苔蘇腹 瀉下碧海冷冷泉

撥開文武火力均 壁月浮動生晴煙

松風颼颼響空谷 飛流激激鳴長川

雷驚電走怒未已 急輪轉越輾轅巔

須臾雲捲風復止 波濤不起淸而連

大瓢一傾泳雪光 肝膽炯徹通神仙

徐徐鑿破渾沌竅 獨馭神馬遊象先

回看向來石礫地 妖魔俗念俱茫然

但覺心源浩自運 揮斥物外逍遙天

吾聞上界眞人好淸淨 噓吸沆瀣糞穢湔

餐霞服可延齡 洗髓伐毛童顔鮮

我自世間有如此 豈與枯槁爭長年

君不見 盧仝飢弄三百片 文字汗漫空五千

정희량은 조선 초기 문신이다. 1492년^{성종 23년} 생원시에 장원으로 합격했으나, 성종이 죽자 태학생^{太學生}, 지방 유생과 더불어 올린 소가 문제가 되어 해주로 유배되기도 했다. 1495년^{연산 1년} 별시문과에 병과로 급제해 승문원 권지부정자에 임용되었으며, 이듬해인 1496년^{연산 2년} 김일손 등과 함께 사가독서될 만큼 문장이 널리 알려졌다. 1497년 예문관 대교, 선무랑, 행예문관 봉교로서 『성종실록』 편찬에 참여했다. 무오사화 때 김종직의 문인으로 탄핵을 받아 장^杖 100대, 유^流 3000리 처벌을 받고 함경도 의주로 유배되었다가 1500년 김해로 옮겨졌다.

앞의 차시는 유배지에서 쓴 것이다. 눈이라도 퍼부을 듯 춥고 긴 겨울밤, 추위에 잠을 뺏긴 함경도 유배지의 서른 살 젊은 선비가 차를 달인다. 차를 마시기 시작하니 천천히 일어나는 감흥과 여운으로 술을 마실 때와는 사뭇 다른 정신세계를 맛보게 된다. 시에 나타난 차에 관한 식견은 예사롭지 않다. 화로에 불 다스리는 법, 탕관에 물을 붓고 불길을 조절해 육우의 『다경』과 당·송 시대 이름난 차인들이 모두 익히고 수련했던 물 끓이는 법, 물이 끓는 과정에 따라 생기는 변화나 소리로 물의 상태를 분별하는 법, 물이 다 끓고 나서 익는 단계를 묘사한 "구름 걷히고 바람도 자니, 파도는 일지 않고 맑고 잔잔하여라"는 곧 해인삼매海印三昧의 경지다. 이 차시는 그다지 길지 않은 정희량의 생애에서 뼈에 사무친 참담과 탄식, 포기와 망각, 눈물과 그리움을 평범치 않은 단어 몇으로 변환시켜 담아내고 있다. 유별난 술 경험, 성리학적 절의節義의 가치 실현을 위해 혼신을 기울여 살아온 삶을 뒤돌아보았을 때 문득 몸서리쳐지는 후회와 부끄러움이 큰 맥을 이루고 있다.

술에 대한 가장 유별난 태도는 '혼돈'渾沌이다. 그는 유배 중에 '혼돈주'라 이름 붙인 술을 직접 빚어 마시면서 모든 것을 잊으려 했다. 누룩으로 담근 술이 익으면 쳇발로 거르거나 짜지도 않고 술독에 담긴 그대로를 마셨다. 그의 말대로 '성인'도 '현인'도 아닌 '막걸리'였다. 선우보鮮于輔가 "술꾼이 청주淸酒를 성인이라 하고, 탁주濁酒를 현인이라 한다"고 했는데, 정희량은 이 구절을 인용해 자신이 빚어 마시는 술은 청주도 탁주도 아닌

'막걸리'라고 불렀다. 그 막걸리가 저 유명한 '혼돈주'였다. 그리하여 그는 노래했다.

> 내 막걸리 내 마시고 내 천성을 내 보전하네
> 내가 스승 삼는 술은 성인도 아니, 현인도 아니
> 我飮我濁 我全我天
> 我酒師酒 非聖非賢

홀로 혼돈주를 흠뻑 마시고 '손으로 혼돈 세상을 어루만지고, 귀로는 혼돈의 바람소리를 들으니, 넓고도 큰 취향^{醉鄕}에 내가 주인'인데, "이 벼슬은 천작^{天爵}이라 인작^{人爵}이 아닐세"라 했다. 술에 취해 불평도 근심도 없는 또 하나의 상상세계에 도달하려 했다. 그것이 참담이고 좌절이며, 슬픔이요 눈물이었다. 그것이 정녕 끝없는 자기학대이고 죽임임을 모를 리 없었으리라. 그러던 중에 그도 차를 달여 마시게 되었다. 남효온처럼 어머니께서 술 마시는 것을 걱정하셨다든지 하는 이유가 있는 것은 아니었다. 다만 몇 년 뒤 그가 유배에서 풀려나던 해에 어머니가 타계하셨고 어머니 산소에서 시묘살이 하던 중에 그가 행방불명된 점으로 미루어보면, 유배지에 홀로 버려진 자식 걱정하시던 어머니의 애절한 마음을 어찌 모를 리 있었겠는가 싶다.

아무튼 혼돈주의 나날에서 벗어나 차를 달여 마시게 되자 그는 많은 변화를 받아들이게 되었다. 혼돈세계와는 달리 맑고 고요해 지나간 시간들은 물론 인간 육신으로는 닿을 길 없는 천상계의 소식까지도 들을 수 있었던 것 같다. 차를 달여 마신 뒤에 나타난 가장 큰 변화는 "간담이 횅 뚫려 신선과도 통하고, 천천히 마셔 혼돈 구멍을 깨뜨려 뚫어버리고, 홀로 신마 타고 신선세계에 노닌다"는 표현이다. 이는 곧 차의 약리효과임을 먼저 지적할 수 있겠고, 차 마시는 시간이 길어지면서 명상으로 이어지면 반드시 맛보게 되는 지극히 고요하고 맑은 정신작용이기도 하다. 매우 적극적으로 자기를 응시하면서 만나는 의심과, 낯익고 비속한 자기 모습들을 보면서 일어나고 소멸하는 온갖 감정들, 그에 대한 자신의 반응까지 드러내 보였다. 바로 이것이 술과 차의 근본적인 차이점이라 할 수 있겠다. 술이 감정의 약이라면 차는 감성의 약이라 할 수 있다. 또 하나는 유배지에 오기까지 30년 남짓한 생애 동안 지향해온 삶의 목표와 거기에 도달하기 위해 진력해온 태도에 대해 당시 정치권력과 세상이 보인 평가를 냉정하게 바라보고 정돈할 필요성을 느꼈다는 점이다.

걸어온 길을 돌아보니 한마디로 '자갈밭'이라 생각했다. 자갈이란, 자질구레하게 생긴 돌멩이 또는 강이나 바다의 바닥에서 오래 갈리고 갈려 반들반들하게 된 잔돌이다. 본디는 큰 산의 큰 바위였으나 오랜 풍화작용으로 바위가 깎이거나 지각변동으로 깨지고 부서져 빗물과 강물에 떠밀려 흐르면서 더 잘게 깨지고 부서진다. 그러고도 물에 씻기고 닳아 강바닥에 가라앉은 잔돌이다. 그렇게 세월이 흐르면 언젠가는 더 작고 부드러운 모래알이 되고 말 것이다. 정희량은 살아온 나날이 자갈 한 알의 내력과 무척 닮았다는 것을 깨달았다. 한 번도 바라보지 못했던 내면의 모습이었다. 술로서는 불가능한 깨달음이었다. 정희량의 다른 차시 한 편은 『허암선생유집』에 실려 있는데, 「홀로 앉아 차를 달이며 매계 조위에게 받들어올림」獨坐煎茶奉呈梅溪이라는 시다. 매계는 정희량보다 열다섯 살이나 연상이었으나 두 사람은 김종직의 문인이었고 서로를 존경한 선비들이었다. 정희량은 1501년 김해 유배지에서 풀려나 고향에 돌아왔지만 이내 어머니의 죽음을 맞았다. 불효가 뼈에 사무친 그는 어머니 산소 곁에서 시묘살이를 시작했다. 그러던 어느 날 산책길에 나섰던 정희량은 영영 돌아오지 않았다. 행방을 감춘 것인지, 아니면 정치적 희생이었는지는 알 길이 없다. 총명박학하고 문예에 조예가 깊으며 음양학에도 밝았던지라, 그의 죽음은 또 다른 상상을 하게도 한다.

■ 이목 李穆, 1471~98

지금의 경기도 김포 하성면 사람이다. 1484년 14세 때 김종직의 문하에 들어가 배웠다. 호를 한재 寒齋라 했다. 1488년 19세 때 생원 진사가 되어 반궁泮宮, 즉 문묘文廟가 있는 성균관에 들어가서 공부하게 되었다. 1490년 성종 21년, 그의 나이 20세 때 성종은 등창으로 오래 고생하고 있었는데, 대비가 임금의 병을 걱정하던 나머지 무당을 몰래 불러 굿당을 차리고 굿을 하게 했다. 벽송정에 굿당을 차리고 무녀들이 굿을 한다는 것을 알게 된 이목은 성균관 유생들을 이끌고 가 굿당을 부수고 무녀들을 매질해 쫓아버렸다. 대비가 크게 노해 임금께 알렸고, 임금은 사태가 만만치 않음을 알았으나 성종 자신이 김종직을 비롯한 젊은 사림파 유생들을 적극 등용해 훈구파 대신들의 오랜 폐해를 바로잡던 중이어서 이목과 젊은 성균관 유생들의 집단행동을 엄하게 꾸짖을 생각이 없었다. 그러나 대비의 자식 걱정하는 마음을 탓해서도 불효가 되고, 대비의 명을 따른 무녀들을 매질한 젊은 유생들의 기개를 꺾어서도 안 되는 상황이었다. 성종은 짐짓 노한 척하면서 대비의 명을 받던 무녀들에게 매질할 때 함께 간 유생 명단을 올리라고 호령했다. 성균관에는 한바탕 소란이 일었다. 그러자 이목은 스스로 임금 앞으로 나아가 생각을 말했다. 성리학을 국가의 이념으로 하는 나라에서 귀신 섬기는 일을 어찌 유생이 외면하게 할 것이며, 하물며 임금의 왕도가 도학정치를 부정해 삿되게 행해질 위험을 보고도 어찌 성균관 유생이 입을 닫고 있겠는지 오히려 성종을 꾸짖었다. 성종은 속으로 몹시 기꺼웠지만 대비의 심정을 헤아려 성균관 대사성을 불러 이목과 동료들의 기개를 칭찬하고 술과 호초胡椒를 상으로 내리며 사태를 마무리 지었다.

그 해 5월, 봄 가뭄이 극심했다. 임금은 봄 내내 비 한 방울 내리지 않아 봄갈이며 농사가 피해를 입고 있어, 비를 내리게 할 묘책을 널리 구하고 있었다. 그러자 이목이 임금께 상소했다. '영의정 윤필상尹弼商이 간악해 하늘이 벌주는 것이므로 그를 팽살烹殺해야 비가 내릴 것'이라는 내용이었다. 그때 윤필상은 훈구파의 우두머리로서 조정의 모든 정사를 쥐락펴락했고, 크고 작은 벼슬자리를 가리지 않고 돈과 뇌물로 팔았으며, 세금과 부역에도 영향력이 미치지 않는 데가 없어 많은 백성들로부터 원성을 사고 있었다. 그런데도 윤필상의 잘못된 생각과 행동을 문제 삼는 이가 없었다. 보복이 두려워서였다. 이런 윤필상을 죽여야 비가 올 것이란 상소를 읽은 성종이 오히려 이목을 먼저 걱정했다. 그러나 끝내 윤필상도 이 사실을 알게 되었고, 마침내 이목은 공주로 유배되고 말았다. 이듬해인 1491년성종 22년 이목은 유배에서 풀려났다.

성종은 김종직의 문하에서 수학한 젊고 유능하며 정의로운 인재들을 적극적으로 껴안아 지켜주면서 도학정치 이념을 실현하도록 도왔다. 1492년에 김종직이 62세로 타계했지만 김굉필, 정여창, 김일손을 비롯한 그의 문인들이 주로 삼사에서 국정을 펼치고 있었다. 1494년 성종은 이목에게 중국 유학의 길을 열어주었다. 많이 보고, 듣고, 배워서 돌아오라는 지극한 배려였다. 1495년, 성종을 이은 연산 원년에 이목은 25세로 별시 문과에 급제해 성균관 전적을 제수 받고, 연산 2년 영안남도 병마평사가 되고, 연산 3년 27세에 사가독서를 했다. 1498년 무오사화 때 김일손이 스승 김종직이 지은 조의제문을 사초에 올린 것을 계기로 김종직 문인 대부분이 죄인으로 몰렸고, 이목도 참형되었다. 향년 28세였다. 1504년 갑자사화 때는 다시 부관참시되었다. 1506년에야 비로소 반대파의 정치 보복이 잘못되었음을 인정해 명예가 회복되었다.

이목은 김종직 문인 중에서 도학이념에 매우 강한 신념을 지닌 강골 선비였다. 그는 스승의 출중한 문인 가운데 나이가 가장 어린 편이었지만, 왕성한 도학정신과 절의를 실천하는 데 있어서는 문중의 으뜸이었다. 이목이 지은 『다부』茶賦는 차성, 즉 차의 성품에 도학이념과 절의정신을 비유한 문장이다. 우리나라 차문화사의 자긍이자 정체성의 원류가 되는 사대부 차문화론의 핵심이다. 이목의 『다부』가 태어난 배경에는 도학정신에 바탕을 둔 철저한 성리학적 사고가 깔려 있다. 도학정신은 훈구파 척신들의 부정과 비행을 척결하기 위해 성종의 지지하에 젊고 유능한 지방 인재들이 중앙 진출을 시도하고, 이에 정당성을 획득하기 위해 대두된 것이었다. 사림파 젊은 유학자들의 관계 진출이 두드러지자 기존 훈구파 척신들의 견제는 점점 완강해졌다. 두 세력의 긴장과 대립은 곧 어느 한 쪽의 약화와 괴멸을 불러올 것인가, 아니면 공존을 위한 화해로 진행할 것인가로 판가름 날 터였다.

공존은 불가능해졌다. 사림파 유학자들의 비판은 가열돼갔다. 훈구파의 저항이 드세질수록 뜻을 굽히지 않고 관리 임용은 철저하게 인재 중심으로 해야 하며, 유교 윤리의 엄격한 척도를 강조하는 도학정신은 사림파의 물러설 수 없는 보루였다. 김종직의 문인들은 '인성은 원래 선하지만 사람이 타고난 기의 작용으로 청명하거나 혼탁해질 수 있다. 기로 인해 그 선악과 청탁이 결정되므로, 형이하학적인 것을 다스리는 데는 엄격한 도덕적 기준을 적용해야 한다'는 맹자의 설을 따랐다. 형이하학적인 행동, 습관을 다스리기 위해서는 예와 법을 강조해야 하고,

그 논리적 근원은 도학정신이었다. 이목의 『다부』는 도학정신이 실현되는 구체적 과정, 즉 예와 법을 올바르게 펼쳐가는 데 필요한 양생養生과 지혜를 말한 것이다. 이목은 자신의 차 마시는 법과 핵심 사상을 확신에 찬 어조로 『다부』 끝자락에 밝혀놓았다.

> 세상에 태어나 모진 세파 겪으면서
> 바른 삶과 높은 뜻을 지니게 된 것은 차가 있었기 때문이네
> 나는 차의 본성을 좋아하여 잠시도 잊거나 멀리하지 않았네
> 차를 마시며 늘 마음 가다듬고 나를 엄히 다스려
> 옳은 일에는 죽고 사는 것에 꺼둘리지 않았네
> 안과 밖을 모두 돌보며 아무리 바른 삶에 힘쓴다 해도
> 차를 마셔 지혜를 얻고 이웃에 어진 덕 베풀어
> 함께 사는 것만 하겠는가
> 정신과 기운 어우러져 묘용의 이치 깨닫는다면
> 모든 것이 절로 즐거우리
> 이 모든 것 다 내 마음이 짓고 허무는 것이거늘
> 어찌 마음 밖에서 찾으려 하겠는가
> 喜而歌曰 我生世兮 風波惡 如志乎養生 捨汝而何求
> 我携爾飮 爾從我遊 花朝月暮 樂且無斁
> 傍有天君 懼然戒曰 生者死之本 死者生之根
> 單治內而外凋 嵇著論而蹈艱
> 曷若泛虛舟於知水 樹嘉穀於仁山

神動氣而入妙 樂不圖而自至 是亦吾心之茶 又何必求乎彼也 [41]

이목이 차와 도학정신이 공존할 수 있는 공감대라고 생각한 것은 바로 차성, 즉 차의 성질이었다. 이는 차의 식물학적 성질과 차의 약리성이 결합되어 나타난 것이다.

■ 이원李黿, ?~1504

익재 이제현의 7세손이자 박팽년의 외손이다. 1489년 식년문과에 병과로 급제해 검열이 되고 1495년연산 1년 사가독서했다. 호조좌랑을 거쳐 봉상시에 재직하면서 스승 김종직에게 문충文忠의 시호를 줄 것을 제안했다. 1498년 무오사화 때 이것이 빌미가 되어 평안도 곽산에 유배되었다가 4년 만에 다시 전라도 나주로 옮겨졌고 갑자사화 때 참형당했다. 문장에 능하고 특히 행의行義로 추앙받았다.

■ 이주李胄, ?~1504

김종직의 문인이며, 1488년성종 19년 별시에 을과로 급제해 검열을 거쳐 정언을 지냈다. 정언으로 있을 때는 직언으로 유명했다. 성품이 어질고 글을 잘해, 시에는 성당盛唐의 품격이 있다는 평을 들었다. 무오사화 때는 김종직 문인으로 몰려 진도로 귀양 갔다가, 1504년 갑자사화 때는 지난날 정언으로 있을 때 궐내에 대간청 설치를 청했다는 이유로 김굉필과 함께 참형당했다.『속동문선』에 차 이야기가 수록되어 전한다.

■ 이종준李宗準, ?~1499

안동 사람으로, 1485년성종 16년 별시문과에 1등 3인으로 급제했다. 의성현령 때 『경상도지도』를 만들기도 했다. 1493년 사헌부지평, 서장관으로 명나라에 다녀왔다. 풍류로 명성이 있어 일본 호송관, 북평사에 임명되고 의정부사인에 이르렀다. 무오사화 때 김종직 문인으로 몰려 함경도 부령으로 귀양 가는 도중, 단천군 마곡역을 지나다가 송나라 이사중李師中이 바른말 하다 귀양 가는 당개唐介를 송별하며 지은 시 한 수를 써놓고 갔다. 함경도 관찰사 이승건이 이것은 나라를 비방하고 왕을 기롱한 것이라고 조정에 고했고, 이에 연산군이 이종준이 왕을 원망하는 뜻을 가졌다며 서울로 압송해 국문하던 도중 죽었다.

사림파 차의 계보와 차성茶性

조선시대 초기, 단종1452~55, 세조1455~68, 예종1468~69, 성종1469~94, 연산군1494~1506에 이르는 약 54년 동안에는 차문화의 역사가 끊어지지 않았다. 이 시기의 차문화는 고려 말기로 거슬러 올라가, 익재 이제현의 사대부문학과 그 학통으로 이어진 우리나라 유일의 차보茶譜라 불러야 할 귀한 역사의 태동기였다.

익재에서 점필재까지는 우연한 일이겠으나 출신지가 모두 경상도였는데, 점필재에서 시작된 사림파 문인들은 조선 전역에서 김종직 문인으로 들어온 터였기 때문에 영남사림 차보라고는 말하기 어렵다. 아무튼 익재로부터 김종직의 문인들이 무오·갑자사화를 통해 대부분 참형됨으로써 200년 넘게 차 향기로 내림한 차인의 역사는 사실상 단절되었다. 실제로 중종 연간부터 임진왜란, 정묘·병자호란을 거친 17세기는 물론이고, 1700년대 중반까지 200여 년 사이에 쓰인 차시나 차 관련 문헌이 매우 귀한 것으로 보아 이렇다 할 차문화는 없었던 것으로 보인다.

아무튼 사림학파 차인들이 무슨 이유로 그토록 차생활을 통해 문학정신을 품고 키웠는지는 아직 이렇다 할 연구 성과가 없는 만큼 단정 짓기 어렵다. 그러나 이목의 『다부』에 '樂之終身而無厭者其性矣'라는 구절에 있는데 '其性矣'란 곧 '차성'을 말함이니, 차의 성질이 지닌 탁월한 기질 때문에 '평생토록 좋아하며 싫어하지 않았음'을 말하고 있다. 따라서 차성이란 무엇을 말하는지 확인해볼 필요가 있겠다. 앞에서도 살펴본 대로 차성은 차의 식물학적 성질과 차나무 잎에 들어 있는 약리성이 결합돼 나타나는 것으로서, 상징과 은유 또는 비유를 통해 안정과 강화를 성취하는 것이었다.

■ 차나무 뿌리의 직근성 直根性

차나무는 옆으로 뻗어나는 잔뿌리가 적고 땅속 깊이 파고드는 굵은 뿌리 하나로 살아가는 나무여서 옮겨심으면 제대로 자라기 쉽지 않다. 땅 위로 드러난 차나무 키와 가지는 땅속에 숨겨진 뿌리와 거의 균형을 이루며 자란다. 또한 상록수여서 겨울철 추위나 눈보라 속에서도 푸른빛을 잃지 않으며, 폭풍우에도 기울거나 뿌리 뽑히는 일이 거의 없다. 차나무를 두고 선비들은

'일이관지'一以貫之, '관동청탁상추영'貫冬靑濯霜秋榮, '치청도화'致淸導和 등의 말로 칭송하고 기렸다. 하나로써 모든 것을 꿰뚫는다, 가을 서리로 푸른빛을 씻어 겨울을 난다는 수식어도 좋지만, 한번 마음 주면 죽는 날까지 변하지 않는 것, 옳다고 판단한 의로움을 따라 행동하며 굽히지 않는 윤리적·도덕적 실천의 근원으로 여겼다. 그리고 이를 지절志節이라 했다. 정몽주 등은 '불사이군'不事二君의 의지처로도 삼았다.

> 사람의 삶은 원래 정직한 것이다.
> 곧지 않아도 살아 있음은 요행으로 면하는 것이다.
> 子曰 人之生也直 岡之生也幸而免
> -『논어』「옹야」雍也

> 군자는 두루 해 한쪽으로 치우치지 않는다.
> 소인은 한쪽으로 치우쳐 두루 하지 못한다.
> 君子 周而不比 小人比而不周
> -『논어』「위정」爲政

남의 눈이 미치지 않는 곳에서도 한결같아야 한다. 무엇보다 자신에게 부끄럽지 않아야 선비라는 신념을 키우고 다져가는 데 큰 의지처가 되었다.

▪ 차꽃의 정직성

차나무 꽃은 늦은 가을철에 피기 때문에 열매는 꽃이 진 자리에 맺혀 긴 겨울을 나며, 겨울철이어서 자라지 못한다. 아주 작게 매달리기 때문에 좀체 모습이 드러나지 않고, 푸른 찻잎 속에 숨겨져 있어 더욱 보기 어렵다. 겨울을 나야 하는 운명인 것이다.

차꽃이 핀 자리에는 반드시 열매가 맺는다. 열매는 겨울을 지나고 봄이 와도 눈에 띄게 자라지 않는데, 새잎이 자라는 데 필요한 영양분을 양보하기 때문이다. 열매는 굻어서 떨어지지 않을 만큼만 영양분을 흡수하며 여름까지 기다린다. 새순이 한껏 자라난 여름이 되면 그제야 차열매가 서둘러 커진다. 여름 장마철을 거치면서 흡족한 영양분을 얻기 때문이다. 여름 끝자락엔 튼실한 열매들이 주렁주렁 매달린다. 다시 가을이 되고 새로운 차꽃이 피기 시작하면 비로소 익은 열매들이 떨어진다.

너는 군자의 선비가 되고, 소인의 선비는 되지 말아라.
子謂子夏曰 汝爲君子儒 無爲小人儒
 -『논어』「옹야」42

옛사람은 말을 앞세우지 않았다. 몸이 말에 따르지 못함을 부끄럽게 여겼기 때문이다.
子曰 古者言之不出 恥躬之不逮也
군자는 말이 행동보다 앞서는 것을 부끄러워해야 한다.

차꽃과 차열매. 일반적으로 수령이 오래되고 좋은 환경에서 비료 없이 자란 차나무가 좋은 차를 낸다.

말할 바를 먼저 실천한 뒤에 그 다음 일을 해야 한다.

君子 恥其言以過其行 先行其言而後從之

-『논어』「이인」里仁

■ 차열매의 의리

차열매는 열린 지 1년 만에 익어 스스로 떨어진다. 어떤 일이 있어도 미리 익는 법은 없다. 때가 되기를 기다린다. 1년을 기다려 익는다 해도 모두 온전한 열매가 되지는 않는다. 생김새도 각각 다르다.

군자는 의리를 소중하게 여기고,
소인은 이익을 소중하게 여긴다.

君子喩於義 小人喩於利

군자는 덕을 생각하지만 소인은 토지를 생각하며,
군자는 법 지킬 것을 생각하지만
소인은 법을 피해 도움 받을 것을 생각한다.

君子懷德 小人懷土 君子懷刑 小人懷惠

-『논어』「이인」

■ 차성에서 터득해낸 차의 정신

차나무가 자라는 곳은 농사짓기에 적합하지 않은 험준한 산비탈이나 계곡이 많다. 바위틈이나 가파른 비탈에서 자란 것일

수록 차의 맛, 향기, 색깔이나 약효는 더욱 빼어나다. 나쁜 토질에서도 좋은 품성을 지니게 된 차를 마시면서 선비들의 깨달음이 깊고도 커진다. 모진 고난 속에서 생긴 결과를 자기만의 이익으로 삼지 않고 다른 것들의 이익으로 기꺼이 내놓는 차의 생태는 성리학 최고 이상인 인(仁)의 실체를 닮았다고 여겼다. 살기 위해 인을 해치지 않으며 죽음으로써 인을 이룬다는 공자의 철학과, 살고 싶은 욕망과 의리를 지키고 싶은 욕망을 함께 이룰 수 없을 때는 살기를 버리고 의리를 택한다고 했던 맹자의 철학도 차의 성품에서 확인한 것 같다.

> 어질지 않은 자는 곤궁한 곳에 오래 처해 있지 못하고
> 즐거운 곳에 길게 처해 있지 못한다.
> 어진 사람은 인을 편안히 여기고
> 지혜 있는 사람은 인을 이롭게 여긴다.
> 子曰 不仁者不可以久處約不可以長處樂 仁者安仁知者利仁
> -『논어』「이인」

어질지 못한 사람은 사사로운 욕심이 많아서 빈천하고 곤궁한 경우를 잘 참아내지 못하고, 또한 마음이 편해서 생기는 즐거움도 오래 지니지 못한다. 허영, 사치, 교만은 어질지 못한 마음에서 생긴다. 따라서 어질지 못한 사람은 헛된 욕망에 지배되기 때문에 해서는 안 될 일까지 저지르게 된다. 헛된 욕망은 항상 불만과 괴로움으로 끝난다. 이런 이치를 깨달은 자가 어진자

다. 그러므로 인을 편안히 여기고, 인이야말로 이익 중의 이익이 된다는 것을 아는 것이 인자仁者이자 지자知者라 했다.

차성에서 터득해낸 차의 정신은 사림학파 선비 차인들의 고결한 생활철학이었다. 굳이 차를 손수 달이고 자주 마셔야만 터득하는 것은 아니었다. 물론 전혀 마시지 않거나 차를 모르고서야 차성을 알기는 어렵겠지만, 반드시 자주 마셔야만 되는 조건은 아니었던 것 같다. 따라서 김종직 문인들의 경우 차와 차성은 차나무 잎을 반드시 불과 물을 이용해 끓이거나 달여 마셔본 산물인 것은 아니었다. 차성이 도학정신을 강화시키고 신념을 키워주며, 행동에 일관성을 유지케 해주는 형이상학적 힘이라고 여긴 것으로 보인다. 차를 마시면서 사유하고, 논리를 전개시키며, 행동을 조절할 경우에는 차가 지닌 여러 약리 효과의 도움도 받은 것이 분명하다.

이렇듯 영남학파 또는 영남사림학파, 혹은 사대부문학 계통의 차인들이 역사에 남긴 특성은, 도교철학과 관련해 체계화된 중국 차문화의 차법이나 중국 당, 송, 명의 차문화를 모태로 한 신라, 고려의 차법과는 많은 차이가 있었다. 그 차이란 선비들의 최고 이념인 도학정치의 실현으로 이상세계를 현실에서 만들어내는 것이었고, 그 과정에서 차를 의리와 신념을 강화·지속시켜주는 역사적 기운으로 본 것이다. 이러한 차의 정신은 무오·갑자사화의 정치 보복이 가져온 무차별적인 살상과 김종직 문인들의 뿌리까지 말살시키려는 잔혹한 폭력으로 소멸되었다. 그 후 1800년까지 약 300여 년 동안 조선 사회에서 제대로 된 차문화는 사실상 자취를 감추었다.

16·17·18세기 조선의 차문화

조선시대는 유교를 숭상하고 불교를 배척하는 정책이 국가의 이념이었다. 고려 말엽 성리학이 전해져 공자와 맹자의 유학을 배우면서 사대부 사이에 비로소 『주자가례』朱子家禮를 준칙으로 의례를 따르기 시작했지만, 천 년 넘게 민간신앙으로 내려온 불교의 습속은 사라지지 않았다. 사대부 집안에서도 불교적 민간 습속과 유교적 습속은 어느 하나로 통일되지 못한 채 상당한 혼란이 계속되었다.

조선시대로 들어와서부터 향반鄕班이 주축이 되어 관혼상제冠婚喪祭를 두루 『주자가례』에 따르기 시작하면서 유교는 차츰 토대가 굳건해졌다. 특히 임진·정유 전쟁이 있고 병자·정묘호란까지 휩쓸고 지나자 조선은 간신히 나라의 허울만 갖췄을 뿐 실상은 헐벗고 굶주리는 백성, 질서와 예절이 소멸된 사회, 개인의 이해와 영달에만 이용되는 학문, 부패와 변절에 휘둘리는 상황으로 변해갔다.

그토록 혼란한 시대였으나 퇴계退溪와 율곡栗谷을 주축으로 예론이 다시 일어나고, 조선의 실상에 맞추고 인륜의 도리를 살리기 위한 예론 논의가 끊이지 않았다. 신의경申義慶이 『주자가례』에서 가장 중요하게 여긴 '상례'와 '제례'를 벼리로 삼아 새롭게 간추려 엮은 『상례비요』喪禮備要가 통용되었으나, 이 역시 우리 현실에 맞지 않아 김장생金長生이 바로잡아 부연했다. 그러나 이를 두고 논쟁이 그치질 않았고 노·소론 분열의 빌미가 되기도 했다. 마침내 예론은 신임사화辛壬士禍, 1721~22의 참화까지 겪게 됐다. 누구든 예론을 입에 올리지 않아야 무사하게 죽을 수 있다는 기이한 시대가 된 것도 이 때문이다.

이재의『사례편람』四禮便覽은 이같이 기형적인 시대를 바로잡아 세상사를 예절에 의지하면 평온해진다는 오랜 진리를 일깨워준 고마운 저술이었다.『사례편람』은 관혼상제를 나누어 필요한 단계와 절차 등을 정리한 것인데, 그동안 줄곧 쟁점이 되던 것을 나름대로 잘 파악해 기록했다. 즉 주자의『주자가례』를 주축으로 삼되, 조선의 실정과 맞지 않아 제대로 실행되지 못하면서도 중국에서 인정해온 것이기 때문에 함부로 없앨 수 없다고 고집해온 부분들을 비교적 잘 정리했다.

예론 중에서도 '제례'에서는 '차'를 사용할 것인가, 제외할 것인가를 두고서 논쟁이 많았다.『주자가례』에는 제사 때 반드시 차를 제수로 올리도록 하고 있다. 제관 중 남자는 술을 올리고 여자는 차를 올리는데, 조상의 제사에 자손이 참여하는 것은 마땅한 일이지만 여자를 참석시키는 문제를 두고 조선의 유생들은 부정적인 견해를 보였다. 결국 조상 제사에 여자는 제관으로 참석할 수 없다는 것을 제례 원칙 중 하나로 정했다. 따라서 여자가 준비하고 담당하는 차에 관한 일들 또한 제례 조항에서 배제되었다. 이러한 변화는 임진왜란 이전부터 있어왔다. 17세기 조선의 깊은 혼돈 속에서 제사 자체의 존립조차 쉽지 않은 상황이었고, 하물며 차에 관한 일들이 시대의 어려움을 더한다는 이유로 완전히 사라지게 되었다.

사대부들의 제사에서 차가 사라졌다는 것은 그들의 일상생활에서도 차가 제자리를 갖지 못했음을 증언한다. 실제로 16~18세기 동안에 만들어진 것으로 보이는 찻그릇이 거의 남아 있지 않다는 점이 그때의 실상을 말해준다. 당시 사회의 인식과 습속을 잘 반영한 것이 『사례편람』「제례」편 '사당'^{祠堂}에 정리되어 있다.

> 살피건대 차는 중국에서 쓰는 것이고 우리나라 풍속에는 쓰지 않기 때문에, 차를 준비한다거나 차를 끓인다는 등의 글은 모두 삭제했다.
> 按 茶是中國所用而 國俗不用故 設茶點茶等文一拜剛去

원래 『가례』의 「제례」편 '사당'에는 '설다'^{設茶}, '점다'^{點茶}가 있었으나 이를 아예 삭제했다는 것이다. 결국 이 시대에는 차문화라 부를 만한 것이 없었다고 하겠다.

1 존 K. 페어뱅크 외, 김한규 외 옮김, 『동양문화사』, 을유문화사, 2009.
2 같은 책.
3 강석화, 「정약용의 지방체제 개혁안 연구」, 국사초총 제134집, 222~223쪽. 홍준현; 「다산의 지방행정체제 개편론에 대한연구」, 2005, 6쪽.
4 張建立, 「東アジアの茶道と茶の湯」, "Commonality and Regionality in the Cultural Heritage of East Asia", International Symposium Barnard College, Columbia University NY: NY 9~10 May 2009, pp.8~9; http://ijs.cass.cn/japanese/uploadfile/2010/0119/20100119052512763.pdf.
5 李敦柱, 『漢文學總論』, 박영사, 1970.
6 「규탁」(揆度, 제78편)·「경중」(輕重, 제80편), 『管子』23.
7 김필수 외 옮김, 『管子』, 소나무, 2011, 925쪽.
8 존 K. 페어뱅크 외, 앞의 책, 376~377/378쪽.
9 송복, 『위대한 만남: 서애 류성룡』, 지식마당, 2007, 68쪽.
10 유성룡, 이재호 옮김, 『징비록』, 역사의아침, 2007, 143쪽.
11 존 K. 페어뱅크 외, 앞의 책, 382쪽.
12 이지관, 「신라편」 『역대고승비문』, 가산문고, 1994, 136쪽.
13 앞의 책, 147쪽.
14 정동주, 『다관에 담긴 한중일 차문화사』, 한길사, 2008, 216~224쪽.
15 송재소 외, 『한국의 차 문화 천년』 2, 돌베개, 2009, 32~45쪽.
16 조광, 「번암 채제공의 서학관 연구」 『사총』 제17권, 역사학연구회, 1973, 309~331쪽.
17 같은 글.
18 같은 글.
19 『한국민족문화대백과사전』 19, 한국정신문화연구원, 1992, 842쪽.
20 이규경, 「도다변증설」; 송재소 외, 『한국 차문화 천년』 2, 돌베개, 2009, 206쪽.
21 梵海覺岸, 金侖世 옮김, 『東師列傳』, 광제원, 1991, 248쪽.
22 송재소 외, 앞의 책, 63쪽.
23 같은 책, 51~55쪽.
24 정약용, 이익성 외 옮김, 『경세유표』, 한길사, 2008, 215쪽.
25 이만열, 『韓國近代歷史學의 理解: 民族主義史學과 植民主義史學』, 문학과지성사, 1983, 14쪽.

26 강효호,「개화사상의 형성과 그 성격」,『한국사』16.
27 「광승품」,『대품반야경』5.
28 「大正新脩大藏經」25,『대지도론』46, 407쪽 주19.
29 「大正新脩大藏經」9,『화엄경입법계품사십이자관문』, 708쪽 주28.
30 『대일경』6.
31 『대일경소』19.
32 임형택,『李朝名賢集』2, 성균관대출판부, 1986, 3~5쪽.
33 같은 책.
34 같은 책.
35 「문인록 첨부」,『국역 점필재집』3, 민족문화추진회, 1977, 321~336쪽.
36 김종직 지음, 임정기 옮김,『국역 점필재집』1, 민족문화추진회, 1996, 323~324쪽.
37 남효온, 박대현 옮김,『국역 추강집』2, 민족문화추진회, 2007, 273~280쪽.
38 같은 책,『국역 추강집』1, 민족문화추진회, 2007, 187쪽.
39 서거정 외 엮음,『국역 속동문선』3, 솔, 1998, 395쪽.
40 권상로,『한국사찰전서』, 동국대출판부, 1979.
41 이목,「한재집」(寒齋集).
42 쉼 없이 수양하면서 지(智)와 행(行)이 일치하는 사람이 군자고, 이익과 명예를 앞세우는 것은 소인이라는 뜻이다.

4 차살림

- 살림의 본질
- 한국의 살림 정신
- 살림의 내력
- 차살림
- 차살림의 갈래

살림의 본질

'살림'이란 말은 생명과 그 개념에 관한 한국인의 생각을 가장 잘 담아낸 것이라 하겠다. 생명이란 '살아 있는 존재를 특징짓는 내용, 즉 살아 있음의 성격을 추상해낸 개념'이며, 생명 개념이란 '개별 생명체들을 하나하나 접하는 가운데 이들이 지닌 공통점을 추상해 얻은 것'이다.[1]

'살림'은 일상생활이며, 생활은 '태양-지구계의 항속적인 자유에너지 원천'을 토대로 형성된 수많은 존재와 함께 살아가는 것이다. 따라서 사람은 혼자서는 아무것도 될 수 없고 할 수도 없는, 다른 수많은 존재에게 의존하면서 동시에 다른 것의 의존 상대가 되어 살아간다. 사람의 생활은 '나' 아닌 다른 존재들의 도움이 있어야만 가능한 것이어서 '나'와 다른 존재들은 서로에게 도움이 되는 보補 기능을 지닌다. 이를 가리켜 '보생명'Co-life이라 부르기도 한다. '나'의 보생명에는 '너'가 포함되고, '너'의 보생명에는 '나'가 포함된다고 보는 것이다.[2] 이처럼 사람의 생활에 본질적으로 생명을 지닌 다른 존재들의 도움과 상호의존이 필요하다는 생각은 한국인의 오랜 역사 속에서 줄곧 이어져 내려왔다. 이같이 생명에 관한 한국인의 오랜 생각을 크게 뒤흔들어 변질시킨 것은 근대화 시기에 본격적으로 유입된 서구사상이었다. 즉 '지금까지 개체생명 중심적인 관점에서는 개체생명 그 자체가 생명으로서의 의의를 지니는 최종적인 존재자이므로 개체생명의 생존에 절대적인 가치를 부여해왔고, 따라서 이러한 생존을 지켜나가려는 개체생명 단위의 투쟁을 생존의 본원적 양상으로 파악해왔다. 그러므로 생물계의 생존 활동이란 바로 생존 경쟁이며 약육강식이란 이해에 집착하게 되었다'3는 삼엄한 지적을 받게 된 것이다. '개체생명 중심적인 관점'은 산업사회와 도시문명이 발전하면서 꽤 오랜 시간에 걸쳐 서구인들의 생활에 매우 강렬하게 작용했다. 특히 종교와 정치 분야에서 민주주의 이론을 발전시키고 인간의 존엄과 가치를 구현해가는 과정을 통해, 그리고 산업화를 획기적으로 완성시킨 분업화와 대량생산, 기계와 기술 문명의 성장 과정을 거치며 개인주의와 이기주의가 미덕으로 여겨진 것이 사실이다.

부의 축적과 활발한 물질문명의 성장 속에서 이기주의와 개인주의라는 두 얼굴의 괴물이 극단적으로 팽창하고 유행하게 한 철학적 원천도 '개체생명 중심적인 관점'이었다. 그리하여 인류라는 종은 주변 생명 조직의 상황에는 무관심한 채 마치 암세포처럼 자신의 성장만 추구하는 존재로 변질되어온 것이다. 다른 생물종과의 공존을 외면한 인류만의 발전은 결국 모든 생물종의 파멸을 초래하는 잔혹한 질병과도 같다는 것이다. 실제로 지금 지구는 인간중심주의로 위기에 처했다. 지구 온난화, 기상 이변, 오존층 파괴, 열대림 파괴, 생물종 다양성 파괴, 사막화, 수질 오염, 대기 오염, 토양 오염, 에너지 고갈, 식량 위기, 빈부격차 극대화, 폐기물 처리 문제, 핵 문제 등이 인류 생존을 위협하고 있다. 그리고 전 지구, 전 인류의 위기를 극복하기 위해 제기된 새로운 철학이 '온생명'global life4이라는 말로 우리 앞에 놓였다.

'온생명'은 '지구상에 나타난 전체 생명 현상을 하나하나 개별적 생명체로 구분하지 않고 그 자체를 전일적 생명으로 인정한다'고 했다. 따라서 '그 내포뿐 아니라 외연에서도 기존의 생명 개념과 상당한 차이를 가질 수 있고' 그렇기 때문에 '온생명은 실로 엄청난 질서의 구현체'가 될 수 있을 것5으로 본다. 그리고 '개체생명은 불가피하게 의존적인 존재 단위가 된다. 오직 태양 – 지구계와 같이 항속적인 자유 에너지 원천을 그 안에 품고 있는 온생명 같은 존재만이 한 생명으로서 자족적인 존재 단위를 형성하며 ……개체생명의 생존은 필연적으로 온생명의 생존과 함께 이루어지는 것이며, 자신의 생존이 자신을 제외한 온생명의 나머지 부분에 결과적으로 의존하는 것'이기 때문에 '온생명의 관점을 취하게 되면 자연의 본원적 질서는 기본적으로 경쟁이 아닌 협동으로 이해하게 된다. 동종 개체들은 협동을 통해 한층 높은 차원의 상위 개체를 형성하며, 이러한 상위 개체들은 다시 그들 사이의 새로운 협동을 통해 한층 더 높은 상위 개체를 형성해나가면서 최종적으로는 하나의 생존 단위인 온생명에 이르게 되는 것'으로 보는 것이다. 또한 '개체생명은 생존

경쟁을 할 뿐 아니라 생존 협동을 함께하는 존재다. ······ 이상적인 사회는 어떠한 형태로 구성되어야 하는가에 대한 중요한 시사점을 얻을 수 있다'[6]고도 했다.

'개체생명 단위의 투쟁을 생존의 본원적 양상으로 파악'한 나머지 생존 활동을 '생존 경쟁'과 '약육강식'으로 이해하고 집착해온 결과는 한국 사회에서도 고통스런 현실로 확인되고 있다. '생존 경쟁과 약육강식이 지배하는 밀림의 규칙으로 위기를 더해가는 자연계를 그대로 방치해서는 안 된다는 판단 아래 생명의 존엄성을 별도로 선포하고, 자연 외적인 윤리를 부가함으로써 적어도 인간 사회만이라도 이러한 아수라장에서 구제하려한' 온생명 정신은 동다살림이 지향하는 세계와 같은 자리를 추구하고 있는 것으로 이해된다. '온생명'의 핵심 사상이 경쟁이 아닌 협동 관계를 개체생명 사이의 본원적 질서라 한다면, 이는 '모든 것은 모든 것과 관계있다'는 화엄사상과도 밀접한 관련성을 보여준다. 결국 인간의 일상생활이 지닌 모든 존재와의 관계를 경쟁과 협동을 통한 공존과 상생 추구라는 결론이다. 이는 일찍이 인류의 스승들이 설파한 것이기도 하다.

> 하나에 모두 있고 많은 데 하나 있어
> 하나가 곧 모두이고 모두가 곧 하나니
> 한 티끌 작은 속에 세계를 머금었고
> 낱낱의 티끌마다 세계가 다 들었네
> 一中一切多中一 一卽一切多卽一

一微塵中含十方 一切塵中亦如是 7

 이렇듯 한국인의 일상활을 뜻하는 '살림'은, 앞에서 여러 차례 살펴본 대로 '개체생명 단위의 투쟁을 생존의 본원적 양상으로 파악해 생존 경쟁과 약육강식으로 이해하고 집착해온' 서구사상과는 매우 다르다. '온생명'이 추구하는 내용과 일치하는 '~을 도와주다'는 뜻과 '~을 살려주다'라는 두 가지 뜻이 그 말에 다 들어 있다. 왜 도와야 하는가? 돕지 않으면 어떻게 되는가? 사람은 관계의 산물이자 관계 그 자체이므로 남을 '도와주는 것'이 곧 내가 사는 것이며, 남을 돕지 않는 것은 곧 죽음이라는 말이 된다. 죽음도 관계의 한 부분이므로 내가 아닌 타자를 돕는 과정이다. 따라서 남을 돕지 않는 상황은 사실상 일어나지 않는다. '도와주다, 돕다'는 말의 뜻은 '살림' 또는 '살림살이'의 본바탕이며, 살림의 모습은 일상생활 그 자체다. 일상생활의 전형적인 모습이 가장 선명하게 나타나는 곳이 가정이며, 가정생활이 살림살이의 현장이다. 살림살이의 주체는 사람인데, 여기서 사람이란 남자와 여자가 부부가 되어 한집안을 이루는 핵심 동력을 말한다. 한집안이 되기 위한 필수적인 조건으로 부부, 집, 식량, 옷을 들 수 있을 것이다. 먼저 부부는 성별이 다르고, 생각과 행동이 다른 사람들의 생물학적·관습적 결합이다.

 임신, 출산, 수유, 육아는 무수한 타자의 끝없는 도움으로 가능한 살림이다. 도움이 끊어지면 모두 불가능하다. 음식을 만들어 먹을 때도 마찬가지다. 식재료는 다양하다. 어떤 식재료든

물과 햇빛, 흙에 의지해 제 모습을 갖추게 된다. 식물은 씨, 꽃, 뿌리, 줄기, 잎, 열매로 이루어져 있고, 각각 영양분과 성질이 다르다. 동물은 식물을 먹이의 기본으로 삼아 식물이 지닌 영양소를 변화시킨다. 음식 만드는 방법에 따라 저마다의 맛과 향과 색으로 에너지를 만들어낸다. 이 과정에서 인간의 경험과 지혜가 더해져 약과 예술로의 승화도 이뤄질 수 있다. 옷은 인간의 생각을 섬유로 그려내고 지어낸 문화여서, 지식의 다양성과 깊이에 따라 달라져왔다. 집은 성질이 다른 재료를 잘 어울리도록 짓는 것이어서, 이질적인 것들이 서로 균형과 조화를 이루도록 해야 한다.

저마다의 차이가 서로를 돕는 것이다. 그리고 자식을 가르치고, 이웃과 세상에 소통하며, 조상제사를 미덕으로 삼고, 신을 경배하며, 생산과 유통으로 사회를 유지하고, 군대와 무기로 국가를 지탱하고, 늙고 병들어 죽는 것이 살림살이다. 남녀가 서로 사랑하게 되는 것, 혼인해 부부가 되는 까닭은 서로의 도움이 필요해서다.

가정을 이룬 뒤 때 묻은 옷을 빨고 기워 깨끗하게 입는 것이나 좋은 옷을 새로 사서 입는 것은 살아가는 재미를 맛보기 위해서다. 잘 기른 곡식으로 정성껏 음식을 만들어 식구들과 함께 기쁜 마음으로 먹는 것도 살아가는 보람을 누리기 위해서다. 자식 낳아 키우는 것이나 이웃과 사이좋게 지내기 위해 억울함을 참고 양보하고 배려하는 것도 세상은 함께 만들어가는 것임을 알기 때문이다.

조상제사를 챙기고, 신을 섬기며 받드는 것도 내 삶의 신성함을 위해서다. 죽은 자의 장례를 정중하게 치르는 것은 산 자의 삶을 진지하게 영위하려는 목적도 있는 것이어서, 인간은 살기 위해 존재한다고 할 수 있다.

이렇듯 살림의 주체인 인간은 무엇보다 먼저 자신의 몸을 살리고 유지하기 위해서 먹고, 옷을 입고, 잠을 잔다. 그 몸이 유지되는 것은 각각 다른 모양의 생명체들, 즉 타자들의 집합에서 생겨나는 에너지 때문이다. 그 타자들은 한 인간의 몸 안에서 같이 살기는 하지만 딴 살림을 차리고 산다.

그래서 생명의 역사란 타자들과의 대결과 동거, 접속과 변이의 과정이라 할 수 있다. 모든 존재의 생명력은 타자들과의 관계 속에서 생겨나는데, 관계가 존재에 선행하는 것이다. 그렇다면 자신이 알지도 못하고 통제할 수도 없는 것들로 가득하다면 몸은 과연 자신의 것인가? 내 몸은 내 것이 아니다.[8]

살림의 주체인 사람과 몸의 주인은 '나'라는 존재가 아니라 '우리'라는 말이다. '살림 = 우리'이기 때문에 '도와주다'라는 필연적 '관계'가 먼저 생겨났고, 그 관계의 한 모습이 '존재'라는 말이다. 혼자서는 안 되는 것이어서 도와주고, 도움을 받는 것이 살림이다. 어떤 그 무엇도 혼자서는 생명력을 유지할 수 없는 것이 살림이다. 모자라는 것을 더해줌으로써 살아가게 하는 보태주기, 챙겨주기, 돌봐주기, 보살피기, 섬기기 등 구체적 방법으로 이뤄지는 것이 살림이다. 완전한 존재가 아니어서 살림이 필요한 것이다.

'살림'의 다른 또 하나의 모습은 '~을 살리는 것'이다. 배가 고파 굶주리는 이에게는 먹을 것을 주어서 살리고, 병들어 신음하며 고통 받는 이에게는 약을 주고 간호하며 치료해 살리고, 헐벗은 이에게는 덮고 감쌀 옷을 주어 살리며, 몸과 영혼이 외로운 이는 돌봄, 보살핌, 섬김으로 살리며, 감각과 지각, 유정^{有情}을 지닌 모든 중생^{衆生}, sentient beings, 생명체은 차별하지 않고 살리는 것이 '살림'이다.

'살리는 것'으로서의 '살림'은 음식과 가장 관계가 깊다. 사람은 모든 생물종 가운데서 가장 많은 종류를 먹는 잡식성 동물이다. 먹는 기쁨을 생명이 살아나는 기쁨으로 여긴다. 기쁘고 맛있으면서 양이 충분하기를 바라고 그 바람은 살아가는 소망이라 여긴다. 오직 배불리 맛있게 먹는 것으로 삶의 만족을 추구한다. 그러나 먹는 것은 곧 '먹지 말아야 할 것을 먹지 않는 것'을 포함한다고 말하면 먹는 일은 다소 심각해진다. 인간이 짐승과 다른 이유 때문이다. 먹을 수 있는 것을 배불리 먹지 않는 것도 먹는 것에 포함된다. 인간은 먹이가 되어주는 것과 함께 살고 있기 때문이다. 올바르게 먹음으로써 세상을 살려야만 계속 먹을 수 있다는 뜻이다. 아무렇게나 마구 먹고살아서는 안되며, 누구도 거역할 수 없는 이치가 내 몸 안에 들어 있고, 자연의 섭리가 곧 내 몸이기 때문이다. 이런 '살림'은 끊임없이 '죽임'을 만들면서 즐거운 듯이 살아가는 현대인들이 깨달아서 지향해야 할 일상생활이다.[9]

한국의 살림 정신

 우리나라 사람들은 여러 종류의 살림살이를 하면서 생애를 보내며, 살림 정신은 수천 년 동안 잠시도 약해지거나 그치지 않고 내림되고 있다. 정화수살림, 부엌살림, 동제살림, 고수레살림, 백성살림과 나라살림, 세간살림과 절살림, 안채살림과 사랑채살림, 집안살림과 들살림, 신접살림과 구접살림, 본댁살림과 첩살림, 애옥살림과 부자살림 등으로 나눠 살아왔다. 그래서 '살림은 오장五臟 같다'[10]는 속담이 생긴 모양이다. 살림살이에는 필요한 것이 한이 없고 또한 많이 소용되는 것을 이르는 말이다. 몸 안의 오장이 모두 제 기능을 해야만 사람이 살 수 있듯이, 살림살이도 필요한 모든 것이 다 갖추어지고, 거기서 요구되는 것이 계속 보장되어야 한다는 것을 이른 말이다.

 정화수살림: 생명의 관계 철학

 정화수는 이른 새벽에 길어올린 우물물이다. 정성을 들이는 일이나 약을 달일 때 썼다. 한국인의 정화수살림은 정화수를 길러 가기 전 정결하고 엄숙한 절차로 시작되며, 정화수를 올리는 까닭은 위험에 빠진 목숨을 살려내거나 생명을 에워싼 어둡고 더러운 환경을 청정하게 변화시키기 위해서였다. 산모는 아기를 낳고 삼신상三神床을 차리고, 그 아이의 첫돌부터 해마다 맞는 생일마다 정화수를 올려놓고 건강과 무병장수를 기원한다. 자식 귀한 집안에서 하늘에 자식 점지를 기원할 때, 어렵사리 점지받은 자식의 건강과 장수를 빌 때도 반드시 정화수를 올린다. 전쟁터에 나갔거나 먼 곳으로 떠난 남편, 혹은 자식이 꼭 살아서 돌아오기를 빌 때, 자식의 혼사가 원만하게 이뤄지기를 빌 때, 암소가 송아지를 탈 없이 낳아주기를 빌 때, 자식이 시험을 잘 치르기를 빌 때, 집안의 무겁고 어두운 기운이 사라지기를 빌 때, 모진 가뭄이 그치고 단비 오기를 빌 때, 돌림병이 빨리 소멸되기를 빌 때, 전쟁이나 재앙이 빨리 그치기를 빌 때마다 정화수는 꼭 있어야 할 제수와 같았다.

정화수살림이 베풀어지는 장소로는 북두칠성이 올려다 보이는 제단이나 장독대가 주로 이용되었고, 어머니나 아내 또는 할머니가 정화수를 길어 기도를 올렸다. 어머니가 드리는 정화수살림은 곡진하다. 애옥살림살이지만 소복소복 낳은 자식들은 늘 배고프고 제대로 가르치기 어렵다. 그 자식들은 철이 들자 굶주림을 해결하고 배우기 위해 고향을 떠난다. 자식 떠난 뒤로 어머니의 정화수살림 기도가 시작된다. 생기는 대로 낳을 수밖에 없었고, 배불리 먹이지도 제대로 가르치지도 못한 것이 지울 수 없는 죄업의 무게가 되어 어머니를 짓누르기 때문이다. 동쪽

정화수를 올린 삼신상과 장독대. 부정을 쫓거나 더러운 것을
씻어주는 것으로 여겨온 물의 상징성을 그대로 반영한 것이다.

하늘가에 샛별이 뜨면 어머니는 잠에서 깨어난다. 식구들이 모두 곤하게 자는 이른 새벽마다 정화수를 길러 간다. 어느 하루도 늦는 일은 없다. 깨워주는 이도, 자명시계도 없다. 정화수가 있는 샘터로 가기 전에 머리를 감고 목욕한다. 낡았지만 깨끗이 삶아 손질한 옷으로 갈아입는다. 미리 준비해둔 정결한 물항아리를 챙겨 집을 나선다. 사립문 문설주 옆에 세워둔 기다란 대나무 막대기를 든다. 막대기 끝에는 잔가지들이 그대로 붙어 있다. 사립문을 나서면서부터 막대기로 길바닥 여기저기를 툭툭 두드리면서 천천히 샘터로 간다. 길바닥 두드리는 소리는 저만치 떨어진 곳에서도 들린다. 이른 새벽 길 위에서 잠들어 있을지도 모를 곤충이나 파충류들의 잠을 깨우면서 걸어간다. 잠들어 있던 미물들이 행여 어머니 발길에 밟혀 다치거나 죽는 일이 없기를 간곡히 바라면서 막대기를 두드리는 것이다.

입으로는 쉴새 없이 아미타불이나 관세음보살 염불을 외운다. 어느 날 자신도 모르게 밟아 다쳤거나 죽었을지도 모를 미물들을 위로하고 참회하는 염불이다. 내 자식, 내 남편, 내 식구 건강하게 오래오래 살게 해달라고, 천복 누리면서 부끄럽지 않은 이름 후세에 길이 남게 해달라고 정화수 길러 가는 걸음에 어찌 미물의 목숨인들 하찮게 여길 수 있겠는가. 자식 낳아 길러본 어머니만 알 수 있는 자비와 연민이다. 미물의 목숨도 사람 목숨의 무게와 똑같다는 것을 아는 어머니의 지혜다. 그렇게 길어온 정화수를 제단에 올리고 먼동이 터올 때까지 하늘에 빌고, 별에 빌고, 어머니보다 높고 오래된 모든 것에 빌고 애원한다. 마음속 깊은 곳에 담아둔 어머니의 고뇌와 소망은 정화수에서 시작되고 이루어진다. 정화수는 하늘과의 교감이 녹아 있는 거룩함 그 자체여서, 어머니 마음은 곧 하늘이며 자연인 것이다. 일상 속에서 실천되는 상생과 공존의 미학이자 생명의 아름다움을 길러내는 것이 정화수살림의 오래된 정신이다.

부엌살림: 생명, 음식의 상대성

정화수살림이 시작된 시점을 알기 어려울 만큼 오래된 우리 민족의 내림이듯이 부엌살림도 오래된 전통이다. 부엌살림에서 가장 아름답고 소중한 일은 식사가 끝난 뒤 음식을 담았던 그릇을 씻고 그 기명물을 버리는 것이다. 여기에는 반드시 지켜야 하는 철학적 명제가 있다. 특히 추운 계절에는 설거지할 물을 따뜻하게 데워 쓴다. 설거지를 하고 난 기명물은 수채에 쏟아 붓는다. 이때 기명물에 온기가 남아 있는 채로 버려서는 안 된다. 약손가락으로 기명물 온도를 점검해 물이 다 식은 것을 확인한 뒤에야 버린다. 만약 기명물에 온기가 남아 있으면 수채도랑에 살고 있는 아주 작은 벌레들이 놀라서 죽는다고 여겼다. 음식 맛있게 배불리 잘 먹고는 미물일지언정 어찌 함부로 다치고 죽게 할 수 있겠느냐는 아름다운 생명 사상이다. 공존의 미학이 그렇게 내림되어온 것이다. 기명물이 충분하게 식었다 하더라도 그냥 쏟아버리지 않는다. 반드시 촘촘하게 얽힌 그물망이나 받침대 위에 천천히 쏟음으로써 기명물 속에 들어 있는 밥 알갱이며 반찬 조각들이 수채물 속으로 흘러들어가지 않도록 걸러낸다. 밥알갱이나 반찬 찌꺼기들이 들어가면 물속에서 썩어 물속 산소를 빼앗게 되고, 미생물이 산소 부족으로 죽게 된다. 부영양화로 물이 썩는 것을 예방하려는 지혜였다. 수채도랑 흙 속에 사는 미생물들과 더불어 살아가야 제대로 사는 것이라는 오래된 살림철학이다. 부엌살림을 통해 전해지는 메시지는 밥을 제대로 먹을 줄 알아야 한다는 것이다. 세상살이하는 사람 치고 누가 밥 안 먹고 살겠냐마는, 『중용』 제4장에서 공자는 "사람 치고 먹고 마시지 않는 자 없건만 음식의 맛을 제대로 아는 이는 드물구나"人莫不 飮食也 鮮能知味也라고 했다. 음식 맛을 제대로 안다는 것은 재료의 생태와 음식을 장만한 이의 정성, 함께 먹는 이들의 관계가 지닌 의미를 알면서 먹는 것이다. 살기 위해 먹는 음식은 곧 생명의 관계가 지닌 지극한 상대성의 산물이기 때문이다. 공존과 상생의 근원을 알아야 하는 것이다. 2000년 전에만 그런 것이 아니라 21세기를 사는 지금도 아직 밥을 제대로 먹을 줄 모르는 사람이 더 많고, 그것이 근본적인 문제가 되고 있다.

세계에서 가장 부자이며 군사력이 강하고, 또한 우수한 대학으로 세계의 학문을 주도하는 미국. 우수한 첨단 의료기술과 장비를 가진 미국 인구의 25퍼센트가 비만이다. 사망 원인 열 가지 중에서 절반 이상이 식생활에 원인이 있다고 알려진 미국의 경우, 아직도 밥 먹는 법을 잘 모르고 산다는 결론을 내릴 수밖에 없을 것 같다.[11]

이토록 어려운 먹는 일의 비밀 열쇠는 인간의 신체 구조에 있다고 한다. 동물은 먹는 것에 따라 육식동물, 초식동물, 잡식동물의 치아 구조가 다르다. 어금니는 곡식, 송곳니는 육식, 앞니는 야채와 과일을 씹는 데 적당하며, 인간은 어금니, 송곳니, 앞니의 비율이 5:1:2로 되어 있다고 한다. 이것이 인류가 수백만 년을 살아남은 비밀이라는 것이다. 그런데 미국의 경우 육식 문화가 범람해 생존의 고통이 되고 있다는 것이다.[12]

곡류를 주식으로 하되 되도록 적게 먹고, 균형 잡힌 식사를 하면서, 맛있고 고맙게 먹고, 남기지 말고 깨끗이 먹는 일이 부엌살림에서 우리가 깨달아야 할 살림 철학이다. 적게 먹는 것은 절약과 검약이다. 되도록 적게 먹고 알맞게 먹어서 음식을 남기거나 버리지 않아야 한다. 음식을 남겨 버리는 것은 '살림'이 아니라 '죽임'이 되기 때문이다. '밥을 남겨 버리는 짓은 천벌 받는 짓'이라는 오랜 교훈은 사실이며, 자연의 법칙이다. 음식이 되어준 여러 가지 식재료들은 모두가 '살림'에 필요한 요소들이다. 사람의 생명과 똑같은 능력이 있고, 가치를 지녔으며, 평등한 생명체. 먹다 남은 것을 버리는 것은 분명 '죽임의 문화'이며, 그 결과는 하나도 남김없이 언젠가 우리에게 피할 수 없는 재앙이 되어 되돌아올 것이다. 죽임을 만들면서 즐겁게 살아가는 것을 삶이라 여기는 것은 큰 착각이다.

동제살림: 공존의 아름다움

동제 洞祭

마을 주민의 자연적 단합이나 화목을 도모하는 신앙 현상의

위 | 경상북도 안동 하회 마을 당산제.
아래 | 동제를 마친 뒤풀이.

한 가지다. 부족국가시대 이후 유구한 전통을 지니고 있는데, 그 주체는 철저하게 일하는 농민이다. 협동을 다짐하고, 본질적으로 민주적인 민중의 축제였다.[13]

또한 동제는 마을굿, 도당제, 서낭제, 산신제, 거리제, 동신제, 당제, 당산제, 본향당제, 촌제, 부락제 등 여러 이름으로도 불려왔다. 보통 오래된 큰 나무나 숲을 신목神木 또는 당堂으로 부르는데, 당산나무와 숲이 곧 신의 몸神體이다. 당은 신의 거처이지, 신도집회소가 아니다. 신격神格은 대체로 여신이 주류를 이루며, 제사 날짜는 정월 대보름과 10월 보름날이고, 그날 자정에 제사를 지낸다. 제관은 40대 이상 부정不淨: 초상, 출상 등이 없는 성실한 남성이 선출되고, 그는 제전 기간 내내 대문에 왼새끼 금줄을 치고 목욕재계해 정결히 지낸다. 동제는 부여의 영고迎鼓, 고구려 동맹東盟, 예의 무천儛天, 삼한의 하종후 5월에 거행, 농공필후 10월에 거행를 그 시작으로 한다.

부여의 영고는 정월에 거행했는데, 그날은 형벌과 옥사를 중단하고 죄수를 풀어주었다. 고구려 동맹, 예의 무천, 삼한의 하종후, 농공필후는 온 나라가 행사에 참여해 여러 날 밤낮으로 술을 마시고 노래하고 춤추었다. 모든 민중의 연중행사이며 농경의례였다. 신라시대에는 민중의례에 머물지 않는 궁중의례로도 승화되었다. 궁성 안 계림은 동제당 형태이고, 박혁거세 즉위일인 정월 보름은 뒷날 동제일이 됐으며, 그 조령, 집단수호신은 오늘날 영남의 골맥이동제신에 해당된다.[14] 결국 동제가 국가제전의 성격을 띠게 되고 불교와 습합해 형태가 변화하면서 고려시대까지 이어졌다.

송나라 사신 서긍은 "10월에 하늘에 제사하고 크게 모이는 것을 동맹이라 하였다. ……그 후 거관에서도 책봉 등 행사 때 역시 이 예를 행하였다. 지금은 10월 보름날 10월 동맹 모임을 행하고, 육류와 생선이 없는 소찬을 갖춘다. 이것을 팔관재라 부르며 의례가 극히 성대하다"고 기록했다.[15] 팔관회는 신라 진흥왕 33년[572]부터 '전사한 사졸들을 위해 팔관연을 베풀고 외사에 모였다'는 기록이 『삼국사기』 제4권, 진흥왕 33년 겨울, 10월 20일 조의 문헌에도 나타난다. 팔관회란 옛 고구려 동맹의 전통을 계승해 신라의 전사자 위령제, 토속 자연신제 또는 불교 색채가 더해진 국가적·종교적 큰 제의였다. 팔관회는 다름 아닌 동맹을 계승한 가을걷이 축제이며 국가적인 연중행사였다. 동맹은 부족국가 때부터 신라시대를 거쳐 고려 말까지 1500년 동안 단순히 민간신앙에 머물지 않고 국가 종교가 됐으며, 민족신앙으로 전승되었다. 한편 민간에서도 고려시대에 이르러 하회별신굿 같은 예술성 높은 동제가 있었던 것처럼 동제는 지역의 특성을 지니는 동제, 정치 기능과 축제 기능, 예술적 기능을 두루 갖춘 동제들로 분화되고 발전되었다.[16]

조선시대 이르러 유교를 정치 이념으로 삼게 되면서 고려 말까지 이어져온 민족신앙이 도태되는 위기를 맞았다. 『경국대전』을 보면 사대부층에서 행하던 동제를 처벌했고, 승려, 무당, 광대를 천민으로 규정해 탄압하고 중국 유교를 도입하며 제주도에까지 향교를 설치했다. 유교 외의 불교나 무속, 민간신앙은 국가적 차원에서 모두 근절시키고자 했으나 인간의 종교 욕구 자체를 뿌리 뽑는 것은 불가능했다. 조선시대가 끝나고 새로운 변화가 시작되면서 또 한 번 민간신앙 박해와 근절 시도가 이어졌다. 조선총독부 정치인과 관리들, 해방 후 좌익 지식인들, 기독교 인사들, 신생활운동 청년들, 새마을운동 관리 등은 모두 민간신앙을 미신으로 단정 짓고 미신타파를 부르짖었다. 조선총독부 촉탁을 받아 식민정책 자료로 한국의 민간신앙을 조사했던 무라야마 지준村山智順은 『부락제』部落祭 결론에서 이렇게 주장했다.

한국의 동제가 ㉠ 일본의 신도神道와 공통성이 있고, ㉡ 한국 고대 사회 모습이 보존되어 있으며, ㉢ 지방마다 존재하는 동제의 차이가 적으며, ㉣ 현실 사회에서도 재앙을 막아주고 복을 불러온다는 민간의 염원을 굳이 부정할 필요가 없을 것이며, ㉤ 민중의 심성을 유순하게 개발시킬 수 있고, ㉥ 으뜸가는 향토 오락성과 한국적 성씨별 분열의 통합 기능이 있으며, ㉦ 심신 정화를 돕는 장점이 있다.17

무엇보다 결정적으로 타격을 가한 것은 '새마을운동 관리'들의 집요한 미신타파정책이었다. 그 후 전국에 걸쳐 극소수의 동제만 겨우 허가되고 나머지는 모두 미신으로 몰려 사라졌다. 1972년, 내무부장관 지시로 전국 서낭당이 폐쇄된 것이 그 예다. 당시 정권은 혈연과 계급의 상징인 유교제례를 재정과 법제도까지 마련해 장려했다. 유교제례는 노동을 하지 않는 양반의 전유물이며, 혈연유대를 강화하고 종파성을 심화시키며, 본질적으로 계급성을 띤 지배층의 치국이념이기도 했다. 그럼에도 불구하고 동제가 지녀온 역사성과 민중성을 지키려는 노력은 그치지 않았다.

당산나무

신이 땅으로 내려올 때 사용하는 신성한 통로다. 당산나무를 거처로 삼는 신은 여러 이름으로 불린다. 천신^{天神}·산신^{山神}·수신^{樹神} 혹은 목신^{木神}·수신^{水神}·일신^{日神}·성신^{星神}·사귀^{邪鬼}·인신^{人神} 등이다. 이 아홉 신 중에서 일반적으로 알려진 신은 산신·서낭신·골맥이할배·골맥이할매·당산할배·당산할매·장군신·왕신이다. 당산나무의 신성은 동제의식을 통해 새로워진다. 바로 '거듭남'이다. 동제는 마을을 지켜주는 수호신에게 평화와 건강, 풍년을 기원하는 마을 사람들의 공동 제사다. 동제는 비록 주민 숫자가 적더라도 그 마을만의 오래된 내림을 좇아 지내기 때문에 마을의 독자성과 공동체의식을 키우고 지켜가는 정신의 원천이다. 겨우 예닐곱 집밖에 살지 않는 작은 동네일지라도, 작은 도랑 하나 건너편에 수십 호 넘는 큰 동네가 있더라도 동제만은 따로 지내는 경우가 많다. 왜냐하면 동네 이름이 다르기 때문이다. 동제의 정신은 독특하다. 그 정신은 동네 이름에서 생겨난 것이므로 아무리 큰 동네라도 작은 동네를 가벼이 여기지 않는다. 작은 동네라 하여 큰 동네에 종속되거나 지

경상남도 창녕 북암 마을 당산제.

배받지 않는다는 주인의식을 만들어내 내림해온 것이 동제정신이다.

우리나라가 긴 역사 속에서 외세 침략을 받고 또한 짧지 않은 기간 동안 억압 받기도 했지만 끝끝내 압제의 사슬을 끊어낼 수 있었던 것은, 동제에서 생겨나고 자라난 주체의식과 강한 정통성, 믿음 때문이었다고 생각되기도 한다.

동제는 마을 사람 모두가 참여하는 것이 원칙이다. 특정 신분의 가문이 대표성을 지니고 앞장서서 끌고 가는 것이 아니라, 마을 사람이면 모두가 똑같은 인격으로 참여하는 공동 제사다.

가난한 사람, 병약한 사람, 여성, 혼자된 사람, 소수에 지나지 않는 성씨일지라도 평등하게 참여한다. 누구도 차별하지 않는다.

당은 마을수호신이 살고 있다고 믿는 신성 공간이다. 당의 신성을 유지하기 위해서는 금기가 필요하다. 금기란 '하면 안 된다. 하면 반드시 탈이 난다'고 여기는 행동을 일정하게 규제하는 것이다. 동제에는 금기가 많다. 동제는 신성 시간이 정해져 있고, 그 기간에는 제관을 포함해 모든 마을 사람이 지켜야 하는 금기도 있다. 금기는 세속의 시간에서 신성의 시간으로 옮겨가기 위해 근신하는 것을 뜻한다. 속된 모든 것, 즉 부정하고 사악하며 늙고 병들어 쇠잔해지고 무력해진 것들을 정화하고 일신시켜 새로운 기운으로 다시 태어나게 하는 것이다. 따라서 신성 시간은 재생·부활을 상징한다. 신성한 시간은 절대적 능력에 의해 주어지는 것이 아니라 인간의 간절한 소망에 의해 만들어지는 것이라고 믿는다. 신성한 시간을 만들기 위해 당 주위에 금줄을 둘러치고 황토를 뿌려 신성 공간을 만드는 것이다. 부정한 것의 접근을 미리 막아서 신성한 공간이 확보되면, 그 안에서 신성한 시간이 만들어진다고 믿는 것이다. 금기는 동제 기간이 아닌 평소에도 적용된다. 죽은 당산나무 가지를 꺾거나 땅바닥에 떨어진 가지를 주워서도 안 된다. 당산나무를 벤 사람은 반드시 해를 입는다는 습속 등으로 당의 신성을 지켰다.

금기가 있었기 때문에 동제의 신성이 확보되었고 전승 지속될 수 있었다. 동제는 정초에 날을 잡아서 모시거나 정월 열나흘날 밤 자정에 모신다. 또 봄이나 가을에 모시기도 한다. 제관으로 선택된 사람은 그날부터 매일 목욕재계하면서 금기해야 한다. 목욕재계 때는 반드시 머리를 감아야 하고, 더운 물이나 비누 같은 것을 쓰면 안 된다. 누구와도 말을 해서는 안 되고, 외부와의 접촉도 끊어야 한다. 부부가 한 방을 써서도 안 된다. 제관의 집 주위에는 금줄을 치고 황토를 뿌려 외부인의 출입을 막는다. 당산나무 밑이나 신성한 샘으로 정해져 있는 곳에서 정화수를 길어 동제에 쓸 술을 담고 음식도 장만하다. 동제에 올릴 음식은 제관이 마련하는 것 말고 마을 사람들이 집집마다 챙겨서 오는 경우도 있다.

동제 풍물패

동제를 모시기 위해 풍물패가 마을 집집을 돌면서 쌀을 한 줌씩 거둔다. 아무리 가난한 집이라도 빠짐없이 쌀 한 줌을 내고 동제에 참여한다. 억지로 거두는 것이 아니라 마을 사람이면 누구든 기꺼이 내놓는다. 그 쌀로 시루떡을 찐다. 백설기 한 시루, 팥 얹은 붉은 떡 한 시루를 쪄서 당산나무 아래 제단에 시루째 올린다. 제관이 먼저 동제를 모신 뒤에 마을 사람들이 절을 올리는 곳도 있고, 모두 같이 절을 하는 곳도 있다. 동제를 다 마치면 시루떡을 골고루 나눠 먹는데, 그 떡을 먹으면 한 해 동안 병을 앓지 않는다는 습속을 따라 사람들은 집안에 아픈 사람이 있으면 그 떡을 얻어다 먹이기도 한다.

온 동네 사람들이 함께 동제를 모시는 경우에는 집집에서 제물을 한 상씩 차려 내오기도 한다. 가구 수만큼 제상이 당산나무를 빙 둘러싼다. 이때 제상에 차려내는 제물을 장만하는 데는 꼭 지켜야 하는 약속이 있다. 젖은 음식을 제물로 올려서는 안 된다는 것이다. 물기를 머금어 질퍽하거나 쉽게 물기를 느끼게 해서도 안 된다. 당산나무를 겹겹으로 에워싼 제상 모습은 꽤 볼 만한 풍경이다. 제상을 차려놓고 일제히 절을 한 사람들은 상을 그대로 두고 집으로 돌아간다. 그날 해가 저물 때까지 그대로 둔다. 해마다 찾아오는 귀한 손님을 위해서다. 보통은 그날 정오 무렵이 되면 귀한 손님들이 하나둘 찾아오신다. 귀빈이란 무리지어 다니는 거지들을 일컫는다. 거지들은 어른에서 아이까지, 임신한 여자는 등에 젖먹이를 업고 두 손에는 한 명씩 어린 것들의 손을 잡고 와서는 얼른 여러 개의 제상을 차지해버리기도 한다. 허겁지겁 먹다가 남은 음식은 모두 싸 가져간다. 추운 계절인 데다 모두 마른 음식이어서 옮겨 담기도 쉽고 한데 섞어 담을 수도 있으며, 무엇보다 쉬 상하지 않아 여러 날을 두고 먹을 수 있도록 장만해준 덕택이다. 젖은 음식으로 제수를 장만하지 못하게 한 까닭은 이 거지들을 위해서였다. 그렇듯 나눠 먹는 풍속이 수백 년 동안 내림할 수 있었던 것은 함께 사는 삶이 가르쳐준 아름다움 때문이었다. 또한 정성들여 만든 음식은 사람과 다른 뭇 목숨을 살리기 위한 것임을 실천함으로써 삶의 기쁨이 커지는 것을 알 수 있기 때문이다. 어려서부터 이런 모습을 지켜보며 자라나 어른이 된다면 얼마나 행복하겠는가. 그런 동네, 그런 고향, 그런 나라에서 산다면 얼마나 좋겠는가.

고수레살림: 기도의 참뜻

우리 민족의 역사와 문화는 농경사회를 토대로 이뤄졌기 때문에 농사는 우리 문화의 어머니나 다름없다. 농사가 나라살림의 으뜸이었고 모든 한국인은 땅을 갈고 씨뿌려 수고로이 키우고 거둔 먹거리로 겨레붙이를 먹여살리고 나라살림을 떠받쳤다.

고수레살림은 농부들이 들판에서 일하다가 잠깐 쉬면서 쉴참을 먹을 때나 끼니를 먹기에 앞서, 제 몫을 조금 덜어내거나 떼어 저만치 내던지는 행위다. 음식을 던질 때는 '고수레!' 하고 큰소리로 외친다. 일상생활 중에서도 좀 유다른 음식이 생기면 어김없이 '고수레!'를 외치며 음식 일부를 덜어내 던진다. 그런가 하면 집 밖에서 집 안으로 들어온 모든 음식, 즉 이웃집의 제사나 생일 또는 여러 가지 일로 장만한 음식을 받게 되면 반드시 그 음식을 먹기 전에 종류별로 조금씩 떼어 한 그릇에 담아 '고수레!'를 외친다. 이때 어느 한 가지라도 빠뜨리면 안 된다. 제사를 모셨거나 생일잔치를 한 경우에도 사람이 음식에 입을 대기 전에 장만한 대로 갖가지 떼내어 그릇에 담아 대문 밖 담장 위에 얹어두기도 한다. 무당이 굿을 마쳤을 때도 마찬가지다. 고수레는 우리 민족의 음식에 대한 감사기도문이라 할 만하다. 음식을 앞에 두고서, 음식이 되어준 식재료들의 헌신에 대해, 음식을 장만한 사람의 정성과 노고에 대해, 곡식 등 생명 지닌 것을 기르는 법과 음식 만드는 방법을 처음 가르쳐주신 이의 은혜에 대해 기도하는 것이다. 이것은 한국인의 오래되고 아름다운 습속이자 삶의 방식이었다.

고수레살림은 시대와 장소에 따라 조금씩 모습을 달리하면서 향기로운 풍속으로 은밀하게 내림해왔다. 늦가을이면 어김없이 푸르고 시린 하늘을 배경으로 아름드리 키 큰 감나무 꼭대기에 곱게 물든 홍시 몇 알이 절묘한 풍경화처럼 걸려 있다. 감을 거두어들일 때 높은 꼭대기의 감을 딸 수가 없어서 그만둔 것이 아니다. 그 감나무에 자주 놀러왔거나 계절 따라 오고가는 철새들이 쪼아먹도록 남겨둔 주인의 따뜻한 마음씨가 그러낸 풍경이요, 조상 대대로 이어내려온 함께 사는 철학인 것이다. 구름 한 점 없이 높고 푸른 가을 하늘 아래서 잘 익은 홍시 몇 알이 높다란 감나무 꼭대기에 매달려 있는 모습은 날짐승들에게, 하늘을 머리에 이고 사는 인간에게 소리 없이 들려주는 감동의 법문이다.

매섭도록 추운 겨울, 폭설이 산하를 뒤덮어버리고 여러 날이 지난다. 길이란 길은 모두 끊겼다. 사람들은 안마당에 쌓인 눈을 쓸고 대문 밖으로 난 길을 열기 위해 눈을 치우지만, 산에 사는 토끼며 노루, 꿩, 비둘기 등 길짐승과 날짐승들은 먹이 될 만한 것 모두가 눈에 뒤덮여 굶주리게 된다. 날씨는 점점 더 추워지기만 해 눈이 언제 녹을지 기약도 없다. 그렇게 열흘쯤 지나면 산짐승들은 굶주림으로 시련에 빠진다. 그때 산중에 사는 사람들이 겨울 양식으로 장만해두거나 가축 먹이로 마련해둔 곡식이며 말린 푸성귀를 소쿠리에 담아 집 바깥에 내놓기 시작한다. 먼저 날개 달린 새들이 날아와 허기를 채운 뒤 다른 짐승들에게도 이 소식을 알린다. 굶주림으로 고통 받던 산짐승들은 산골 사람들이 내준 먹이를 먹고 살아나기도 한다. 정월 대보름에는 오곡밥을 많이 지어 사람뿐만 아니라 집안에서 키우는 가축들에게도 나눠준다. 식구로 여기기 때문이다. 이렇듯 한국인의 전통에는 생명을 살리는 문화가 유달리 짙은 향기를 품고 뿌리를 내리고 있다. 음식은 모든 생명을 살리는 데 쓰여야 하는 것이다.

살림의 내력

육식, 살생과 잘못된 포만

아무렇게나 먹고 입고 되는대로 살면 된다고 여기면 위험하다. 사람이기 때문에 그렇다. 사람 아닌 다른 모든 생물종은 자연의 순리대로 살지만, 사람만이 자연의 순리를 거스르기 때문이기도 하다. 흔히 인간은 신의 뜻만 거역하지 않으면 된다고 여기게 된 어떤 문화가 있다. 인간 아닌 다른 모든 생물종의 목숨을 죽이고 살리는 것은 인간의 뜻대로 결정하고, 그 살과 가죽·털·뼈를 먹고, 팔고 사는 거래 대상으로 삼으며, 사육하고, 강제 노역시키며, 종種을 변질시키고, 죽일 수도 있는 것은 신이 인간에게 부여한 권능이자 위대한 인간의 힘이라고 믿고 있다. 그 결과 인간은 자연을 정복의 대상으로 단정했다. 자연 정복의 증거가 도시문명이다. 인간의 뜻이 곧 신의 뜻이라는 오만하고 교활한 편견이 생겨난 것이다. 그중 하나가 살생이다.

고대국가의 제사에서 제수로 삼았던 동물의 희생을 제외하고, 인간의 먹이로 동물의 살과 뼈와 피가 이용된 것은 구석기

시대부터다. 이때부터 인간이 동물의 운명을 결정하고 원격 조종하기 시작했고, 잡식동물인 인간이 큰 동물을 사냥하면서 '대육식주의'가 형성됐다. 즉 고기와 피를 탐하는 동물성 단백질에 대한 탐욕이 그 이후로 사라지지 않았다.[18] 그 후 신석기시대에 농업혁명이 일어났고, 여러 세기가 지나면서 점차 많은 사람이 식물성 음식만 먹게 되었다. 그때부터 인류 역사에는 두 종류의 인간이 대립하게 되었다. 고기를 먹는 소수의 사람과 뿌리식물이나 줄기식물 같은 것을 먹는 다수의 사람이었다. 서기 1000년대에 중국에서는 지방 도시 행정관들을 '고기 먹는 사람'肉食人으로 묘사했고, 이 영향을 받은 조선시대 유생은 서민에 대한 우월함을 상징하는 말로 이 말을 사용했다. '고기 먹는 사람'이 곧 긍지였다.[19]

고대 그리스에서는 '보리죽을 먹는 사람은 전쟁을 할 욕구가 전혀 없다'고 했고, 1776년 한 영국인은 '가벼운 음식만 먹는 사람들보다는 고기를 먹는 사람들이 더 용감하다'[20]고 했다. 유럽인들은 전체적으로 육식성이라 할 수 있다. 유럽인은 배를 채우기 위해 천 년 이상 짐승을 도륙했다. 중세 수백 년 동안 유럽인의 식탁에는 고기와 마실 것이 그득했고, 고기는 19세기의 아르헨티나에 필적할 만큼 많이 소비되었다. 17세기 이후부터는 인구가 증가하면 식물성 음식을 많이 먹게 된다는 일반적 준칙이 적용되기 시작해, 19세기 중엽까지 지속되었다. 아메리카로부터 소금에 절여 냉동한 육류를 대량으로 수입한 덕분에 그동안의 고기 금식에서 해방되었다. 유럽인들은 해외에 나가서도 오래전부터 좋아했고 또 누려온 육류에 대해 특권적 지위를 유지하려 했다. 그들은 식민지 지배자로서 그곳에서도 고기를 먹었다. 신대륙에서는 유럽에서 건너가 크게 늘어난 가축들을 마음껏 포식할 수 있었다. 17세기의 한 여행자는 '수마트라에서는 삶거나 구운 닭을 먹으려면 대영주여야 하는데 …… 이 섬에 있는 기독교인[백인] 2,000여 명이 소와 가금류를 모조리 없애 버릴 것'이라는 기록을 남겼다. 유럽인의 육류 성향을 증명하는 것이다.[21] 이런 역사를 거치면서 형성된 서구의 육식 문화는 매우 다양한 모습으로 그들의 생활과 사고에 영향을 미쳤다. 민주주의와 교육철학, 의학과 종교, 예술과 문화 영역에서도 육류 문화는 서구사회 고유의 개성과 아름다움에 기여했다. 특히 르네상스와 산업혁명을 토대로 이룩된 도시 문명, 산업화, 도시화와 육식 문화는 지구 반대편에 있는 동남아시아 국가와 그곳 사람들에게 '지적 우월성'과 '육체적 건강'의 상징으로 받아들여지게 되었다. 왜 그렇게 작용하게 되었는지에 대한 연구 결과는 충분하게 나와 있지 않지만, 이른바 '서세동점'西勢東漸, 즉 우월한 서구 열강의 군사적·문화적·경제적 힘이 전통적으로 농업 중심 사회였던 동양을 그들의 자본시장으로 변화시켜간 것과 관련이 있다. 이렇게 서구 열강들이 동아시아에 진출하던 때 우리나라는 적절한 대응책을 마련하지 못해 심각한 어려움을 맞았다. 결국 일찍부터 서구 문화에 적응해온 일본의 식민지가 됐고, 우리나라는 일본의 식민정책으로 변질된 서구 문명을 처음 겪게 되었다. 철저하게 왜곡되고 일본화된 것이었다. 긴 시련

끝에 해방을 맞았으나 해방 공간은 극단적인 이념 대립과 혼란, 불안과 좌절로 채워졌다. 다시 동서 이데올로기 대립이라는 세계 흐름의 볼모가 된 우리는 군사 강대국 미국과 소련의 대결이 빚어낸 한국전쟁의 희생양이 되어 무참하게 파괴되고 능멸당했다. 1910년부터 1953년에 이르는 43년 동안 우리는 정상적인 세계사의 진화와는 거리가 먼 역사를 겪었다. 상실과 압제 속에서 살아남기 위해 우직하고 결사적인 정통성 수호와 간악함 사이에서 미워하고, 죽이고, 헤어지고, 배반하며 허덕였다. 전쟁이 끝난 폐허 속에서 굶주림과 무지를 동시에 떠안은 한국인의 눈에 서구 문화는 그동안 일본이라는 거울에 굴절되던 것과는 크게 달랐다. 그저 신기하고 경이로웠다. 미국 군대의 전투 식량으로 캔에 담긴 육류 제품들이 가장 호기심을 끌었다. 분말로 된 우유와 초콜릿과 껌도 그랬다. 그때부터 허겁지겁 미국 문화를 받아들여 먹고 입고 외우면서 모방과 맹종의 생존을 터득해 갔다. 서구 문명이 아닌 미국식 문화였다. 그렇게 60여 년을 살았다. 그 60여 년 동안 한국 사회에 가장 크고 깊은 흔적을 남긴 것은 미국 정치와 관련된 정치학, 미국 경제와 관련된 경제학 그리고 교육 철학과 학교 제도, 특히 대학 교육이었다. 교회의 역할과 영향도 심대했다. 그 과정에서 '한국의 살림정신'은 사실상 소멸되었다. 미신 숭배라는 낙인이 찍혀 사라져갔다. 그러다가 이제야 불우하고 궁핍한 시대를 살았던 세대들의 눈물 어린 기억 저편에 애잔한 그림자로 남아 있던 것을 토대로 비로소 '살림정신'의 내력을 재구성해볼 생각을 하게 되었다.

죽임의 문화

1950년대부터 1980년대까지, 헐벗고 굶주린 가운데 모진 시간을 견뎌낸 우리에게는 오히려 너그러운 모습이 남아 있었다. 집단현상 같은 것이기도 했다. 이를테면 배가 고파서 남의 것을 훔쳐먹다 들켜도 이를 크게 나무라지 않는 것이었다. 배고파서 하는 짓을 너무 매몰차게 추궁하는 짓은 야박하고 모진 행동으로 보았다. '인심, 인정, 이웃' 같은 감성적인 단어들이 배고픔을 감싸고 덮어주었다. 이 같은 굶주림에 대한 연민과 동정심을 정치적인 승부처로 파악한 이들이 '새마을운동'이라는 정책을 제시했다. 이것이 비교적 큰 호응을 얻으면서 보릿고개로 상징되는 한국의 구조적인 식량 부족 문제와 집단 굶주림의 질긴 사슬을 끊을 수 있었다.

그리고 먹는 일에 대한 집단적 욕구와 포만감을 지속시켜줄 '먹자문화'가 나타났다. '먹자문화'는 당시 집권 세력들이 장기 집권하기 위한 정치적 계산과 선심 공약과 불순한 관계를 맺고 있었다. 이른바 집권당 전국 조직망을 통해 여러 가지 이름과 명분을 내세운 전국의 군소 조직들을 거미줄처럼 얽은 다음, 배불리 먹고, 술 마시고, 춤추고, 노래하면서 태평연월을 소리 내 외칠 장소로 대규모 식당들을 허가했다. 모든 정치모임을 건물 안으로 밀어넣기 위한 미끼로 배불리 먹을 수 있는 식당이 선택된 측면도 분명 있었다. '평생 동지!'라는 구호 아래서 참 많이도 먹고, 마시고, 놀아났다. 음식값은 대부분 집권당 재정위원들이 처리했다. 그러면서 점점 규모가 커지고 메뉴도 다양해진 식당들이 농어촌 구석까지 번성했다.

굶주림에 오래도록 시달려온 사람들이 가장 빠르게 느끼는 변화는 포만감이다. 그것도 계속해 배불리 먹을 수 있다면 그저 배부른 것으로 그치지 않고 세상이 좋아지고 있다고 말하게 된다. 학교를 짓고, 좋은 교육 제도를 만들고, 도로와 항만을 신축하거나 새로운 집을 지어서 변화를 느끼게 하는 데는 상당한 시간이 필요하며, 그 효과도 장담하기 어렵다. 식량 증산과 함께 언제 어디서든 맘 놓고 배불리 먹게 하는 것은 정치가 이룩해야 할 가장 고전적인 표본이자, 언제 어디서든 지지받을 정치 철학이다. 그리고 1970~80년대의 한국 정치가 남긴 가장 분명한 업적이다.

한편, 실컷 먹고 난 뒤에는 다 먹지 못하고 남은 음식이 점점 늘어났다. 아무리 많이 남더라도 일단 식당 음식이란 푸짐해야 된다는 것이 불문율로 작용했다. 1980년대로 들어서자 식당 차림표에 '불고기'라는 메뉴가 맨 위에 등장했다. 육류를 불에 구워먹는 것은 얼마 지나지도 않아 전국 곳곳을 뒤흔들었다. 육고기를 배불리 먹을 수 있다는 것은 밥이나 국수 따위를 배불리 먹는 것과 달랐다. 이제 꾀죄죄하던 신분이 갑자기 상승하고, 큰소리치면서 배불리 먹고, 먹은 뒤에는 이쑤시개를 쑤시면서 의기양양해 하는, 아무리 밥값이 많이 나와도 내가 내겠다면서 으스대는 변화를 가져왔다. 그것은 분명 허세고 위선이며 과장된 짓이었지만, 이 천박한 과시 또한 거스를 수 없는 유행이 됐다.

더 큰 문제는 한 시대의 유행이 2015년 오늘날까지 계속되고 있다는 점이다. 1980년대에는 고기 좀 먹는 사람이라면 혼자서 쇠고기 10인 분 정도는 거뜬히 먹어치우는 것이 자랑이었다. 그 시절 대한민국은 사계절 어디서나 고기 굽는 연기로 자욱했다. 고기 굽는 연기는 민주화를 부르짖으며 거리에 나서 진압 경찰과 공방을 계속할 때, 경찰이 쏜 최루탄 연기와 대조를 이루는 묘한 갈등을 상징하기도 했다. 그 즈음부터 한국인은 지향점이 너무나 다른 두 부류로 갈라섰다. 어떻게든 돈과 권력을 쥐면 된다는 쪽과 인권의 평등과 경제적 평등을 지향한 이들이었다. 사람들은 서로 증오하고 반대했다. 그렇게 30년 넘게 소·돼지·닭·오리·살모사·능구렁이·곰·겨울잠 자는 개구리까지 씨를 말렸고, 먹고 또 먹어 비만이 되고, 고혈압, 당뇨, 암과 동거를 하면서도 육식의 맛 앞에 넋을 잃은 채 살고 있다.

피눈물로 민주화는 뜻을 이루었다. 그러나 육식의 피맛에 길든 식습관은 점점 국가 재앙 수준으로 깊어졌다. 마침내 미국, 호주, 캐나다, 유럽의 유명 축산국가들이 경쟁적으로 한국인에게 육류를 팔기 위해 모든 방법으로 접근했고 FTA를 체결했다. 가장 대표적인 사건이 미국과의 FTA 체결 과정에서 터져나왔다. '미국산 쇠고기 수입'을 둘러싼 극단적 대립이었다. 육류를 배불리 먹는 것이 생애 최고의 만족인 것처럼 탐욕에 몰입해 살아온 한국인이 세계인으로부터 듣게 된 말은 '한국인 삶의 질이 OECD 국가 중에서 최하위 수준'이라는 것이었다.

'밥상머리 교육'의 전통적 가치와 삶의 철학이 급격하게 쇠퇴한 것은 서구식 교육과 생활 방식을 맹종해온 탓이었다. 그리고 배고픈 민중을 선거판의 지지자로 끌어들여 권력을 장악하려는 정치인들의 권모술수가 더 큰 범죄였다. 배만 부르면 만사 해결이라는 정책은 한국인의 식습관을 바로 잡기 어렵게 만드는 슬픈 현실인지도 모른다.

이제는 경제력도 지녔고, 교육 수준이나 문화적 다양성도 매우 높아졌다. 하지만 지금도 집에서나 식당에서 자기 몫으로 받은 밥과 반찬을 다 먹지 않고 남겨 내놓고도 아무런 문제 의식을 갖지 못하는 의식 수준은 달라지지 않았다. 여전히 탐식의 욕망에 붙들려 있는 것이 우리의 천박한 자화상이다. 밥상에 올린 음식을 버리면 안 된다고 말하는 사람이 없어졌다. 그렇게 정성들여 만들고도 버리는 음식이 해마다 엄청난 액수가 된다는 통계는 그저 숫자에 그칠 뿐이다. 한반도 북쪽에서는 수백만 명이 굶거나 굶어죽고, 남쪽에서는 그들을 먹여 살리고도 남을 만큼 음식을 버리고 살면서 자유·정의·평화·진리를 따른다고 한다. 지금 우리가 밥과 반찬을 먹고사는 것이 사실은 '죽임의 역사'를 만들고 있는 것은 아닐까? 죽임의 문화가 심화되어 우리도 머지않아 굶어죽게 될 재앙을 우리의 손으로 만들고 있는 것이 아닐까? 생명의 본질이 생명을 살리는 기쁨이라는 것을 애써 부정하거나 외면하려는 '죽임의 문화'에 길들여지고 있는 것이 아닐까?

온생명, 적자생존과 약육강식의 폭력성을 극복한다

인간과 사회는 변하지 않으면 진화할 수 없다. 현대 문명이

맞은 자연환경 위기는 인간과 관련된 환경이 우리와 한 몸이라는 것을 생각지 않는 데서 비롯된 재앙이다.

> 인간은 온생명 안의 한 개체로서 단순히 온생명에 의존해 그 생존이나 유지해가는 존재가 아니다. 의식과 지능을 지닌 존재로서 인간은 최초로 자기 자신에 대한 반성적 사고를 할 수 있을 뿐만 아니라, 그가 지니게 된 집합적 지식을 활용해 자신이 속한 생명의 전모, 즉 온생명을 파악해내는 존재가 된 것이다. ……자신의 내부로부터 자신을 파악하는 존재가 생겨났다는 것은 곧 자기 스스로를 의식할 수 있는 단계에 도달했음을 의미하는 것이다.[22]

이는 인간이 변화해야 할 이유와 그에 관한 깨달음을 말한다. 실제로 인간 생활 곳곳에서 시작된 변화 가운데서 눈여겨볼 몇 가지가 있다. 첫 번째 변화는 매우 놀라운 것이다. 산이나 들에서 자라는 식물처럼 채소나 과일이 자랄 수 있는 환경을 갖추는 자연재배 농법이 출현한 것이다. 화학비료는 물론 유기비료도 쓰지 않는다. 가축과 사람의 분뇨, 깻묵, 해초류, 쌀겨 등을 원료로 하고, 가공한 거름조차 쓰지 않는다. 한방 약재를 포함한 농약 등도 전혀 쓰지 않고 채소나 과일을 기르는 농사법이다. 이것은 수백 년 동안 인류가 연구하고 개발해 간신히 이룩한 농사혁명을 정면으로 부정하는 놀랍고 걱정스런 변화다. 인공비료와 농약을 전혀 쓰지 않기 때문에 채소, 곡물, 과일의 수확량이 급격하게 줄어들지 않겠는가 하는 걱정은 곧 인류의 식량 위기로 이어질 것이란 더 큰 우려를 낳는다. 비료를 생산하는 기업, 농약과 거름을 생산하는 기업이 문을 닫게 되고, 이 상품을 유통하던 기업이 폐쇄되기도 할 것이다. 농작물 품질 개량과 수확량 증대를 연구해온 학자와 연구기관, 대학의 어려움도 있게 될 것이다. 그러나 무엇보다 중요한 것은 대량생산이 미덕으로 평가받아온 100여 년 동안 인간이 먹어온 곡류, 채소, 과일에 들어 있던 독소들이 인체에 쌓여 쉼 없이 일으켜온 질병들, 그로 인한 고통과 질병 치유에 들어간 비용 문제다.

더욱 두렵고 놀라운 것은 오래도록 계속되어온 먹는 습관과 삶의 질 문제다. 먹는 습관은 쉽게 바꾸기 어렵다. 또한 먹거리 생산과 판매로 생활해온 사람들이 이윤 감소와 직업 상실을 방어하기 위해 벌이는 생존 차원의 다양한 전략과 공세도 만만치 않을 것이다. 그리고 기존 농법으로 이미 심각한 질병을 앓고 있거나 죽음 상태에 빠진 흙을 소생시키는 긴 시간 동안 인간들이 견뎌내야 하는 인내심과 잘못 살아온 데 대한 참회가 가능한가도 간단한 문제가 아니다. 그럼에도 불구하고 자연으로 돌아가야 한다는 마지막 외침과 행동이 멈춰서는 안 된다. 기다리는 시간이 5년, 10년이 되더라도 견디고 참회하며 변화를 겪어내야만 한다. 생명의 관계를 깨닫고, 서로 베풀고 나누는 관계의 본질을 느끼고, 그리하여 함께 살아가는 생명의 아름다움을 생활로 누려야 한다.

두 번째 변화는 적게 먹는 일이다. 음식을 되도록 알맞게 먹고 운동을 하면 그 자체가 좋은 약이 되고 훌륭한 치료가 된다는 것을 조금씩 깨닫고 있다. 음식을 알맞게 먹는 것은 식재료를 적당하게 마련하는 데서 시작된다. 알맞게 먹기 위해, 식재료를 적당하게 마련하는 것은 먹다 남는 음식을 쓰레기로 버리는 일이 생겨나지 않게 한다. 절약, 검소함의 실천이 만드는 '살림'인 것이다. 식재료가 되는 '물질의 살림'이다. 버려서는 안 되는, 남겨서는 안 되는, 죽이지 않아도 될 것을 살려놓는 것이다. 살림이 되어야 할 일을 죽임으로 만들지 않는 기쁨이 된다. 생태계는 생산자라 할 수 있는 식물, 그 식물을 먹고 살아가므로 소비자가 되는 동물, 생산과 소비 활동을 자연스럽게 이어가는 천혜의 노동자라 할 수 있는 미생물로 이루어져 있다.[23] 인간이 많이 먹는다는 것은 생산자인 자연 상태의 먹거리 환경을 전혀 생각하지 않고 제 욕심에만 골몰해 있다는 뜻이다. 인구 증가, 이기주의, 도시산업화 등으로 자연 상태의 먹거리만으로는 인간의 식욕 집착을 채울 수 없게 되었다. 이에 따라 대량생산법이 고안되었다. 대량생산은 자원부족과 폐기물 처리 문제로 이어졌다. 대기오염, 수질오염, 토양오염, 사막화, 고독성 농약 남용은 자연의 분해 능력을 마비시키면서 식물에서 동물로, 동물에서 미생물로 이어지며 반복되던 순환의 고리를 끊으려고 하고 있다.

이 위기를 가라앉히고 부드럽게 자연의 풀밭으로 돌아갈 수 있는 가장 빠르고 안전하며 효과적인 방법은 인간이 적게, 알맞게 먹는 것이다. 많이 먹으려는 것은 곧 '죽임의 문화'에 길들여져 생태계를 파괴시키는 원인이다. 먹지 말아야 할 것을 먹지 않는 것, 먹을 수 있는 것일지라도 배불리 먹지 않는 것, 나에게 먹이가 되어주는 것과 함께, 기쁘게, 살아가는 것이 살림의 철학이다.

차살림

다도와 차살림

도교의 본질인 '무위'를 생활 속으로 녹여들인 중국인들은 차를 통해 인간과 자연이 하나 되는 이상을 현실 세계에서 나타내고자 시도했다.[24] 오랜 시간을 보내는 동안 그들은 '차다오'茶道라는 말을 만들어내고 그 말 안에다 중국인이 꿈꾸어 온 역사와 실현된 문화를 녹여넣었다. 그 결과 '茶道'는 중국의 역사·종교·정치·문화를 아우르는 가장 선명하고 아름다운 그들의 정체성이자 동아시아의 보편적 고급문화로 자리매김했다.

일본은 당·송 시대의 탁월한 문물제도를 배우기 위해 무사정권에서 적극적으로 승려들을 유학시키면서 중국의 다도를 들여왔다. 가마쿠라, 무로마치 막부로 이어진 약 400여 년 동안 무가문화의 상징적 예술로서, 다도는 무사와 승려들의 권위와 존엄을 상징했다. 그리고 무로마치 막부 후반, 천재적 차인 센노 리큐에 의해 '차도'가 확립되어 일본의 자랑스런 문화로 정착했다.

한국인도 차 마시는 문화를 누려왔지만 중국이나 일본처럼 고유한 역사를 바탕에 둔 이름은 없고 다만 '차'라고 말하고 썼다. 신라·백제·고구려·고려·조선의 임금이나 최고 권력층에 있는 적은 숫자의 사람들, 승려들이 기호음료로 차를 마셨다. 차는 거의 중국에서 들여왔으며, 고려 후기부터 한반도 남쪽 해안 지방에서 옛적부터 자라온 차나무 잎을 따서 차를 만들어 '배차'焙茶, '춘배차'春焙茶, '봉황설'鳳凰舌 같은 이름을 따로 짓기도 했다.

조선시대에는 명나라 중심 외교 정책으로 중국 사신을 영접할 때 반드시 차를 내어야 했으므로 중국 차문화의 영향을 매우 크게 받았다. 그러나 『조선왕조실록』 전편에 실린 기록에도 그냥 '차'茶라고만 되어 있다.

1960년 이후에는 일본 '차도'의 영향을 받았다. 일제 강점기 때 일본 유학 경험이 있는 승려와 지식인들이 일본 차문화를 조심스럽게 소개하면서부터였다. 가장 눈여겨보아야 할 것은 18세기 후반 일본에서 창안되어 제작되기 시작한 '큐스', 즉 '옆손잡이다관'에 잎차를 넣고 따뜻한 물을 부어 우려낸 차를 작은 잔에 마시는 차법이다. 이것은 17세기 무렵 일본 에도 막부 시대의 새로운 차법으로 발전시킨 '센차'煎茶가 그 원형이다. '센차'는 또한 중국 명나라 때부터 크게 번성했던 잎차를 자사호에 넣고 뜨거운 물에 우려 마시던 포차법泡茶法의 영향을 받은 것이다. 또 하나는 '다완'茶碗이라고 부르는 역삼각형 형태의 그릇높이 6~9센티미터, 입지름 10~12센티미터을 쓰는데, 가루차와 물을 붓고

청화백자찻잔, 명 17세기, 높이 4.6cm, 입지름 7.8~8.2cm, 굽지름 3.3cm, 교토국립박물관 소장.

대나무를 가늘게 쪼개어 만든 '차선'으로 휘저어 거품을 일으켜서 마시는 차법이다. 이 두 가지를 다같이 '차도' 혹은 '다도'라 불렀다. 그 영향은 매우 컸다. 당시 일본 차문화에 관심을 갖고 배우려는 한국 사람들 또한 사회에 널리 알려지고 영향력이 상당한 신분계층에 속하기도 했다. 그들이 쓰는 말이 '차도'나 '다도'였기 때문에 그대로 한국말처럼 여겨지게 된 것이다.

그 후 중국과 문화 교류가 시작되었다. 엄청난 물량에다 빠른 속도까지 더해져서 한국은 매우 짧은 기간에 중국 차문화의 상품 시장처럼 변질돼갔다. 일본 차문화의 우위도 중국 차의 물량 공세에 흔들렸다. 특히 중국 문화의 독자성과 보편성을 믿고 지지해온 지식인과 권력층의 전폭적인 지지와 편향은 순식간에 한국 차인들로 하여금 중국 차문화를 아무 비판이나 평가 없이 받아들이게 만들었다. 중국의 '차다오'와 일본의 '차도' 사이에서 한국인도 덩달아 '다도'라고 부르면서 다도가 한국 차문화의 역사성과 전통인 것처럼 말해왔다. 그러나 한국의 '다도'에는 극복해야만 하는 역사적 과제와 반드시 점검하고 분석·비판해야 할 문화적 모순이 너무 많이 쌓여 있다. 그리고 그 역사적 과제와 문화적 모순은 아무리 긴 시간이 흐르고 수백만 차인이 조직되어도 결코 한국 차문화의 속살이 될 수 없고 한국 차문화의 독자성이 될 수도 없다.

차살림의 조건

'차살림'은 차를 만들고 마시거나 먹음으로써 사람의 몸과 정신을 살려낸다는 뜻의 우리말이다. 또한 중국의 '차다오'나 일본의 '차도'와 확연하게 다른 한국 차문화의 이름이다. 그저 한글로 쓰고 한국말로 소리내기 때문에 다르다는 것이 아니다. '차살림'은 '차'에 '살림'을 더해 창안해낸 새로운 말이다. 차는 무지를 지혜로, 분노를 자비로, 탐욕을 어진 마음으로 기르기를 소망하고 이를 수행으로 삼는다. 어진 마음의 씨와 뿌리를 기르는 기도라고 말할 수도 있을 것이다. 인간의 삶이란 매우 커다란 의미 덩어리다. 우주 자체가 곧 의미라고 여기면, 차는 거대한 의미 덩어리를 조금씩 아주 천천히 녹여서 마시는 것으로 볼 수도 있으리라. 따라서 차는 상상을 경영하는 신앙이기도 하다. 역사 의미 속으로 상상 여행을 떠나는 일이기도 하다. 또한 고정관념, 죽은 습관의 틀 속에 갇혀 있는 자신을 흔들어 깨우고, 갇혀서 부패하거나 변질된 자신을 비워내고 새로움을 채워넣는 것이기도 해서 차살림인 것이다. 살아 있음을 보지도 느끼지도 못하는 의식의 주검현상과 고여 있는 의식을 일깨우고 살려내는 것이 차살림이기도 하다. 차살림의 가장 중요한 핵심은 찻자리에 앉아 있는 손님을 편안하게 하는 것이다. 손님의 편안과 만족에서 내 삶의 의미를 발견하려는 것이다. 제대로 된 차문화의 세 가지 조건은 차, 찻그릇, 차법이라 할 수 있다. 세 조건을 두루 갖춘 차문화여야만 독자성과 역사성을 말할 수 있고, 보편성을 논의함에 있어서도 이는 꼭 필요한 것이다. 이제껏 중국과 일본은 이를 완전하게 갖추었으나 한국은 그렇지 못했다.

차茶

차는 차살림의 본질을 이룬다. 차로써 인간의 몸과 정신을 살리는 일이 차살림이므로 마땅히 차가 양식이 되고, 약이 될 수 있어야 한다. 그래서 차는 만드는 법이 중요하다. 만든 방법에 따라 덖음차, 증기로 쪄낸 증차, 덩어리차團茶, 떡차餠茶, 가루차, 발효차 등으로 분류하기도 한다. 차를 만드는 방법, 만든 차를 보관하고 저장하는 법도 각기 다른데, 그 방법은 지역, 기후, 시대, 만드는 사람의 개성과 전통에 따라 매우 다양하다. 제다법에 따라 맛, 향, 색깔, 기운이 다르지만, 궁극으로는 약으로서의 역할이 얼마나 크고 신뢰받을 수 있는가가 중요하다. 잘못 만들면 약이 아니라 독이 되기 때문이다. 중국은 문헌으로 확인할 수 있는 것만 보더라도 약 2000년 전부터 약으로 만들었던 차가 수십 종류 있었던 것으로 알려져 있다. 일본은 8세기 나라 시대 때 천황이 중국에서 들여온 차를 마셨다는 기록이 있고, 17

세기 에도 막부의 문인예술가들이 중국 차로부터의 독립의지를 내세워 숱한 어려움을 겪으면서 1738년 일본 녹차의 원형이라 할 수 있는 '청제증전차'青製蒸煎茶를 창안했다고 전한다. 한국은 고려와 조선 초기에 주로 승려들이 차를 만들었다는 기록이 있으나 계속되지 못했다. 조선 후기 초의선사에 의해 다시 한국차 전통의 맥이 이어지는 듯했으나, 이 역시 일제의 식민지가 되면서 단절되었다. 해방 이후 주로 남쪽 지방의 몇몇 사찰에서 차 만드는 일이 있었으나 일제 강점기 때 일본 유학생 등을 통해 일본 차 제다법의 영향이 미쳤고, 육우『다경』등 중국 차서茶書의 제다법을 따른 것이 대부분이었고, 우리의 독자적인 제다법은 나타나지 못했다.

찻그릇茶器

완성된 차를 담아 저장하는 데 쓰는 그릇, 차를 끓이기 위해 준비한 물을 담아두는 그릇, 물이나 차를 끓이는 탕솥, 탕솥에서 끓인 차를 담아 마시는 다완, 잎차를 우려내는 다관, 숯불을 피우는 화로, 차실의 장엄에 필요한 꽃을 꽂는 꽃병, 향로 등이 모두 찻그릇에 해당된다. 중국의 청자·백자·삼채·자사·천목은 동양 도자사의 원형이다. 한국의 경우는 가야시대의 토기류, 고려의 청·백자, 조선의 분청과 백자를 들 수 있다. 이들 그릇의 생김새, 이름, 쓰임새는 모두 중국 문화의 영향으로 이루어진 것이다. 일본은 주로 중국과 고려의 영향을 받았다. 찻그릇에 대한 열정과 집념으로 무로마치 막부 시대에 들어와 센노 리큐

쿄오겐바카마(狂言袴) 다완, 쿄오겐(狂言)은 노오(能) 공연 막간에 상연되는 우스꽝스러운 대사. 고려 14세기, 높이 9.4cm, 입지름 8.5cm, 센노 리큐가 소장했던 것. 일본이 고려에 주문하여 가져간 청자인데, '라쿠'의 모체가 되었다.

가 일본의 독자적인 찻그릇이라 할 수 있는 라쿠樂를 창안했다.

차법 茶法

차를 끓이고 우려내고 가루차 거품을 일으키는 방법이다. 이때 화로가 등장하고 불을 피우고 불기운을 다스리며, 숯을 만들고 피우는 일이 따른다. 물에 관한 한 매우 엄숙하고 거룩하며 참으로 기이하고 다양한 역사와 내력이 뜻밖의 심각함으로 제기되기도 한다. 차를 끓이는 법은 육우『다경』을 비롯해 중국의 수많은 차서에서 여러 가지 방법과 사례들, 전설이 알려져왔다. 이 차서들은 차를 우려내는 방법, 찻잔에 담긴 차를 마시는 방법, 즉 손 모양, 앉는 자세와 표정 짓기 등이 거론되며, 차실의 분위기와 꽃 모양, 향과 향로, 차실의 그림 등을 두루 다룬다.

이렇게 세 가지 조건을 독창적으로 갖춘 것이 중국이다. 일본은 중국을 모방하는 데서 시작해 무가문화와 공가문화 公家文化 의 경쟁과 차별화를 거치면서 나름의 독자성을 확립했다. 철저하게 중국 차문화를 연구하고 실천함으로써 일본인의 정서와 감성에 알맞도록 변화를 거듭한 끝에 일본 다도의 정통성을 확립했다. 그러나 한국은 중국과 일본에 붙들린 채 한국 차문화의 독자성과 보편성을 확립하지 못하고 있다.

'차살림'은 지금까지 한국 차문화가 고뇌해온 원인을 정확하게 짚어내어 중국과 일본의 영향을 배제하고 독자적인 제다법을 창안해 완성시켰다.

찻그릇과 차법도 함께 완성시켜 한국 차문화의 세 조건을 모두 확립했다. 먼저 '차'가 약이 되고 양식이 되어야 하며, 그 차를 담아 끓이거나 끓인 차를 담아 마시는 '그릇'이 갖춰져야 하며, 차를 끓이고 마시고 나누는 '법'이 잘 갖춰짐으로써 '차살림'이 성립되었다는 의미다. 이렇듯 독자성과 보편성을 두루 갖춘 한국 차문화를 '차살림'으로 부르게 되었고, '차살림'을 한국 차문화의 독자성 확립의 한 증거로 내놓는다.

차살림의 갈래

차살림은 크게 내외살림, 오붓살림, 모두살림, 헌다살림으로 갈래를 이룬다.

'내외살림'이란 한 가정을 이루는 부부가 마주 앉아서 차를 마시는 살림이다. 찻자리에서 두 사람이 펼쳐내는 미학적 토대는 '둘'이라는 숫자와 관련된다. 차살림을 이루는 오붓살림, 모두살림, 헌다살림은 내외살림이 지니고 있는 미학 구조를 내적·외적으로 다양하게 응용하면서 이루어지고 펼쳐진다.

'오붓살림'은 차살림을 도맡는 길눈이 한 명과 손님 세 명으로 찻자리가 이뤄진다. '길눈이'는 길을 찾아가는 정신을 갖춘 사람을 뜻한다. 가족, 이웃, 친한 이들이 모여 단출하고 고요한 분위기에서 차살림의 여러 모습과 가지가지 의미를 완상하면서 차를 마시는 형식이다. 차살림 길눈이는 한 사람인데 '하나'라는 수는 고대 동아시아의 깊은 철학과 관련한 내용을 담고 있다. '셋'은 완전수成數라는 의미를 지니기 때문에 차살림 미학 구조의 핵심적인 개념이다.

삶이란 때때로 많은 사람들과 만나고 일을 해야 하고 이야기를 나눠야 하는데, 여러 사람이 한 자리에 앉아서 차를 마시는 경우도 있게 마련이다. 집안 잔치나 특별한 뜻을 지닌 모임을 기념하기 위해 '모두살림' 형식을 차려낼 수도 있다. 이때는 한 명의 길눈이와 손님 아홉 명으로 찻자리가 구성된다. 모두를 합치면 '열'이 된다. 길눈이를 제외한 '아홉'은 그만의 철학적 의미를 지니고 있다. 차살림으로 재구성한 인간관계의 희로애락과 삶의 경건함, 즐거움과 슬픔의 근원을 담고 있다.

역사적 일이나 인물을 기리고 추억할 때는 '헌다살림'을 올린다. 길눈이를 포함해 열 명으로 이뤄지는데, '아홉'의 미학 체계는 모두살림과 같다.

이렇듯 차살림의 미학은 음양학, 도교사상, 노자사상,『율려신서』律呂新書,『설문』說文 등에서 전해오는 '수數 철학'과 관련되어 있다. 고대 동아시아에서 형성된 '수 철학'을 바탕에 깔고 형성된 불교미술은 특별히 탑의 층수, 즉 3·5·7·9·10층 석탑의 모습으로 나타난다.[25] 이렇게 만들게 된 근원이 '수'에 담긴 철학이다. 이러한 미학 체계를 갖춘 차살림이 일상생활의 한 부분을 이루어서 실제로 쓰일 수 있도록 창안해낸 행위를 '차살림법'이라 부른다. 흔히 차법이라 함은 독창성을 지닌 차문화가 생활로 자리 잡아서 한 국가의 고유한 문화가 된 것을 이른다. 예를 들면 중국의 경우 보이차普洱茶라 부르는 고유의 차와 그 차를 끓여 마시기 위해 오랜 연구 끝에 완성한 자사호紫砂壺, 차를 끓이는 데 꼭 필요한 풍로 등 수십 종류의 다기와 물을 다스

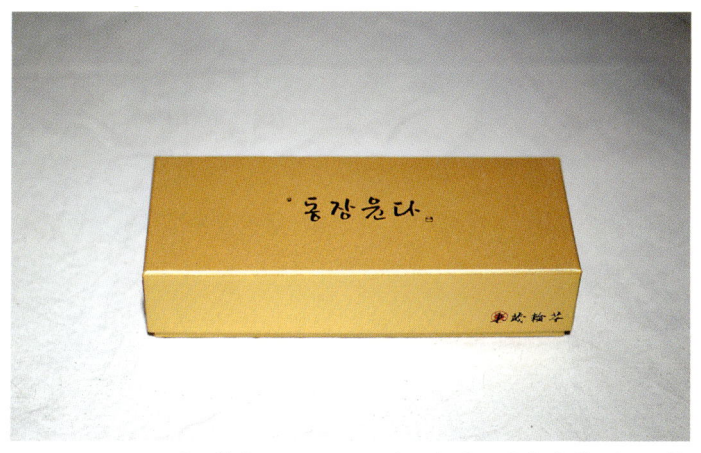

'동다'라고도 부르는 동장윤다. 차를 담아 마시는 '보듬이', 차를 끓이고 마시는 '차살림'과 함께 차살림법을 구성하는 3요소 중 하나다.

리는 방법이 완성됐다. 또한 차 한 잔을 제대로 마시기 위해 필요한 여러 가지 준비와 몸가짐을 체계적으로 확립한 『다경』을 차법의 경전으로 삼는다. 그런가 하면 불교의 선종사찰에서 수행하는 승려들의 차법은 『선원청규』에 정해져 있는 내용으로 따른다. 일본은 그들 나름의 연구를 거쳐 만들어낸 말차와 센차, 이 차를 마시는 데 쓰는 그릇 라쿠다완樂茶碗과 차선, 규스急順, 차법의 교범教範인 『영평청규』永平淸規와 차실의 역사를 지녔다. 『영평청규』는 중국의 『선원청규』를 일본의 사정에 맞도록 정리한 것이다. 한 나라의 차문화가 확립되기 위해서는 우선 독창적으로 만든 차가 있어야 하고, 두 번째로 그 차를 마시는 데 쓸 찻그릇이 독창적이어야 하며, 세 번째로 차를 끓이고 마시는 고유의 차법을 갖춰야 한다. 우리나라의 경우 중국과 일본 차문

위 | 우송백자연꽃우림이, 김대희 작품.
아래 | 우송청자연꽃보듬이, 김대희 작품, 높이 7.5cm, 입지름 11.5cm.

차살림에 쓰이는 화로.

화를 그대로 모방하거나 교묘하게 짜맞춰 기이한 행위와 애매한 말과 글로 겉치장해 마치 한국 차문화인 것처럼 말하기도 한다. 옳지 않고 부끄러운 일이다. 잘못된 것을 바로잡기 위한 구체적인 계획을 세우고 한 가지씩 대안을 내놓기로 했다. 대안이 나오면 이를 토대로 여러 번 검증과 수정을 거치면서 한국 차문화의 독자성으로 완성시켜가는 위험하고 어려운 일을 시작했다.

맨 먼저 치러야 할 과제는 차 만드는 일이었다. 중국·일본·한국의 제다법 관련 문헌과 절집과 민간에 구전으로 내려온다는 제다법을 수집하여 정리했다.

다행스러운 것은 1965년 무렵부터 틈틈이 차 만드는 사람들을 만나 보고, 듣고, 익혀온 내용들이 결코 적지 않아서 제다 실험은 재미있었다.

덖음차 종류, 증기에 숨을 죽인 다음 찧거나 압착 또는 잎차로 만드는 단차, 떡차, 잎차 종류, 가마솥 덖은 뒤에 몇 갈래 발효법을 추가하는 방법, 끓는 물에 숨을 죽인 다음 다양한 방법으로 발효과정을 거쳐 솥을 사용하여 마무리하는 방법, 효모를 이용한 발효차들에 이르기까지 20여 년 동안을 실험했다.

그중에서 탄닌, 카페인의 약리적 유용성을 안전하게 확보하며, 빈속에 마셨을 때 속쓰림이나 역겨움을 없애고, 장^{腸} 내의 유익균이 증식되어 몸이 가벼워지고 체온을 상승시키면서 장 활동을 돕는 약효를 높일 수 있는 방법들을 가장 오래 실험했다.

한국인 살림살이의 바탕인 된장이나 간장을 만드는, 정교하고 긴 시간이 필요한 발효 방법을 가장 많이 응용했다. 각 나라마다 독자적인 제다법이 있는데, 모든 나라가 각자의 고유한 음식 만드는 전통을 바탕에 깔고 있기 때문이다.

그렇게 완성한 것이 '동장윤다'이다. 줄여서 '동다'^{東茶}라고도 부른다.

이때의 동^{東}은 해가 떠오르는 쪽, 태양, 옛것을 새로이 하는 힘, 절망·구속·차별·소외를 극복하는 힘이라고 풀이했다. 이같은 기운을 지니고서 온 세상을 두루 돌면서 목숨을 살리는 차가 되기를 소망하며 '동장윤다'라 이름 지었다.

두 번째 작업은 동장윤다를 담아 마시는 그릇을 만드는 일이었다. 동아시아 차문화사에서 보편성을 얻고 있는 다완^{茶盌}이라는 말의 '완'^{盌} 자를 쓰지 않기로 했다. 완$^{盌·碗·椀}$자는 중국과 일본에서 확립된 것이다.

순수한 우리나라 말이면서 한국의 현대 사회가 지니고 있는 표정과 그 속을 채우고 있는 심리를 잘 담아내는 새로운 이름을 짓고 싶었다. 조선왕조의 계층과 신분의 깊은 갈등, 일제 식민지시대의 분열과 증오, 6·25의 대립과 증오, 죽임과 이별, 민주화시대의 차별과 대립, 그 이후의 빈부격차와 극심한 차별과 소외가 초래한 대립과 자연의 재앙 등을 한데 모아서 상징하는 이름이 필요했다. 그 이름을 그릇의 형태와 색깔과 무늬로 형상화시키고 싶었다.

그래서 지은 이름이 '보듬이'였다. 두 손으로 보듬어 안고 함께 숨 쉬며 사는 것이다.

세 번째 작업은 차를 넣고 뜨거운 물을 부어 우려내는 그릇, 즉 '다관'茶罐이라 부르는 오래되었으며, 중국에서 시작된 명칭 대신 전혀 다른 이름을 붙여주어도 좋은 새로운 모습의 그릇이 필요했다. 우리 민족과 겨레가 여기까지 오면서 겪어낸 숱한 외부 침략자들에 의한 전쟁과 파괴, 피눈물 마를 날 없었던 생이별과 피난살이와 가난의 질곡들을 이겨내도록 도와준 신앙과 이웃에 대한 미더움을 그릇으로 표현하고 싶었다. 진흙 속에서 시작되어 진흙과 물을 헤치고 하늘 아래 다소곳이 꽃망울을 터트리는 연꽃의 생태를 떠올렸다. '우림이'라 이름 지었다.

네 번째는 차를 나누고 함께 마시는 예절과 방법을 네 가지로 나누어 '차살림법'이라 정했다. 이리하여 비로소 한국 차문화사에서 처음으로 독자성을 갖춘 한국 차문화의 대안을 내놓게 되

길눈이. 차살림법에서 차살림을 도맡아 이끌어가는 사람이다.

었다.

이 대안이 어디까지나 대안으로서의 역할로 그 소임을 다할 수 있다면 더 바랄 것이 없다. 이 대안을 바탕 삼아서 더 깊고 넓으며 아름다운 지혜들이 쌓여가서 어느 먼 세월에 중국의 '다도'茶道나 일본의 '茶の湯' 같은 인류의 정신문화사를 수놓는 '차살림'이 완성되기를 바란다.

길눈이

'길눈이'는 길을 찾아가는 정신을 갖춘 사람을 뜻하는 말이다.

내외살림, 오붓살림, 모두살림, 헌다살림에서는 반드시 있어야 할 물건을 챙겨 마련하고 사람을 모셔오는 일을 도맡아 차살림을 펼치고 마무리 짓는 사람을 '길눈이'라고 부른다. 길눈이는 차살림 미학과 차살림법을 연구하고 배워서 '시자'侍者의 지위에 오른 사람 가운데서 엄선되고 존경받아야 한다. 길눈이에게 부여하는 깨끗한 명예와 존경은 '하나'라는 수의 철학에서 연원한다. 길눈이가 한 명이라는 것과 관계된 것이다.

천지天地의 수는 '일'一에서 시작해 '십'十에서 그친다.26

도道는 '일'에서 시작하며, '일'에서 변화하지 않으면 만물이 생성되지 않으므로 '일'이 음과 양의 기운으로 분리되었으며, 음양이 조화롭게 결합해서 만물을 낳았다. 그래서 일이 이를 낳고 이가 삼을 낳고…….27

인간 생활에서 하늘, 땅, 사람의 관계를 처음 설명하기 위해 창안된 것이 수를 나타내는 기호였다. 이른바 '천지天地의 수'라 하여 『주역』周易 「계사」繫辭 상권에서 '天一·地二·天三·地四·天五·地六·天七·地八·天九·地十'이라 했다.28

一은 처음의 태극太極이다. 도는 일에 근거해 천지를 나누고 만물을 만들어냈다.
一 惟初太極 道立於一 造分天地 化成萬物29

차살림 길눈이는 차살림을 시작一하고, 펼친 뒤 모두 이루고 마무리 짓는[+] 사람이다. '일은 음과 양의 기운으로 분리되었으며, 음양이 조화롭게 결합해 만물을 낳았다'고 한 데서 길눈이가 도맡아 펼쳐내는 차살림의 다양한 몸짓과 뜻의 근거를 삼은 것이다. 이를테면 길눈이의 여러 모습, 손짓, 표정, 다양한 모양 색채를 지닌 찻그릇 선택, 찻그릇을 물에 씻어 헹구고 깨끗한 수건으로 물기를 닦고, 물을 따르고, 차를 달여 붓고 나누는 동안 보이는 동작들, 이 동작의 고요한 움직임들, 그런 것들에 담겨 전해지는 의미와 상징을 만들어내는 것이 길눈이의 일이다.

함축적이며 상징성 강한 길눈이의 역할은 여성, 어머니를 뜻하기도 한다. 이때의 어머니란 물론 생물학적이고 자연적인 잉태, 출산, 수유, 양육 측면에서 일컬어져온 보편적 모성을 포함하고 있지만, 그것에 그치지 않는다. 모성이라는 고상한 언어로 치장하는 관습을 수긍하는 것만도 아니다. 모성이란 생의 본능이어서 자식이 질병과 굶주림, 생명을 위협하는 위험과 죽음을 맞게 된 경우에는 처절한 절규나 절절한 집착으로 표출되기도 한다. 인류가 기나긴 역사 속에서도 절멸하지 않을 수 있었던 것도 어머니의 생의 본능에서 비롯된 절규와 집착의 힘 때문이었는지도 모른다. 그래서 차살림 길눈이의 몸짓들과 손짓, 침묵의 언어들은 그와 같은 모성 본능을 일깨워내려는 의도와 연결되기도 한다. 모성 본능에서 전해져오는 자식 사랑의 다양한 모습과 의미들을 찻자리에서 체험하고 깨달아 인간 본연의 자리로 돌아가게 하려는 안내자이기도 한 것이다.

'일'은 때때로 창조자, 조물주 등의 절대개념을 지닌 '천지의 수'로도 인식되며, 유일신의 연원이라고도 여겨져왔다. 이렇듯 길눈이는 존경, 위엄, 스승, 길을 열거나 안내하는 사람의 모습을 배워가는 자리다.

내외살림

부부가 집안에서 차를 마실 때 차리는 차살림법이다. 두 사람이라는 숫자를 중요하게 여기므로, 때와 자리에서 따라서는 반드시 부부가 아니더라도 두 사람이 차리는 차살림이면 괜찮을 수도 있으나 본바탕은 부부에게 둔다. 내외살림법의 차살림 길눈이는 남편이 맡도록 되어 있고, 이때 아내는 세상에서 가장 고귀한 손님이 된다. 부부는 숫자로 '둘二'이 되므로 '둘'과 관련된 미학 체계를 지닌다.

一은 二를 낳고, 二가 三을 낳고, 三은 만물을 낳는다.
道始於一 一而不生 …… 故曰 一生二 二生三 三生萬物 30

부부는 가정을 이루며, 가정은 한 나라의 근간이다. 무릇 모든 사람은 가정을 의지해 사회생활을 한다. 이른바 『논어』의 '수신제가치국평천하'修身齊家治國平天下가 성립되는 바탕이다. '둘'이 '셋'을 낳는다 함은, '둘' 자체만으로는 미완성이기 때문에 완전함成數을 준비하면서 스스로를 갈고 닦는 쉼 없는 수행을 상징하기도 한다.

중국 당나라의 선종 수행승이었던 백장회해百丈懷海, 720~814

차살림의 갈래 281

내외살림법. 부부가 차리는 살림이며 남성이 도맡아한다.

가 최초로 제정한 『백장선원청규』百丈禪苑淸規를 근간으로 종색선사宗賾禪師가 1103년에 다시 정리한 『선원청규』 제5장 「당두전점」堂頭前點을 보면, 선종 승려는 정해진 규칙에 따라 한데 모여 엄격한 질서 속에서 차 두 잔을 마시는 의식을 하도록 정해져 있다. 이 규정은 불교 수행자들을 위한 최초의 차법이다.[31] '두 잔'으로 제한한 규칙은 숫자 '둘'의 미학이 응용된 것이다. 차를 마시는 승려들은 완전한 깨달음을 뜻하는 '셋'에 도달하기 위해 정진에 게으르지 말아야 한다는 의미로 두 잔을 마시는 것이다. 많은 승려들이 차실에 모여 서로 수행 중임을 깨우쳐주어 더욱 정진토록 하는 것이다.

완전한 수 '셋'을 목표로 하는 '둘'은 한 가정을 이루는 근간인 부부의 상징이기도 하다. 부부의 조화에서 자식들이 생겨남으로써 마침내 완전한 수인 '셋'을 완성시킨다는 것이다. 그리고 내외살림에서 남편을 길눈이로 한 것은 숫자의 미학 체계와는 별도의 뜻을 담으려 한 것이다. 한국인의 오랜 생활에서 생겨난 남존여비, 남아선호사상, 가부장제 등 남성중심주의의 모순을 치유해 성차별로 인한 고통과 폐해를 극복하려는 것이다. 전통 사회에서는 남자가 모든 면에서 여자보다 우월하다고 여겼다. 무슨 일이든 대부분 남자가 먼저였고 더 많은 이익을 차지했다. 혼인한 뒤부터는 아내와 딸들로부터 섬김을 받았다. 그렇게 수천 년을 살았다. 성차별은 시대적 도덕 윤리의 정당성처럼 관습화되었고 성차별로 인한 비인간적 대우와 폭력조차도 면죄부를 받아왔다. 그런 긴 역사적 면죄부를 스스로 포기하고 억지 대우로 유지되어온 남성우월주의를 깨뜨리고 나와, 어머니, 아내, 며느리와 딸 그리고 세상의 모든 여성들에게 그동안의 기득권을 사죄하고 참회하는 뜻으로 차살림을 도맡는 것이다.

인간으로 태어나 처음으로 찻그릇을 깨끗이 닦고, 숯불 피워 정성 기울여 찻물 끓이고, 봄 새순으로 만든 찻잎을 정성껏 매만지고 끓여서 보듬이에 담아, 두 손으로 받들어 어머니, 아내, 딸의 손에 쥐여주는 것이다. 그러고는 두 손을 모아 맛있게 드시라는 인사말을 하는 것이다. 사죄와 참회만이 아니라 적지 않은 세월 내내 대접받고 은혜 입어온 데 대해 감사하고, 차 한 잔으로라도 진심을 담아 인사해 차별을 내려놓고 소통하자는 것이다. 정녕으로 진심을 담은 찻자리라면 어머니, 아내, 딸 들은 눈물 글썽이며 감격하리라.

다른 이유는 양성평등으로 공존과 상생의 가치를 미래에 실현시키기 위한 변화를 만들어내려는 것이다. 대화와 나눔의 소통을 통해 삶의 에너지를 키우자는 것이다. 약육강식과 적자생존이라는 자타공멸 생존법에서 벗어나, 서로 돕고 배려하는 '온생명'을 깨닫고 실천하는 선택을 생활문화로 정착시키려는 고뇌에 찬 시도다. 인간이 지구에 살게 된 이후 처음으로 선택한 이 변화의 조건 가운데 첫 번째 조건이 남성의 변화라고 여기기 때문이다. 수천 년간 지속되어온 남성우월 또는 남성중심 가치관의 억지를 무효화한다는 선언과도 같다. 이것은 남성의 패배라거나 굴복을 뜻하는 전투적 호전적 의미가 아니라, 남성 존재의 은폐되고 왜곡되어온 온유한 가치를 재발견해내자는 것이기도 하다. 역사와 제도가 만든 정신적 장애자라 해도 틀리지 않은 남성중심주의의 폐해를 적극적으로 깨닫고, 정상적 인간으로 회복해가는 거듭남의 기회이기도 하다. 이것이 '내외살림'에서 남성이 차살림을 도맡는 이유다. 무엇보다 눈여겨봐야 할 내외살림의 큰 장점은, 부엌살림을 포함해 어린아이 키우기, 빨래와 청소 등으로 남성의 능력을 심화시킴으로써 양성평등이라는 공존과 상생의 실현 토대로 삼을 수 있다는 것이다.

이러한 내외살림의 모든 행위와 정신은 오붓살림, 모두살림, 헌다살림의 토대로 응용된다. 마치 가족과 가정이 한 사회와 국가의 가장 소중한 가치의 핵심이며, 조직과 실행을 완성시키는 공식이기도 한 것처럼 말이다. '둘'과 '셋'을 낳는다는 뜻이기도 하다. 또한 '둘'은 '하늘'天과 '땅'地인데 미완을 뜻하며, 완성인 '셋'을 지향하는 겸손, 결심의 뜻을 담고 있기도 하다.

오붓살림법. 3~5명의 손님을 대접하는 살림이다.

오붓살림

'오붓살림'은 내외살림법을 응용해 펴는 것으로, 찻자리에 앉는 손님이 세 명일 때 가장 잘 어울리는 차살림이다. '오붓'이란 말처럼 허실 없이 꼭 있어야 할 것만 갖춘 차살림이다. '포실하다'는 말은 살림이 넉넉한 것을 뜻하기도 하는데, 이때 넉넉함이란 꼭 있어야 할 것을 갖추고 낭비, 사치, 허세 등으로 꾸민 데가 없어서 마음이 편안한 것이다. 더하지도 덜하지도 않는 중정中正을 이루었음을 말한다. 길눈이가 손님 한 사람 한 사람의 눈빛을 받으며 숨소리를 듣고 마음을 느끼면서 차를 달이고, 차를 내고 찻그릇을 거두어 씻고 닦아 찻자리를 마칠 때까지 손님을 편안하게 한다.

손님은 앉은 채로 길눈이가 차살림 사는 모습을 조용하게 바라본다. 찻그릇을 완상하고 화로에서 끓는 물소리를 듣고 피어오르는 김을 바라보기도 하며, 길눈이가 그릇을 씻을 때 들려오는 고요한 침묵을 흔드는 물소리에 눈을 감기도 한다. 또 옆 사람과 눈길로 찻자리의 편안함과 고요와 넉넉한 느낌에 대해 침묵의 대화를 나눈다. 오붓살림은 숫자 '셋'을 상징한다.

> '三'은 수의 이름이다. 하늘, 땅 사람의 도를 뜻한다. 자형^{字形}을 보면 '一'과 '二'가 짝해 '三'이 되었으니 완전수^{成數}다.32

> 보통 진귀하고 맛과 향이 좋은 차는 석 잔을 마시고, 그 다음에 다섯 잔까지 마신다. 만약 찻자리 손님 수가 다섯 명이면 다완 세 개를 쓰고 일곱 명이면 다섯 개를 쓰며······.
> 夫珍鮮馥烈者 其盌數三 次之者盌數五 若坐客數至五行三盌至七行五盌 33

중국 차문화에서는 적어도 당나라 때부터 좋은 차는 석 잔을 마시는 것이 가장 좋은 차법이라고 정해졌고, 이는 그 뒤로 변함없이 차 마시는 중요한 원칙으로 자리 잡아왔다. '셋'의 미학이 차 마시는 법에 녹아든 것이다.

모두살림

'모두'는 사물의 수효나 양을 한데 어울렀음을 뜻한다. '온통, 전체, 전부'이기도 하다. 여럿이 모여서 조화를 이루게 하거나, 여럿이 모여 한 덩어리나 한 판이 되게 한다는 '어우르다'는 '아우르다'와 함께 '모두'를 이루는 말이기도 하다. 내외살림을 이루는 행위 하나하나가 지닌 의미들을 바탕으로 삼아 찻자리를

모두살림법. 존경, 신성, 존엄을 상징하는 살림이다.

조금 더 넓혀 차린 차살림이 오붓살림인 것처럼, 내외살림과 오붓살림을 더 넓혀 차려냄으로써 찻자리의 의미와 형식을 심화시킨 것이 모두살림이다. 모두살림 찻자리는 길눈이 한 명과 손님 아홉 명이 찻자리에 앉게 된다. 모두살림의 10과 9는 생명의 존엄, 삶이 이뤄내는 생활의 간절함과 사랑, 인간으로서 마땅히 지니고 더욱 드높여야 할 사람에 대한 존경과 애정, 신성으로 유지되는 하늘과 땅의 생명 탄생과 소멸을 상징한다. 그만큼 깊고 넓고 높은 미학 체계를 지니고 있다.

> 천지의 수는 一에서 시작해 十에서 그친다. 一, 三, 五, 七, 九는 양陽이 되니, 九는 양의 성수成數다.[34]

헌다살림법. 신, 조상 등에게 헌정하는 살림이다.
포은 정몽주 묘소 헌다 모습.

九는 양陽·易의 변화다. 『열자』列子, 『백호통』白虎通, 『광아』廣雅 에서 모두 '九는 다한다, 究는 뜻이다'라고 했다.35

九는 양이 완성된 수다. 또 구천九天, 99칸집, 구중九重궁궐이 라는 말이 있듯이 많다는 뜻으로도 쓰인다. 그런가 하면 九는 구久와 발음이 같은 연유로 장구長久의 의미를 갖기도 하며, 존 귀 또는 길상의 상징으로 쓰이기도 한다. ……『삼국유사』「탑 상」을 보면, 선덕여왕이 주변의 이민족에게 신령의 힘으로 항 복을 받는다는 취지로 황룡사에 9층탑을 건립했다고 한다. 제1층은 일본, 제2층은 중국, 제3층은 오월, 제4층은 탐라, 제5층은 응유, 제6층은 말갈, 제7층은 거란, 제8층은 여진,

제9층은 예맥이라 했다.[36]

이러한 의미를 담은 모두살림은 존경과 간절한 소망을 담아 드리고자 하는 자리에서 주로 펼쳐진다. 스승의 존귀를 축하하는 모임, 부모님 칠순 기념 자리 등 귀한 자리에서 펴는 차살림이다.

헌다살림

조상, 신 등에게 헌정하는 차살림이며, 길눈이를 포함해 모두 열 명이 참여하고, '모두살림'의 미학이 그대로 적용된다.

1 장회익,『삶과 온생명』, 솔, 2004, 167~179쪽.
2 같은 책, 191쪽.
3 같은 책.
4 같은 책, 180쪽.
5 같은 책, 189쪽.
6 같은 책, 190/194쪽.
7 정명삼,『의상 화엄 사상 연구』, 서울대출판부, 1998.
8 고미숙,『동의보감, 몸과 우주 그리고 삶의 비전을 찾아서』, 그린비, 2011, 185~186쪽.
9 장택희,『살림의 논리』, 녹색평론사, 2000, 44쪽.
10 원영섭 엮음,『우리속담사전』, 세창출판사, 1993, 606쪽.
11 장택희, 앞의 책, 21쪽.
12 같은 책.
13 이두현 외,『한국민속학개설』, 일조각, 1991, 222쪽.
14 장주근,「한국신당형태고」『문화제』제3호, 1967, 22~43쪽.
15 서긍,『선화봉사고려도경』, 1121(인종 2년) 17, 祠宇.
16 이두현 외, 앞의 책, 226~227쪽.
17 村山智順,『部落祭』, 조선총독부, 1937, 476쪽.
18 페르낭 브로델, 주경철 옮김,『물질문명과 자본주의: 일상생활의 구조』상, 까치글방, 1996, 137쪽.
19 『조선왕조실록』, 1597(선조 30년), 4월 13일(계유조).
20 페르낭 브로델, 앞의 책, 139쪽.
21 같은 책, 137쪽.
22 장회익, 앞의 책, 195쪽.
23 장택희, 앞의 책, 171쪽.
24 封演,『封氏聞見記』1, 中華書局, 1985, p.1.
25 허균,『사찰장식 그 빛나는 상징의 세계』, 돌베개, 2000, 187쪽.
26 채원정, 이후영 옮김,『국역 율려신서』, 문진, 2011, 65쪽.
27 왕임·시에똥위엔·리우팡, 김은희 옮김,『설해문자와 중국고대문화』, 학고방, 2010, 73쪽.
28 채원정, 앞의 책, 74쪽.
29 염정삼,『설문해자 주역해』, 서울대출판문화원, 2007, 17쪽.

30 왕임·시에뚱위엔·리우팡, 앞의 책, 73쪽.
31 최법혜 옮김, 『고려판 선원청규 역주』, 가산불교문화연구원, 2001, 222쪽.
32 염정삼, 앞의 책, 23쪽.
33 陸羽, 「茶經」七之事, 全國圖書館文獻微縮複製中心, 『中國古代茶道秘本五十種』壹卷, 北京, 2003, p.52.
34 채원정, 이후영 옮김, 앞의 책, 65쪽.
35 염정삼, 앞의 책, 669쪽.
36 허균, 앞의 책, 192쪽.

5 차살림법의 세계

- '보듬이'의 뜻과 만든 까닭

- '보듬이'의 미학적 원류와 응용

- 차살림법의 모습

'보듬이'의 뜻과 만든 까닭

　세상의 모든 그릇은 필요의 산물이다. 찻그릇은 차 생활에 필요하기 때문에 만든 것이다. '보듬이'도 우리나라 차문화의 독자성을 갖추는 데 필요하여 그 모양과 이름이 생겨났다. 무릇 대부분 그릇들은 그 시대의 이야기가 살아서 그릇의 이름이 되고, 모양을 만들었으며, 색깔과 무늬를 입히게 되었다. 그리고 그 그릇의 쓰임새와 사용한 사람의 신분에 따라 가치가 달라지기도 한다. 찻그릇은 다른 용도에 쓰인 그릇들에 비하여 흙의 재질, 유약의 선택, 무늬의 결정, 불의 성질과 사기장의 솜씨 등 모든 면에서 최상의 조건이 요구되었다.

　차문화는 그 시대의 문화를 주도하는 역할을 맡아왔고, 차 생활하는 사람들의 신분이 상류계층이었으며, 차가 신에게 바치는 제수에서 귀한 약으로 쓰이고 다시 지배계층의 기호음료였거나 불교 수행자에게 꼭 필요한 귀중한 물건으로 자리 잡게 되면서 차를 담아 마시는 다완의 가치도 점점 높게 여겨졌다. 차문화는 인간의 다양한 생각을 확장, 심화시키고 지속시켜주는 미래지향적 내용을 풍부하게 담고 있다. 이 내용들은 인류의 오랜 역사 과정에서 체험된 것인데다 긍정적이면서 현실성을 지니고 있기도 하다. 또한 차·그릇·의상·미술·음악·명상·건축·철학·미학·미술사·역사 등을 아우르는 매우 광범위하면서도 전문적 수련을 필요로 하는 예술이다. 복합적인 내용을 담은 문화 상품이면서, 동시에 정치·사회적 특성을 문화로 변용시켜 현재의 삶을 재인식하게 하는 역할도 한다.

'보듬이'는 차문화의 다양한 내용들과 소통하면서 이 그릇이 탄생한 우리 시대의 표정과 정신을 모두 담고 있는 아름다운 그릇이다. '보듬이'라는 말은 '두 팔로 끼어 가슴에 붙이다, 포옹하다, 안으로 들어오는 것을 손과 몸으로 바로 받다, 남의 일을 책임지고 맡다, 새나 닭 따위가 알을 품다, 생각으로서 지니다'는 뜻을 지닌 '안:다'라는 말의 사투리다. 흔히 '껴안다'로도 자주 쓴다. '보듬어 안는다'라고도 한다. 반드시 두 팔로 안아야 한다. 내 안으로 들어오는 것을 피하거나 밀어내지 않고 기꺼이 손과 몸으로 머뭇거리지 않고 받아들이는 것이다. 때로는 위험하고 몹시 번거로운 남의 일을 내 일처럼 정성을 다하여 맡아서 해내는 것이다. 몸으로는 물론 마음으로도 기쁘게 받아서 품는 것이다. '보듬이'는 '보듬다'는 타동사에다 다른 말 밑에 붙어서 사람이나 사물을 뜻하는 말인 '이'를 붙인 말이어서 '두 손으로 보듬어 안는 찻그릇'이라고 풀이할 수 있다.

지금껏 한국의 차문화는 '찻잔'으로 부르는 작은 찻종에 차를 담아 한손으로 들어 마시거나, 한손으로는 찻잔을 들고 다른 한

손으로는 찻잔 아랫부분을 떠받치는 듯한 모습으로 차를 마셔왔다. 일본 차도茶道의 말차법抹茶法으로 가루차를 다완에 넣고 물을 부어 차선으로 섞어 거품을 일으켜 마실 때는 다완의 크기가 큰 탓도 있지만 일본 차법이 두 손으로 다완을 쥐고 마시기 때문에 두 손을 쓴다. 일본 차법에서 잔보다 큰 다완을 사용하고, 두 손으로 다완을 쥐고 무릎을 꿇고 앉는 문화는 일본 차문화사에서 그 이유가 선명하게 기록되어 있다. 중국 차문화도 중국만의 필요성과 당위성이 존재한다.

작은 찻종을 쓰는 차문화도 본디부터 한국 차문화에서 생겨난 것이 아니다. 17세기 일본의 에도시대 산물인 센차도煎茶道에서 작은 찻종을 사용했는데, 이것도 사실은 중국 명나라에서 본격적으로 시작된 잎차문화의 독창적 예술품인 '자사호'의 등장과 완盌이 아닌 잔盞의 사용에서 영향 받은 것이다.

아무튼 '보듬이'라는 말과 새로운 형식의 찻그릇을 만들게 된 것은 매우 절실하고 비상한 문제를 해결하기 위해서였다. 구체적인 내용을 보기 전에, 중국과 일본에서 다완이 필요하게 된 동기와 이를 해결하기 위해 어떻게 행동했는지를 먼저 살펴보자.

중국의 유장한 차문화사가 빚어온 다완들은 그 종류와 숫자가 엄청나다. 중국 차문화의 독자성을 화려하게 꽃피우면서 등장한 다완들은 그 시대를 상징하는 특징을 지니고 있다. 조주요趙州窯의 옥색다완, 형주요邢州窯의 은색다완, 길주요吉州窯의 백자완, 여요汝窯의 백자완과 색채완, 항주杭州의 천목다완은 너무나

고치데유약 찻잔. 에도 19세기, 아오키 모쿠메이 작품,
높이 6.0cm, 입지름 7.6cm, 굽지름 3.8cm, 쿄토국립박물관소장.
인도차이나지역 원주민의 민속 문양과 색채를 응용한 것이며,
중국 당나라 삼채색을 썼다.

선명하고 절절한 그 시대마다의 정치적·사회적 표정과 정신을 너무나 명징하게 녹여 넣고 있다. 그래서 세계 도자사의 큰 빛이 된 것이다.

일본의 도자사는 대륙 문화의 흡수와 생존, 모방과 갈등 속에서의 정체성 모색, 일본화를 이루기 위한 오랜 시간의 좌절과 깨달음을 바탕으로 삼아 서두르지 않되 잠시도 멈추지 않는 치열성과 정밀함으로 마침내 라쿠樂 다완과 잎차를 우려 마시는데 꼭 필요한 도구인 큐스를 완성하며, 중국 차문화로부터 당당하게 벗어나 독자성을 확립할 수 있었다.

우리나라는 일본처럼 중국 차문화에서 자유롭기 위한 생각이나 행동을 하지 않았다. 일본 차문화 앞에서도 별 생각 없이

모방하고 종속될 수도 있다는 것을 심각하게 생각하지 못했다. 외국 문물을 받아들이는 데 필요한 준비가 부족했고, 그 이후에 뒤따라야 할 분석과 평가도 전혀 없었다. 오직 모방하면서 즐겼을 뿐이다. 무엇보다 차문화가 지닌 복합적 흡수력이 다른 상품이나 제도보다 훨씬 더 강하고 지속력이 크다는 점은 아예 상상도 하지 못했다. 그와 같은 태도는 옳은 것이 아니었고, 피할 수 없는 정치적 강요나 문화적 횡포 때문이 아니라 우리 스스로가 저지른 과오였음을 이제는 인정해야 한다.

'보듬이'는 이렇게 시작된 중국·일본 차문화를 수용하는 단계에서 시작된 우리의 무지와 어리석음, 게으름에 대한 반성이자 그 대안으로 제시된 것이다. 지나간 시대의 일은 그대로 두는 것이 옳기도 하고 그럴 수밖에 없기도 하다. 문제는 지금 이 자리에서 어떤 판단을 내리고 행동해야 하느냐다.

한국 차문화는 지금 중국과 일본 차문화에 대한 엄중하고 절실한 오판과 소중화사상이라는 지난날의 망령 속으로 빠져들고 있기도 하고, 우수한 일본 차문화에 스스로 편입되려는 것이 아닌가 하는 어처구니없는 걱정을 해야 하는 형편에 놓여 있기도 하다. 또한 복잡하게 얽히고, 쌓이고, 무서운 속도로 확산되고 심화되는 정치·경제·사회적 문제들로 분열되고, 차별하고, 지나치게 감정적이며, 이기적인 모습으로 변질되고 있다. 남북 분단이 고착화되면서 생기는 문제들은 점점 더 복잡하고 극단적으로 나빠지고 있다. 전쟁으로 헤어진 사람들의 만남과 고향으로 돌아가서 사는 일은 정치적 견해 차이로 고통이 더해지고 있다. 남북 정치 이념의 대립도 악화 중이며, 통일이란 명분 아래서 전개되는 여러 일도 이념의 가파르고 편협한 장애에 막혀서 시간만 보낸다. 소득의 재분배와 나눔의 실천이 사유재산권 침해라는 법이론의 유리벽 앞에 막혀 빈부격차만 더 크게 벌려 놓고, 가진자와 가난한자의 감정대립을 부추긴다. 남녀 성차별은 균형을 잡지 못하고, 학력에 따른 차별대우와 출신 지역에 따른 차별 대우도 여전하다. 여기에 더하여 세대별 갈등과 소득에 따른 교육의 차별과 갈등, 복지 정책에 대한 견해 차이로 생기는 차별과 갈등은 깊어만 지고 있다. 그리고 외국인이 한국인과 만나서 결혼하고 자식을 낳아 기르는 문화가 보편화되고 있는데, 이들에 대한 차별과 소외로 인하여 커지고 있는 정치적·사회적 모순은 장차 우리나라의 운명에까지 중대한 영향을 미치게 된다는 사실도 걱정스럽다. 더 근본적으로는 자연 생태계의 파괴와 재앙의 우려, 물이 점점 부족해지고 있는 일, 식량의 위기, 기후 변화의 공포는 우리의 삶을 바탕에서부터 위협하고 있다.

'보듬이'는 이 같은 우리 시대가 안고 있는 복잡한 문제들과 극복 방안들을 그릇의 모습으로 형상화 하고, 색깔과 무늬로 사상과 꿈을 표현하며, 삶의 진정성과 소망을 말하려고 한다.

일본 중세 가마쿠라, 무로마치 막부 시절 일본 무사들은 지나친 겉치레와 과시욕에 사로잡힌 차문화의 폐단을 악용하여 불신과 살상을 일삼았다. 문제의 핵심이 크기가 작은 천목다완에 있음을 파악한 타케노죠오가 용량이 훨씬 큰 사발을 발견하고는 여기에다 차를 담아 마시는 방법을 창안해냄으로써 일본의 위기를 극복했던 역사가 있었다. 타케노죠오의 제자 센노리큐는 다시 스승이 발견한 사발이 일본 그릇이 아니었기 때문에 다급한 위기는 모면할 수 있었지만 진정한 일본의 문화가 되어서는 안 된다고 여겼다. 그리하여 오랜 연구 끝에 '라쿠'樂라는 다완을 창안했는데, 위기를 극복한 스승의 지혜를 일본의 흙과 디자인, 제작을 통하여 독자적 예술품으로 태어나게 하여 일본 차 문화를 확립한 제자가 보여준 차 정신이 참으로 존경스럽고 부러웠다.

지난 20여 년 동안 '보듬이'를 꿈꾸어오면서 여러 명의 사기장들을 만났다. 내가 꿈꾸는 그릇의 설계도가 처음부터 준비된 상태가 아니었다. 시간을 겪으면서 아주 느리게 설계도가 그려져 나갔다. 그때마다 작가들의 도움을 받았다. 그런 과정에서 흙의 성질, 도자사, 도자예술의 아름다움, 불과 가마, 물레와 유약 그리고 무엇보다 중요한 것은 사기장의 솜씨가 아니라 사기장의 인간됨을 알아갔다. '보듬이'는 우리 시대의 아픔과 상처를 보듬어 안는 시대의 정신이며 가슴이다. 모자라는 것은 보태주고, 넘치는 것은 덜어내어 나누고, 짧은 것은 이어주고, 긴 것은 적당하게 잘라내어 하나를 더 만들고, 아픔과 외로움은 두 팔로 안아서 나누고, 교만과 아만은 내 탓으로 돌려 안아주고, 상실과 고통도 보듬고 쓰다듬어주면서 함께 이겨내려는 서로를 향하여 두 팔을 벌리고 껴안는 실천이다. 따라서 '보듬이'에는 반드시 차를 담아 마셔야 하는 것은 아니다. 필요하다면 약이든, 밥이든, 물이나 술이라도 좋을 것이다. 이 험하고, 아프고,

불안한 시대를 건너기 위한 흙으로 빚어 장작불에 잘 구워진 정신의 나룻배이기도 하고, 혼자서는 태어날 수도 아무것도 할 수 없음을 깨달은 뒤 마침내 함께하는 관계의 돛단배이기도 하다. 우리 시대의 얼굴이자 이정표이며 미래를 찾아가는 나침반이기도 하다.

'보듬이'의 미학적 원류와 응용

차살림법은 세 가지 요소로 구성된다. '동장윤다'로 부르는 차와 이 차를 담아 마시는 데 사용하는 '보듬이', 차를 끓이고 마시는 네 가지 '살림법'이다. '동장윤다'는 줄여서 '동다'로도 부른다. 동아시아의 여러 제다법을 참고했으며, 동다만의 독창적 발효 기법으로 만든 차다. 네 가지 살림법은 앞서 살펴본 것처럼 여러 조건과 상황에 따라 알맞게 펼 수 있다. 살림법이란 차를 끓이고, 그릇에 담고, 손님께 내고, 마시고, 마치는 방법이다. 이는 마치 음식을 만들고 대접하고 먹고 마시는 방법, 그 방법이 민족이나 가정에 따라, 또는 계절이나 장소에 따라 다른 것과 같다.

보듬이는 인류의 오랜 도자 역사와 한국 고대로부터 19세기에 이르는 유장한 도자사를 참고했다. 가장 중요하게 근원으로 삼은 것은 기원전 8000년부터 기원전 4000년 사이 신석기시대를 대표하는 '빗살무늬토기완', 신석기시대에 제사장이 썼던 '번개무늬토기완', 7세기 신라의 '사람얼굴무늬토기완', 고대 이집트에서 시작되어 중국 당·송을 거쳐 고려시대 청자의 한 종류가 된 '연리문다완', 14세기 조선시대의 '톱니문다완' '흑도완' '흑유다완' '청자철재다완' '인화문다완' 등 아홉 종류다.

빗살무늬토기완과 빗살무늬보듬이 - 신神과의 소통

'빗살무늬토기완'은 그릇 표면에 빗살무늬를 새긴 토기완이다. 머리를 빗는 빗의 살처럼 생긴 무늬를 말한다. 독일학자들은 'Kamm Keramik', 영미학자들은 'Combpottery'라 하며 우리나라는 이를 번역해 '빗살도자기'라 불렀다. 빗살무늬를 새긴 토기는 기원전 8000년부터 기원전 4000년에 이르는 신석기시대에 널리 제작됐다. 한반도 전역에서 출토되는 빗살무늬토기는 신석기시대의 핀란드, 스웨덴 남부, 독일 북부, 러시아의 카렐리아에서 볼가강 상류에 걸쳐 크게 유행했던 북유럽의 토기와 같이 북방토기 계통이다. 한반도와 북유럽의 신석기 문화가 같은 계통이며, 세계의 신석기 문화는 공통성을 지녔다는 연구 결과가 있은 뒤로 우리나라에서도 빗살무늬토기 연구가 시작되었다.[1]

빗살무늬는 토기의 겉면을 거칠게 긁어서 낸 음각선이 빗살처럼 보였기 때문에 후대 연구자들이 붙여준 명칭이다. 수직, 비스듬한 것, 갈지자, 갈지자 무늬가 겹친 모양 등 무늬는 다양하다. 이 빗살무늬는 인류 역사의 가장 앞장을 차지하는 문양이다. 인류가 발생해 진화하기 시작한 시기로 알려진 신생대 제4기홍적세, 기원전 2만 5000년부터 1만 2000년까지 후기 구석기

다양한 빗살무늬. 핀란드·러시아·몽골·한국 등지에 널리 분포하는 신석기시대 문양이다.

시대부터 빗살무늬가 사용됐다. 유럽 동남부와 서아시아에 거주하던 초기 농경민족들 사이에서는 종교적 상징물로 널리 사용되기도 했다고 한다. 이때 빗살무늬와 갈지자 무늬가 새겨진 유물들은 기도문이 적힌 종이와 같은 것이라고 한다. 그 후 신석기시대부터 빗살무늬가 상징하는 의미가 달라졌다. 비를 관장하는 '하늘여신'을 상징하게 된 것이다. 'The Great Goddess'로 표기하는 하늘여신은 비뿐만 아니라 물, 습기, 수분의 신으로 여겨져 비를 머금은 구름이기도 했다.[2]

인류는 문화를 발전시키면서 기호를 통해 정보를 전달하는 다양한 방법을 창안했다. 특히 그림으로 도식화해 생각을 표현하게 됐다. 공통의 의미로 연결된 일련의 그림을 통해 뜻과 이야기가 전달되었다. 말이 아니라 그림으로 의사를 전달하는 그림 문자는 시간이 흐름에 따라 일정한 개념을 나타내는 기호가 되고 정형화되면서 널리 알려졌다. 기호는 곧 상징이었다. 상징에는 최고의 힘을 향한 염원이 기호로 반영되어 있다. 시간이 흐르면서 그와 같은 상징의 의미는 변질되고 재형성되었다. 그 후 수천 년이 지나면서 상징의 이차적 의미 역시 잊혔지만, 상징과 그림은 계속 보존되었다. 왜냐하면 상징과 그림은 전통에 따라 존중되었기 때문이다.[3]

상징은 사물의 단순한 등식이 아니다. 상징은 반드시 그 사물을 이해하는 데 길잡이가 될 수 있는 본질을 드러내야 한다. 상징은 끊임없이 확장되는 광범위한 가능성을 안고 있어야 하는 동시에, 표면적으로는 그 형태나 외양이 달라 보이는 것들의 본질적인 관계를 이해하게 하지 않으면 안 된다. 상징은 인위적으로 창조될 수 없는 것이고, 개인적인 해석이나 종작없는 생각으로 고안될 수도 없는 것이다. 상징은 개인을 뛰어넘어 보편을 지향하는 것, 정신의 삶에서 고유한 것이라고 할 수 있다. 상징은 그것이 아니고는 언어의 한계 때문에 의미가 모호해질 수밖에 없거나 적당한 표현법을 찾아내기에 지나치게 복잡한 실재를 소통시키는 수단이다. 따라서 상징은 기호처럼 단순한 형태를 취할 수도 없고, 상징의 토양이 되는 종교, 문화, 혹은 형이상학적 배경 문맥을 통하지 않고는 이해될 수 없다. 상징은 그 자체보다 크고 깊은 영역, 상징을 사용하는 인간보다도 크고 깊은 영역으로 들어가는 열쇠다.[4]

신석기시대 토기에서 태양 표현은 찾아보기 힘들지만 비 표현은 아주 많이 보인다. 당시 기후가 지금보다 훨씬 더워서, 아시아와 유럽의 농부들이 태양보다는 비를 더 원했기 때문일 것이다.[5] 실제로 이 시기의 기후 변화에 따른 인간의 생존 여건에 관한 연구에 따르면, 6000년 전 7월의 유럽 기온이 1988년보다 평균 2도 이상 높았고, 무더위와 고온으로 인한 열파현상으로 유럽 전역이 극한적인 어려움을 겪었다고 한다.[6] 또한 기원전 8000~5000년의 미국은 지금보다 1~2도 이상 기온이 높았는데, 오랜 가뭄과 무더위로 생태계에 심각한 변화가 있었다고 한다. 당시 기온이 공기 흐름에 영향을 주어 가뭄과 열파현상이 빈번했고, 농업과 유목 생활을 하던 사람들은 비교적 기온이 낮은 높은 산으로 피신해 생활했다고 한다.[7]

이와 같은 연구들을 토대로 빗살무늬가 어떻게 비를 상징하게 되었으며, 유럽과 아시아 전역에서 왜 수천 년 동안 변함없이 빗살무늬토기를 만들었는지를 추론할 수 있을 것이다. 유럽과 아시아의 농부와 유목민들은 심각한 가뭄으로 비를 갈망했을 것이고, 제사장은 자주 기우제를 올려 하늘여신께 비를 내려달라고 기도했을 것이다. 비가 내리지 않아 초목이 자라기 어렵고 동물들은 번식하기 어려웠을 것이다. 그런 나머지 비를 뜻하는 수직선, 빗금, 지그재그 무늬들이 인간들의 복잡하고 간곡한 심정을 상징하게 된 것으로 보인다.

비를 갈망하는 인간의 염원은 기원 이후에도 계속됐다. 간곡함의 정도와 표현 기법이 조금씩은 달라졌지만 비에 대한 갈망은 여전했다. 비는 농사와 유목에 절대적으로 필요하기 때문에 비의 소중함을 표현하는 방법은 점차 예술로 세련되어갔다. 상징의 의미 해석은 고대의 사고 형태를 알아내는 데 도움을 준다. 이미 수천 년 전에 형성된 숭배적 상징에 대한 연구는 불안한 생활과 미개한 기술적 조건 속에서 당시 사람들이 비록 신화적 형태지만 그래도 상당히 발전된 세계관을 갖고 있었음을 보여준다. 숭배적 상징은 상당히 견고한 문화 요소다. 관습이나 의복, 여러 형태의 물질 요소는 변하지만, 상징은 단지 약간의 변형이나 혹은 아무런 변형 없이 수천 년 동안 보존되기 때문이다. 문명 발생 이전 시기, 일상 습관이 상당히 정적이던 조건 아래서 이들 모티브는 전통에 의해 전달되고, 여러 세대에 걸쳐 세밀하게 다듬어졌다. 그렇게 형성된 숭배적 장식에는 공동체의 일정한 정신문화가 반영되어 있다. 관습이나 관념의 융합이 생기고 문화적 침입이나 혼합도 발생한다. 오늘날 널리 알려져 있고 우리 민족 고유의 것으로 보이는 빗살무늬 모티브가 사실은 수천 년에 걸친 다양하고 복잡한 전통을 보여주는 증거일 수도 있다.[8]

이렇게 '빗살무늬토기완'이 지닌 심오한 상징성은 차살림의 중심 그릇인 보듬이의 미학 체계를 구성하는 가장 핵심적 내용이다. 동다가 차로서 역할하기 위한 첫 번째 조건은 '좋은 물'이기 때문이다. 좋은 물은 동아시아 차문화사에서 가장 먼저 꼽는 핵심이기도 하지만, 차살림에서 좋은 물은 생명 지닌 존재들의 고통과 번민을 치유하고 소멸시키는 데 필요한 약의 기능도 포함된다. 현대 사회의 수질오염, 물 부족 현상을 일깨우기 위한

위 | 빗살무늬토기완, 신석기시대.
가운데 | 분청빗살문보듬이, 김대희 작품, 2006.
아래 | 손빗음빗살문보듬이, 심재용 작품, 2015.

계율로 삼아 차살림법에서 물의 중요성을 깨닫도록 구체적인 행위를 가르치는 주된 이유이기도 하다. 또한 우리나라는 중국이나 일본과 달리 매우 특별한 정화수 신앙의 유래가 있어왔고, 이는 우리나라 차문화만이 지닌 독자적인 미학이기도 하다.

번개무늬토기완과 뱀문양보듬이 – 비와 풍요를 위한 기도

천둥, 우레, 번개를 나타낸 문양을 뇌문雷紋이라 하고, 번개무늬라고도 부른다. 번개무늬는 그 기원이 매우 오래되었고 전 세계에 걸쳐 거의 비슷한 모양으로 그릇, 동굴 벽, 암벽, 흙으로 빚은 인물상 등에 음각되어 전해진다. 번개무늬는 세계적으로 공통성을 지녔지만 시대와 지역, 문물과 습속에 따라 조금씩 다르다. 우리나라에서는 1933년 요코야마橫山將三部가 함경북도 청진 농포동에 있던 4000년 전 신석기시대 패총에서 번개무늬가 새겨진 토기완을 처음 발굴했다.

이 토기완은 여러 가지 토기들과 함께 있었다. 농포동은 구석기시대부터 사람이 살았으며 숙신·읍루·예맥·옥저·부여 등 부족국가가 있던 곳이기도 하다. '뇌문토기완'은 폭이 넓은 X자형 평행선을 여러 차례 그어서 선과 선 사이에 칸을 만들고, 칸에는 여러 모양의 선을 배치해 번개무늬를 새겨넣었다. 러시아 연해주 지역과 중국 헤이룽장 성에서도 번개무늬토기가 발굴되는 것으로 보아 이 일대가 같은 문화권이었음을 알 수 있다. '뇌문토기완'도 '빗살무늬토기완'처럼 제천의식 때 제사장이 제수를 담는 그릇으로 사용했거나, 그보다 폭넓은 계층의 사람들

번개무늬토기완. 두만강 하류 유역 중심으로 볼 수 있는 무늬로, 신석기시대 후기 이 지역 빗살무늬토기의 지역성을 잘 보여준다.

이 그릇에 비와 풍요를 상징하는 장식으로 사용한 것으로 보고 있다.

옛사람들은 하늘신의 남편인 지옥신이 불뱀 형상을 하고 있었는데, 하늘신을 만나기 위해 하늘로 올라가 사랑에 빠질 때 천둥과 번개를 일으킨다고 보았다.[9] 따라서 번개무늬는 남성신의 상징이자 대지의 만물이 살아가는 데 필요한 비와 관련된 것이었다. 번개무늬에 관한 문헌은 전 세계적으로 매우 많다. 특정 지역에 국한되지 않고 광범위하게 분포하며 번개무늬는 유럽 신화에서 최초로 등장해 서아시아에서 동북아시아 쪽으로 전해졌다. 유럽 신화에서 지옥은 불의 영역이고, 지옥신은 불뱀으로 상징했다. 고대인들은 불을 보면서 뱀을 연상했는데, 불길이 치솟는 모습을 뱀의 혀가 날름거리는 것이라고 본 것이다.

고대 그리스에서는 하지에 뱀이 똬리를 튼 모양으로 대열을 지어 불춤을 추었다.[10]

불과 불뱀은 지하세계를 상징한다. 유대인은 사람이 죽으면 일주일 동안 집에 불을 끄지 않았고, 일 년 뒤 제삿날에도 불을 밝혔다. 죽은 자의 영혼이 이곳에 있다는 것을 불을 지피거나 밝혀 하늘여신에게 알린 것이다. 그래야 하늘여신이 그 영혼을 하늘로 데려간다고 믿었던 것이다. 또한 지옥신 불뱀은 영원히 존재하는 불사신으로 여겨져서, 고대 모든 민족은 사원이나 제사하는 곳에 불을 꺼뜨리지 않고 밝혔다. 지옥신 불뱀이 남성을 상징하므로 불을 꺼뜨리면 남자들이 죽는다고 믿었다. 번개는 하늘로 올라간 지옥신 불뱀이었다. 불이 붙은 양초를 방안으로 가지고 가거나, 뇌성이 울릴 때 성호를 긋는 러시아의 옛 풍습은 태양신이 아니라 불과 번개신 숭배에 바탕을 둔 것이었다.[11]

이러한 번개신과 불에 대한 풍습은 우리나라 민속에도 남아 있었다. 밥을 짓는 아궁이의 불씨를 매우 소중하게 여겨, 자식들이 분가해 나갈 때는 반드시 종가 아궁이의 불씨를 나눠가지고 갔다. 만약 그 불씨를 잘못 관리해 꺼뜨리면 여자에게 책임을 묻기도 했다. 불씨는 남자를 의미할 뿐만 아니라 대가 끊어지지 않고 계속 이어지는 것을 상징했다. 또한 남자의 성기를 '불알' 또는 '불기'라고도 불렀고, '부자지'夫自持, 즉 불길이 스스로 피어올라 계속된다는 뜻으로도 불렀다. 사람이 죽은 초상집에는 적어도 사흘 동안 밤에 불을 밝혔고, 시신을 안치해둔 곳에는 낮에도 촛불을 켜두었으며 제삿날에도 밤새 불을 밝혀두

꽃과 뱀문양 보듬이, 유태근 작품,
높이 6.5cm, 입지름 14cm, 굽지름 4cm.
번개·우레·천둥의 상징을 현대적으로 표현했다.

었는데, 이러한 풍습은 세계 여러 민족들의 풍습과 닮았다. 그리고 지옥신은 남성의 성욕 구현으로 여겨졌다. 그리하여 불의 형상은 사랑의 시적 상징이 된 것으로 본다. 이른바 '불같은 사랑'이라거나 '불타는 사랑' 또는 '뜨거운 사랑' 등으로 표현하는 말은 지옥신, 즉 번개의 상징에서 비롯된 것이다.

구석기시대부터 최근까지 세계 여러 지역에서 널리 사용되는 문양 중에 나선螺線이 있다. 고대 지중해 연안과 중세 중국에서는 천둥을, 근동에서는 번개를 상징했다고 한다. 지옥의 불뱀이 번개 형상으로 하늘로 올라가 천둥을 일으킨다고 믿었다. 그리스, 로마, 아메리카 인디언의 민속에서는 지그재그 무늬나 파장선으로 번개를 표현했다. 아즈텍의 번개신은 손에 파상선 모양의 번개를 쥐고 있다. 고대 유대인들은 금성Venus을 번개라는 뜻의 'barak'과 어근이 같은 'barkai'라고 불렀는데, 우리나라 말 벼락과 'barak'의 소리가 비슷해 매우 흥미롭기도 하다. 지옥신 불뱀이 하늘로 올라가서 하늘여신을 만나 사랑을 나눌 때는 천둥 번개가 친다고 믿었다. 고대 신화에 나오는 남신과 여신의 관계는 원만치 못한 것처럼 여겼다. 주피터와 주노, 제우스와 헤라, 게브와 누트 모두 자주 다투었다. 고대인들은 우렛소리를 신들이 싸우는 소리라고 여겼다. 실제로 민담에서는 신과 신의 아내가 다투면 우렛소리가 난다고 했다. 우리나라에서도 천둥과 우레를 삼신할미와 남편이 싸우는 소리라고 했으며, 여신이 울면 그 눈물이 비가 된다는 전설도 있다. 이를 운우지정雲雨之情이라고도 했다. 부부가 사랑하면서 황홀경에 빠진 모습을 그렇게 싸운다고 표현한 것이다. 번개와 우레, 천둥은 곧 부부의 사랑을 상징하며, 흡족하게 비가 내려 대지의 초목과 뭇 생명들을 번식시키고 풍요를 구가하는 자연의 아름다움을 상징하고 있다. 유태근의 '꽃과 뱀 문양 보듬이'는 이와 같은 번개, 우레, 천둥의 상징을 현대적 의미로 표현하고 있으며 물의 중요성을 일깨우고 있다.

사람얼굴무늬토기완과 신라의미소보듬이 - 상생의 화엄 노래

신석기시대부터 오늘날에 이르기까지 우리나라에서 만들어진 여러 그릇 가운데서 무늬나 장식을 새기거나 덧붙인 의미가 가장 다양하게 해석되는 것은 단연 가야시대 토기다. 하지만 신라 토기들도 매우 독특한 성격을 지니고 있다. 특히 7~8세기 사

사람얼굴무늬토기완, 통일신라, 월지(옛 안압지) 출토,
입지름 9.9cm, 국립경주박물관.

이에 제작된 토기들의 무늬와 상징은 처연함, 엄숙성, 정치성까지 포함해 종교적인 모습까지도 느껴진다.

'사람얼굴무늬토기완'은 삼국통일 이후 약 100여 년 동안 신라가 겪을 수밖에 없었던 정치적·사회적 고뇌의 단면을 읽을 수 있는 매우 특별한 토기완이다.

삼국통일의 과정은 참혹했다. 백제, 고구려뿐만 아니라 신라의 수많은 청년들도 전쟁터에서 전사했다. 전쟁을 뒷받침해야 했던 백성들의 인적·물적 피해와 고통도 컸다. 전쟁을 주도했던 문무왕은 정작 삼국통일 전쟁을 승리로 끝마친 이후가 더 고통스러웠다. 전쟁으로 인한 후유증이 너무 깊고 컸기 때문에, 그 상처를 치유하고 불화와 원한에 사무친 백제와 고구려 사람들의 반발과 저항을 진정시키는 일이 전쟁 못지않은 번민으로

다가왔다. 문무왕은 전쟁 과정에서 희생된 사람들의 영령을 달래기 위해 경주 안팎 여러 곳에 묘당 성격의 사찰을 짓고 승려들로 하여금 천도제를 올리게 했다. 정치적일 수밖에 없는 이러한 진혼의식은 삼국통일 후 100년이 지난 760년, 경덕왕 때까지 계속되었다. 살아서 저항을 계속하는 백제, 고구려 유민들의 상실감과 패배의식을 진정시키면서, 승자의 교만과 과시욕보다는 피할 수 없었던 역사적 진정성을 호소하기 위해서였다. 옛 백제 영토에 큰 절을 짓고 백제의 대표적인 집안 출신 승려에게 화합과 참회의 불교의식을 치르게 했다. 금산사의 진표율사, 화엄사의 연기조사가 그러한 경우다. 그뿐만이 아니었다. 그림과 조각에도 죽은 자의 영혼을 달래고 천도시키려는 간절한 소망을 담았다. 영묘사 절터에서 발견된 유물들을 통해 그런 사실이 후세에 전해졌다. 영묘사는 포석사나 영암사 등과 함께 전사한 이들의 영혼을 위로하기 위해 세워진 사찰이다. 영묘사 조각품들은 서구적 요소가 많이 들어 있다는 평가를 들어왔는데, 7세기 무렵 인도 간다라 미술의 영향으로 보는 견해도 있다.

'신라인의 미소'로 널리 알려진 '인면막새기와'도 영묘사 절터에서 발굴된 것이다. 영묘사가 세워진 내력을 고려해보면 진흙을 사용해 간다라 양식으로 만들어진 이 여인상은 과연 누구의 얼굴을 본뜬 것일까 궁금해진다. '신라인의 미소'의 주인공은 어쩌면 전쟁에 나가서 죽은 자식이 죽어서라도 천국에서 편히 쉬기를 기도하는 어머니의 얼굴일 수도 있으리라. 아님 남동생이나 오라비의 극락왕생을 기도하는 여동생이나 누님, 사랑

경주 영묘사터에서
출토된 얼굴무늬수막새,
신라 7세기, 길이 11.5cm,
국립경주박물관.

하는 남편을 그리워하는 아내, 혼인을 약속했던 어느 여인의 얼굴일지도 모른다. 막새는 처마 끝을 잇는 기와여서 서까래 끝마다 얹혔다. 영묘사 기와지붕에는 처마 끝마다 이런 여인들의 모습이 새겨져 있었을 것이다. '사람얼굴무늬토기완'의 한쪽 귀퉁이를 보면 사람의 눈, 코, 입이 새겨져 있다. 오똑 솟은 코에는 콧구멍이 사실적으로 표현되어 있다. 얼굴 표현 기법과 영묘사 출토 '신라인의 미소'를 나란히 두고 보면 어딘가 닮은 것처럼 느껴진다. 왜일까?

지금 이 시대에 살아서 지난 역사의 속살 깊이 박혀 있는 헤아릴 수 없는 슬픔과 회한, 보람과 자긍을 동시에 느끼는 것은, 그것들을 승화시켜 현재의 삶을 더욱 진솔하게 꾸려가게 해주

신라의미소보듬이, 유태근 작품.

는 지혜가 될 것이다. 과거의 초석 위에 세운 지금의 삶과 꿈의 집은, 머지않아 또 하나의 과거가 되고 초석이 될 것이기 때문이다. 그래서 역사는 엄중하고 겸허하며, 사실을 생명으로 하는 것이리라. '신라의미소보듬이'의 미학에는 이렇듯 '사람얼굴무늬토기완'의 역사가 녹아 있다.

연리문다완과 청마연리문보듬이-모든 것의 관계

연리문練理紋 자기는 12세기 고려청자의 한 종류다. 연리문은 매우 독특한 형태와 무늬, 그리고 발달 과정에서 형성된 세계성으로 인해 청자와는 사뭇 다른 평가를 받아왔다. 연리문이라 부르는 기법은 고대 이집트에서 비롯되어 로마, 서아시아 전역, 당, 송을 거쳐 고려에 전해졌다. 오랜 시간에 걸쳐 먼 거리를 이동해오면서 조금씩 변화한 연리문은 그 발달사로 미루어 짐작할 수 있듯이 매우 폭넓은 미학사를 형성했다.

'연리'라는 말은 1930년대 말 고유섭高裕燮이 처음 사용해 한국 도자사에 기록되게 되었다.『한국미술문화사논총』의 '고려의 도자 공예'에 "유색 석기의 일부로 볼 수 있는 잡색 유기, 연리류練理類 등 ……"이란 기록이다. 그 후 연리문 자기에 대해 한국 나름의 미학 체계를 정리한 것은 고유섭의 제자 최순우崔淳雨다. 그는『한국미술전집』제9권 '고려청자'에서 최초로 연리문 자기의 개념을 확립했다.

각기 따로 반죽한 청자토, 백토, 혁토赫土를 합쳐서 반죽하면 세 가지 몸흙이 서로 번갈아 포개져서 나무의 결을 닮은 무늬가 나타난다. 그 위에 청자 투명 유약을 입혀 높은 온도로 구우면 청자 태토는 회색, 백색 태토는 백색, 붉은 태토는 검은색으로 변한다. 중국의 연리문 자기로부터 제작 기법을 전해 받은 고려에서는 중국과 매우 다른 연리문 자기를 만들어냈다. 흙의 색깔과 성질, 유약의 색과 제조 기법 등에서 중국과 감각이 다르고 해석 방법이 달랐기 때문이다. 고려청자의 전성기인 12세기에 잠깐 나타난 연리문 자기는 전남 강진군 대구면 사당리와 전북 부안군 보안면 유천리에 있는 일반 청자가마에서 함께 구워졌으나 그 수가 매우 적어 중요하게 평가된다.

고려에 전해지기 이전인 기원전 3000년경, 고대 이집트에서는 그릇을 만들 때 담홍색 바탕의 태토 위에 백색토, 적색토, 흑

청자연리문다완, 고려 12세기 중엽, 높이 4.3cm, 입지름 8.5cm,
굽지름 3.0cm, 국립중앙박물관.

색토 등 두세 가지 흙을 묽게 반죽해 흘러내리게 하는 기법을 썼다. 그릇의 색채와 문양은 우연의 산물이지 만든 이가 의도한 것이 아니었다. 그 후 로마에서는 색이 다른 흙을 섞고 반죽해 그릇의 형태를 만들고, 그 위에 유약을 입혀 구워서 여러 색의 무늬가 나타나도록 하는 기법을 한층 발전시켰다. 이것이 중국 당나라에 전해지면서 중국의 수준 높은 도자기술에 힘입어 더욱 확고한 기법으로 완성도를 높였고 도자기로서 제대로 모습을 갖추게 되었다.

당나라에서는 이 무늬를 교태문絞胎紋, 즉 '얽어서 짠 무늬'라 불렀는데, 송나라 때 고려에 전해져 청자의 한 종류로 분류된 것이다. 고려시대에는 청자의 영향력이 워낙 컸기 때문에 연리

청자연리문다완, 높이 6.7cm, 입지름 12.6~12.7cm,
굽지름 5.7~5.8cm, 개인 소장.

문자기는 그다지 쓰이지 않았다고 한다. 다만 연리문의 추상성과 오묘한 색채가 불교의 연기사상을 상징적으로 표현한다고 하여 사찰에서 가끔 만들거나 사용한 것으로 보인다. 연리와 뜻이 같은 말로 '마노'^{瑪瑙}, '애거트'^{agate}, '마블드'^{mabled}가 있는데 '마블드'는 로마시대의 말이다.

연리문자기의 역사에서는 일본도자사가 차지하는 역할과 무게가 절대적이다. 일본은 19세기 말부터 일본 나름의 전통 기법을 창안하기 위해 외국의 우수한 도자 기법을 도입해 집중적으로 연구했다. 일본은 연리문을 '연상수'^{練上手}라는 이름으로 바꿨다. '연'은 '이겨서 반죽하다' '단련시키다'는 뜻이고, '상수'는 '올리다' '치켜세우다' '끌어올리다' '모아들이다' '게우다'

청마연리문보듬이, 유태근 작품, 2008, 높이 7.5cm,
입지름 11cm, 굽지름 3.9cm.

'훌륭하게 마무리하다'는 뜻으로 풀이한다. 그래서 연상수를 '네리아게데'Neriagede라 불렀고, 이를 서구 도자학자들은 '네리에이지'Neriage라고 표기해 일본 연구 결과를 전적으로 수용했다. 오늘날 세계 도자학계는 연리문 도자기법을 유럽 전통인 마블링 기법과 일본 전통인 네리에이지 기법으로 분류하고 있을 정도다.

톱니무늬다완과 수壽자무늬보듬이 - 자연에의 귀의

'백자상감톱니무늬다완'은 백자다완에 검정색으로 톱니무늬를 새겨넣었는데, 톱니무늬는 우리나라 그릇에 새긴 무늬 중에서 매우 희귀한 문양이다. 톱니무늬를 '거치문'鋸齒紋이라는 한자어로 부르는 것은 중국 문화에 대한 일종의 경외의식이기도 했다.

톱니무늬는 기원전 6000년 무렵 서아시아, 고대의 크레타,

백자상감톱니문완, 조선 15세기, 높이 10.2cm, 입지름 13.7cm, 굽지름 6.9cm, 국립중앙박물관.

청동기시대의 남카프카스, 기원전 2000년 무렵의 중앙아시아, 콜럼버스 이전의 아메리카인디언, 멕시코 등에 흔한 것이었으며, 지금도 많이 남아 있는 문양이다. 이들 지역에서 발견되는 톱니무늬는 거의 비슷해, 연구자들도 많고 연구 결과물도 많아 역사와 상징에 관한 견해들이 잘 정리되어 있다. 연구 자료들에 따르면 '백자상감톱니무늬완'처럼 톱니무늬만 독립적으로 새겨진 경우는 거의 없고, 대부분 '十' '卍'자 문양에 결합되어 있다. 그래서 톱니무늬를 제대로 이해하기 위해서는 먼저 十문양과 卍문양부터 알아볼 필요가 있다.

인도에서는 卍자 기호가 신석기시대부터 알려져 있었고 청동기시대에 크게 유행했으며, 나중에는 불교에서 차용해 불교와 함께 중국으로 전해졌다.[12] 인디언들의 卍자 기호 중에서 멕시

코에서 발견된 卍자는 각 획의 끝부분이 두터운 톱니 모양으로 되어 있고 획 사이사이에 점이 있다.13 이러한 톱니 모양은 서아시아의 신석기시대 유물에도 비슷한 흔적이 있다.14

그리스, 로마의 유물에도 卍자 기호가 많다. 그런데 그리스인과 로마인들은 卍자 기호의 원래 의미를 알지 못했다. 서기 1세기에는 卍자 기호가 기독교의 상징으로 사용되었다.15 그러다가 나중에 가서는 十자 기호에 밀려났다. 卍자 기호의 기원은 우연히 생긴 것이 아니라, 일정한 신앙과 그 신앙을 표현한 상징을 토대로 생겨났다. 卍자 기호가 불을 지피던 도구를 표현한 것이어서 불의 상징과 하늘의 불, 즉 태양의 상징이 되었다는 견해도 있다. 고대 인도 문헌에 아그니^{Agni} 신의 제단 앞에 피우는 성스러운 불을 얻는 방법이 나와 있는데, 나무로 만든 卍자를 땅에 눕혀 깐 다음 卍자 중앙에 있는 구멍에 수직축을 세워 돌려서 불을 피웠다.16 卍자는 불을 지펴 기념하는 신 숭배와 관련된다고 한다. 卍자 그림은 제일 먼저 근동의 신석기시대 문화에서 출현했다. 서아시아에서 발견된 기원전 6000년대의 卍자 그림은 경작한 땅톱니무늬 네 개와 그 땅에서 자라나는 새싹으로 구성되어 있다.17 또한 남카프카스의 청동기시대 토기에는 씨를 뿌린 들판을 뜻하는 네 개의 땅 기호로 이루어진 卍자 기호가 있다. 그런가 하면 서아시아의 초기 신석기시대 그림 중에는 지신地神의 상징인 십자가에 땅의 기호인 톱니무늬가 卍자 모양으로 배열되어 있기도 하다. 기록에 의하면 신석기시대의 卍자 기호는 신석기시대의 十자 기호와 동일한 것이었고, 卍자 기호는 '사방'

청동기시대 이전부터 사용된 톱니무늬는 삼각형과 사선으로 이루어졌다.
十, 卍자 기호와 결합된 톱니무늬.

四方의 기호이자 지신을 상징했으며, 이 같은 사실은 중세 이슬람 문헌과 현대 아메리카 인디언들을 통해서도 알 수 있다고 한다.[18] 세계적으로 권위를 인정받은 앞의 기록들에 근거해 톱니무늬의 역사를 정리해보면 대략 다음과 같은 결론을 얻게 된다.

첫째, 톱니무늬는 빗살무늬와 함께 신석기시대에 세계 공통 문화였으며 그 후 시대와 민족에 따라 의미와 모양이 조금씩 변화했다.

둘째, 톱니무늬는 처음 十, 卍자 기호와 결합되어 나타났다. 수천 년 동안 세계 곳곳에서 사용되다가 차츰 두 기호와 분리되어 톱니무늬만 독립적으로 쓰이기도 했다.

셋째, 十자와 卍자 기호는 네 가지 상징으로 존재해왔다. '대지' '동서남북 방향' '계절의 변화' '밤과 낮의 변화'를 상징하는데, 이는 곧 농사에 필요한 자연 환경의 변화를 의미했다. 비가 풍족하게 내려 곡식과 초목이 잘 자라도록 염원한 기도문이자 기념물의 한 종류로도 알려졌다.

경작한 땅과 톱니무늬. 삼각형은 주술적으로 재생의 뜻이라 보며,
다산과 풍요의 상징물이라 해석되기도 한다.

 넷째, 톱니무늬는 씨앗을 뿌릴 들판, 경작하는 땅에서 자라나는 새싹, 씨앗 뿌린 땅에서 움이 트고 새싹이 자라나 풍성한 수확을 거두게 하는 물이기도 하다. 그래서 강, 물줄기, 마르지 않는 물줄기를 상징하기도 했다.

 우리나라의 톱니무늬에 대한 연구는 거의 모든 문양의 경우가 그러하듯 '거치문'이라는 한문 표기와 중국화된 해석을 따르고 있다. 중국은 톱니무늬의 삼각형 모양을 '매미를 형상화한 것'으로 해석한다. 매미는 여러 번 허물을 벗기 때문에 고대 중국인들은 매미를 '불멸과 부활', 영혼불멸이나 재생의 상징으로 여겼다. 다르게 해석하는 연구 결과도 있는데, 신성한 곳을 수호하는 상징이라든가, 음부 주위에 난 음모를 상징한다든가, 산 속에 사는 사기장 눈에는 온통 산뿐이므로 산을 상징한다고 보

수(壽)자무늬보듬이, 유태근 작품.

는 연구자도 있다. 하지만 이러한 의견들은 세계적인 연구 결과를 전혀 모르고 협소한 견해에 갇혀 있다는 지적을 받을 수밖에 없다. 매우 애매하고 지나치게 중국 의존적이며, 무지하기까지 한 생각이다.

'백자상감톱니무늬다완'은 15세기 조선의 상황과 관련 있는 것으로 보인다. 고려에서 벗어나 조선의 정치 문화를 확립시키려는 조선 지도자의 정책들은 사회적·문화적으로 충돌과 갈등을 겪었다. 성리학적 정치 이념은 수백 년 동안 민가에 뿌리내려온 불교와 무속신앙을 척결하기 위해 매우 단호하고 지속적인 제도 개혁을 펼쳤다. 대표적인 지도자가 세종이었다. 세종은 식량 생산량을 늘리고 토지 제도를 개혁해 경작자에게 유리하도록 배려했다. 농사 짓는 농민이 덜 배고프도록 조세 제도를 손질했다. 식량 증산 정책으로 백성이 배불리 먹을 수 있게 하는 정책을 세우고 관리한 세종의 농업 정책을 형상화한 것이 '백자상감톱니무늬다완'이 아닐까 싶다. 아무튼 '수(壽)자무늬보듬'이는 넉넉한 식량과 지순한 자연환경에 순응해 편안한 삶을 꿈꾸는 한국인의 오랜 소망을 미학적 구원으로 삼고 있다. 그리하여 보듬이가 추구하는 미학에는 빗살무늬가 상징하는 비와 물, 번개무늬가 꿈꾼 생명세계의 풍요와 사랑, 사람얼굴무늬에 응축되어 있는 공존과 헌신의 아름다움, 연리문이 지향한 우주만물의 관계 철학, 톱니무늬에 담긴 자연의 변화와 인간의 순응, 조화를 이루는 삶의 본질이 들어 있다.

흑도완과 회령유보듬이

보듬이의 형태는 '흑도완'이 지닌 색과 선을 참조하였다. 흑도완은 손빚음으로 만들고 짚재를 입혔다. 이 완을 처음 본 것은 태평양박물관에서 펴낸 도록 『한국의 토기잔』에서였다.[19] 경상도 지역에서 출토된 이 흑도완은 기원전 3000~2000년쯤 제작되었고, 높이 6.2센티미터, 입지름 7.5센티미터, 굽지름 4센티미터인 토기완이다. 태평양박물관의 배려로 직접 눈으로 확인해볼 수 있었다. 물레가 도입되기 훨씬 이전이어서, 그릇 전면에 선명한 손빚음의 흔적이 따뜻하고 자연스러워 마음을 편안하게 해주었다. 초기에 보듬이 형태를 어디에서 바탕 삼아야 할지 고뇌하는 나에게 큰 희망을 안겨주었다.

한국인의 심성을 말할 때 따뜻함이 깃들어 있는 '인정'이라

위 | 삼한시대 흑도완, 태평양박물관.
아래 | 회령유보듬이, 유태근 작품.

한다. 인정이란 사람이 지니고 살아야 할 사람다움이다. 차마 외면하지 못하고 모질게 끊어버리지 못하는 마음과 몸짓이다. 어려움에 몰린 뭇 생명을 돕고 구해 함께 살아가는 덕을 베푸는 것이 따뜻함이고 인정일 것이다. '손빛음'은 다부^{茶賦}의 '자탁' ^{自濯}과도 끈이 닿는다. 손님을 대접할 찻그릇을 손수 씻는 것은 남의 손을 빌리지 않고 몸소 하는 것이다. 남이 대신해줄 수 있는 일과 그럴 수 없는 일을 가려서 행동할 줄 아는 것이다. 깨달음에 이르는 길은 남이 대신해줄 수 없다. 차도 그렇다. '손수 씻는' 것은 자신을 정화하는 것이다. 참회하고 용서하는 것이기도 하다. 그릇을 씻는다 함은 척기^{滌器}, 즉 자신의 과오를 참회해 씻는 것이며, 마음에 쌓인 더러움을 씻어내는 것이다. 그릇을 씻되 부드럽고 소리 나지 않게 하는 것은 겸손을 키우는 일이기도 하다. 사림파 선비들이 가장 공을 들이고 애써 닦으려 했던 덕행이었다. 유태근의 '회령유보듬이'는 거친 태도 위에 회령유를 입힌 뒤 그 위에 다시 분청기법으로 회유를 얹었다. 흑백의 조화미가 편안함과 부드러움을 준다.

흑유다완

보듬이의 형태와 유약을 결정하면서 참고한 또 하나의 그릇은 흑유다완이다. 흑유다완이 지닌 소박함에서 넉넉함이 생길 수 있다는 깨달음을 얻는다. 흑유는 짚재나 규소 성분을 많이 지닌, 이른바 약토^{낙엽이 삭아 흙에 배어들거나 그 흙이 빗물에 씻겨 도랑을 흐르다가 굽도는 곳이나 움푹 파인 곳에 쌓인 부드러운 사질토를} 사용해 만들었

흑유다완, 조선 초기, 높이 7.5cm, 입지름 13.5cm, 굽지름 6.2cm, 일본, 개인 소장.

다. 전통 유약 기법의 대표적인 것으로 널리 사용돼온 것이다. 이 흑유다완은 유약이 번진 모습이나 굽 언저리에 남아 있는 불규칙하고 거친 층 흔적들로 볼 때 분청사기 가마에서 실험성 짙은 기법으로 마감한 것으로 보인다. 입술이 닿는 전은 바깥으로 살짝 젖혀졌다. 눈길을 끄는 것은 굽, 허리, 중배, 전에 이르는 부드러우면서 동적인 선이다. 사기장이 무욕의 경지에서 무의식적으로 빚어낸 자연스런 멋이 절로 감탄을 자아내게 한다. 참으로 소박해 마음이 넉넉해진다. 이 그릇을 자세히 살펴보면 처음부터 다완으로 만든 것이 아님을 알 수 있다. 생김새, 굽의 처리, 어두운 색 등은 사대부 들의 반찬그릇이었다.

이른바 잡기류를 오랜 시간에 걸쳐 수입해간 일본은 임진왜란이 끝난 뒤 에도 막부 초기에 이르러 조선에서 들여간 잡기류에 대한 혁신적 정리 작업을 했다. 센노리큐의 촉망받는 제자이며 도쿠가와 에이야스의 차스승으로 추대된 후루타 오리베(1543~1615)가 주도했다. 그때까지 잡기류로 분류되었던 그릇들을 16가지 이름을 붙여 다완으로 사용하게 되었는데 이 그릇도 그때 다완으로 분류된 것으로 보인다.

청자철재다완과 석간주보듬이

청자철재다완도 좋은 자료가 되었다. 청자 계통이면서도 잡기류적인 멋을 지녔다. 낮은 굽과 다완 전체의 높이가 절묘한 대비를 이루고 있다. 낮은 굽의 넓이가 다완의 둥근 형태를 전혀 방해하지 않는다. 청자이면서도 자잘한 빙렬이 나타난 것, 전의 가장자리에 유약을 묻히지 않고 맨살이 드러나도록 처리한 것은 청자가 지닌 선의 차가움과 엄격성, 색의 신비성과 종교성을 살포시 밀어내면서 서민적인 정서와 배려의 온유함과 소탈미를 은은하게 전해준다.

석간주보듬이는 청자철재다완에서 느껴지는 자연스러움과 소박함을 석간주유약으로 재해석해본 것이다. 석간주는 원래 산수화나 인물화에서 피부를 묘사할 때 주로 쓰는 회화의 채색 재료였다. 천연산 석간주는 붉은 산화철을 많이 포함한 붉은 흙이다. 가마 안에서 산화 불을 받으면 여러 가지 색깔로 변신한다. 흙맛과 색감이 퍽 자연스럽다. 전이 안으로 살며시 옥아들게 하여 은근하게 품어 안는 느낌을 자아내게 한다. 겉으로 되

위 | 청자철재다완, 고려 12세기 전반, 높이 5.5cm,
입지름 8.3cm, 굽지름 3.5cm, 국립중앙박물관.
아래 | 석간주보듬이, 김종훈 작품, 2007, 높이 7.3cm,
입지름 9.2cm, 굽지름 4.7cm.

바라지지 않았다.

  보듬이 미학이 추구하는 것은 모든 것을 끌어안는 것이다. 이글이글 달아오른 불기운에 가슴이 터지고 녹아버릴지라도, 끌어안고 살아야 한다면 기꺼이 두 팔 벌리고 달려들어 살든 죽든 꼭 껴안고 견디는 것이다. 결코 밀어내지 않고 따돌리지 않고 못 본 척하지 않는 것이다. 동쪽 해를 품어 키우는 것이고, 동다는 해를 품어 온몸을 빛과 따뜻함으로 변화시키며, 보듬이는 마침내 태양을 마시고 온 몸으로 껴안는 것이다. 나눌 수 있는 데까지 나누는 것이다. 참으로 나누는 것은 모두가 넉넉해 행복해지는 것이다. 이웃이 되어 편안할 수 있다면 기꺼이 함께해 나누고, 돌봐주며, 보살펴서 하나가 되는 것이다. 보듬이는 현실이고 실천이며 꿈이다. 그래야만 이 시대 가장 깊은 질병인 '빨리빨리'와 '대충대충' 병, 서둘러 끝내고 얼른 잊어버린 뒤, 뿌리 깊은 상실과 짓밟힘, 휘둘림을 반복하는 역사적 병폐를 치유하는 차가 되고, 그 차를 담아 마시고 권하는 보듬이가 될 수 있다고 여기기 때문이다.

인화문다완과 인화문보듬이

  인화문다완은 분청사기 전성기의 작품으로, 문양으로만 본다면 정확하게는 인화문이 아니라 빗살무늬의 변형이라 해야 옳겠다. 빗살무늬를 넣었으나 오랜 세월 사용하는 동안 문양이 군데군데 지워졌거나, 아니면 제작할 때 작은 실수로 빗살무늬가 문드러지고 선이 뭉개져 흐릿해진 것인지도 모르겠다. 비구

인화문다완, 조선 15세기 전반, 높이 8cm, 입지름 10.7cm, 굽지름 5.3cm, 일본, 개인 소장.

름층이 떠 있는 하늘이 다완의 전에서 조금 아래 수평선으로 둘려 있고 부슬비가 내린다. 대지를 촉촉하게 적시는 비는 초목을 싱싱하게 자라게 하고, 크고 작은 도랑물, 개여울, 시내며 강이 넘실거리며 흐르게 한다. 천지가 풍요롭다. 이렇듯 인간의 소망과 감사를 담은 다완은 그 자체로 두 손을 모아 하늘에 비는 형상이다.

허리에서 중배까지의 선은 느리고 완만한 곡선이다. 그러다가 중배에서 전까지 곧장 수직으로 치달린다. 살며시 안쪽으로 수그러드는 다소곳한 선이다. 헌신과 배려를 형상화하고 있다. 그릇 형태와 문양의 조화가 잘 어우러진 작품으로서 다완이 지녀야 할 많은 덕목을 고루 갖추었다. 16세기 중반 일본의 무로

분청인화문보듬이, 김대희 작품, 높이 7cm, 입지름 10.9cm, 굽지름 4.8cm

마치 막부 시대에 다도를 확립하고 무사정권의 '무가문화'가 폭력, 살상, 전쟁의 광기를 극복해야만 진정한 인간의 문화로 승화될 수 있다는 철학을 실천했던 센노리큐는 일본 최초의 다완을 창안했다. 센노리큐가 창안하고 그의 생각을 당대 최고의 도예가 조지로^{長次部}가 그릇으로 빚어낸 것이 라쿠다완^{樂茶碗}이다. 여기에 지대한 영향을 미친 것이 바로 인화문다완이다. 인화문다완과 함께 일본 라쿠다완의 모체가 된 또 하나의 다완은 미시마다완^{古三島茶碗}이었다.

김대희가 2009년 여름 어느 날 내 아내에게 선물한 '인화문보듬이'는 모성적 자태와 은은한 멋을 지녔다. 낮은 굽이 보듬이의 넉넉함과 평온함을 잘 받들고 앉았다. 두 손을 모았다가 살포시 손끝을 벌려서 하늘의 뜻을 받아 안으려고 한다. 볼수록 넉넉하고 고요하여 보듬이의 전형으로 삼고 싶다.

차살림법의 모습

차살림법을 펴는 데는 몇 가지 원칙이 따른다.

맨 먼저 차살림은 찻그릇을 올려놓는 찻상^{茶床}을 쓰지 않는다. 차살림법은 찻상을 없애고 깨끗한 무명베 수건 한 장을 바닥에 펴고 그 위에 차를 담은 보듬이를 올려놓는다. 손님이 한 사람일 때나 여러 명일 때도 마찬가지다. 찻상뿐만 아니라 보듬이를 얹는 받침접시를 쓰지도 않는다. 커피잔이나 찻잔 등을 얹는 작은 접시나 쟁반 같은 것들을 사용하지 않는 것이다. 테이블을 두고 의자에 앉아 있는 손님일 경우 그 테이블 위에 찻수건을 펴면 된다. 찻상 대신 찻수건을 쓰는 것은 불교 수행자의 발우공양 때 펴는 발단^{鉢單}을 응용한 것이다. 또한 노자철학의 '와즉영'^{窪則盈} 즉 물이 낮은 곳으로 흐르다가 낮은 곳을 채우면 다시 흘러간다는 의미를 삶에서 실천하려는 것이다.

우리나라 차실 등에서 찻상을 고정해둠으로써 언제나 일정 공간을 차지하고 있는 찻상은 소유와 지배관념의 표출이기도 하고, 겉치장과 허위의식의 찌꺼기로도 여겨질 수 있다.

두 손으로 보듬이를 쥐는 방법.

지구는 인간의 소유물이 아니며, 인간이 소유할 수 있는 것은 아무것도 없다는 무소유를 생각하고 연습하는 수행의 방편으로 찻수건을 쓰는 것이다. 빈자리에 흰 자리수건 한 장을 펴고 앉음으로써 찻자리가 생겨나 시작되고, 차를 다 마신 뒤 자리수건을 거둬들임으로써 본래의 빈자리로 돌려놓는 것을 가장 소중한 가치로 여긴다.

두 번째는 두 손으로 보듬이를 감싸 쥐듯 잡고 차를 마시는 것이다. 술을 마시듯 한 손으로 찻잔을 잡고 차를 마시면서 찻잔 밑바닥 언저리에 갖가지 동작으로 다른 한 손을 갖다 대거나 하는 것이 아니다. 보듬이는 따뜻함과 부드러움, 쓸어안음과 보살핌, 소박함과 자연성을 함축한 아름다움을 꿈꾼다. 산업화와 도시화 속에서 인간과 자연의 공존을 모색하는 우리 시대의 소망을 표현하는 것이다.

세 번째는 살림법의 모든 행위는 왼쪽에서 오른쪽으로, 위에서 아래로 움직인다.

네 번째로 살림법이 지향하는 궁극의 가치는 '어머니의 마음'으로 돌아가는 것이다.

차살림법의 역사·문화적 근원

동장윤다·동다

동다는 한국 차의 독자성을 뜻하며 한국 차문화의 이름이기도 하다. 한국의 역사와 문화가 지닌 아름다움으로 더불어 사는 지혜를 기르는 문화다. '동'東은 태양을 상징하며, 옛것을 새롭게 깨닫는다는 기쁨을 의미한다. '다'茶·dha는 두려움을 극복한다는 산스크리트어를 토대로 하여 두려움의 근원인 살생, 도둑질, 간음, 거짓말, 음주를 금지하는 계율을 실천하는 생활을 의미한다.

살림

살림이란 살아가는 데 꼭 필요한 것을 다른 이들에게 주는 일이다. 굶주린 이에게 음식을 주어 살리는 것, 병든 이를 약과 간호로 살리는 것, 헐벗은 이에게 옷을 주어 살리는 것, 몸과 영혼이 외로운 이를 보살펴 살리는 것, 중생을 차별 없이 살리는 것이다. 한국의 오랜 역사 안에는 이 같은 '살림' 철학이 매우 정교하게 갖춰져서 언제 어디서든 쉼 없이 생활 속에서 실천되어 왔다.

차살림

차살림은 차로서 인간과 중생을 살리는 것이다. 차살림이 성립하려면 먼저 '차'가 약이 되고 양식이 되어야 하고, 차와 그 차를 담아서 끓이거나 끓인 차를 담아 마시는 '그릇'이 갖춰져야 하며, 차를 끓이고, 마시고, 나누는 '법'이 잘 갖춰져야 한다. 아름다운 차문화인 중국의 다예, 일본의 차도에 상응하는 한국 차문화의 독자성과 보편성을 '차살림'이라고 한다.

차살림법의 종류

- 내외살림 married Salrim

부부가 차리는 살림이며 남성이 주재한다.

- 오붓살림 satisfied Salrim

3~5명의 손님을 대접하는 살림이다.

- 모두살림 reverence Salrim

존경, 신성, 존엄을 상징하는 살림이다.

- 헌다살림 presentation Salrim

신, 조상 등에게 헌정하는 살림이다.

차살림에 필요한 도구들과 여러 행위의 의미

- 차수건

차살림은 바닥에 차수건을 펴는 것으로 시작해 차수건을 접어 거두는 것으로 끝난다. 차수건은 수행자들이 발우공양할 때 사용하는 발단에서 응용한 것이다. 수행자가 음식을 대할 때 고마움과 경건함을 표하기 위해, 바닥의 낮은 자리에 발단을 펴고 그 위에 바루를 놓음으로서 수행자 자신을 겸손하게 낮추고, 다른 모든 것을 공경한다는 불교철학의 상징이다. 관련된 경전에 의하면 가로 30.3센티미터, 세로 24센티미터의 크기인데 차수건은 이보다 조금 더 길고 넓을 수도 있으나, 길눈이의 앉은 무릎보다 길거나 넓어서는 안 된다. 자신의 몸을 벗어난 세계는 욕심이기 때문이다.

▷ 차수건의 종류
- 큰수건: 모두살림 때 손님 앞에 펴는 긴 수건. 차회의 규모에 따라 길이가 달라질 수 있다.
- 작은수건: 내외살림, 오붓살림 때 손님 앞에 펴는 수건.
- 자리수건: 모든 차살림에서 살림 길눈이 앞에 펴놓고 차살림을 사는 수건.

위 왼쪽부터 시계방향으로 큰 수건, 작은 수건, 자리수건, 닦음수건.

- 닦음수건: 찻그릇 물기를 닦는 수건.

▷ 차수건의 재료
- 반드시 면으로 해야 한다. 옷이 없어서 추위에도 헐벗고 고통스럽게 살아야 했던 사람들에게 따뜻한 옷을 입도록 해준 문익점 선생의 은혜를 잊지 않기 위해서다.
- 면의 색깔은 다른 어떤 색깔과도 조화를 이룬다. 상대방을 배려하는 철학을 배우기 위함이다.

■ 자리수건 펴기의 미학

길눈이가 자리수건을 펼 때는 수건 앞자락을 손님 앞으로 살짝 던지듯 하는데, 이 동작은 살풀이춤에서 관람객의 액(厄)과

길눈이가 자리수건을 던지듯 펼치는 모습.

살(煞)을 풀고 막아서 편안해지기를 염원하는 상징적인 행위를 응용한 것이다. 살풀이춤은 종교적 음악에 맞추어 추는 춤으로, 이 춤의 원형은 오랜 옛적부터 민중들이 추어온 허튼춤에 있다. 일정한 격식 없이 자유롭게 추는 춤인데, 여럿이 어울려서 추되 각자의 흥과 멋에 겨워 추는 춤이다. 이런 미학적 토대를 지닌 살풀이춤의 흰 수건 던지기 행위를 자리수건 펼치기에 응용함으로써 초대받은 손님의 불행과 고난을 위로하고, 이것이 그치기를 염원하는 길눈이의 기도를 표현하고 있다. 개인이나 가정에 닥치는 질병, 고난, 불행들을 이기고 풍요와 건강, 가정의 평화를 기원하려는 의지의 표현이기도 하다. 초대받아 온 손님에 대한 예의와 깨끗한 소망을 말이 아닌 행동으로 실천하는 것이다. 또한 나와 상대편 사이에 좋은 인연 관계를 만들려는 소망의 표현이기도 하다.

■ 꽃 한 송이를 꽂는 까닭

차살림에서는 꽃을 한 송이 꽂는다. 예술로서의 꽃꽂이와 다르다. 그 까닭은 세 가지다. 하나는 부족국가 삼한시대의 천신과 수목 숭배 신앙의 상징성이다. 두 번째는 불교 이전부터 있었던 연꽃과 죽음의 정화 신앙이며, 세 번째는 불교의 꽃 관련 사상이다. 차살림의 꽃 한 송이에는 이 세 가지의 신앙과 철학이 응축되어 있다.

삼한시대의 독특한 신앙으로 천신과 인간의 소통 공간으로서의 소도(蘇塗)는 크고 오래된 나무를 숭배하고, 그 나무 아래 일정 공간을 신성한 도피처로 삼았다. 오래되고 큰 나무는 풍요와 경외의 상징물이었다. 잎이 떨어진 뒤 봄이 오면 다시 잎과 꽃이 피고 풍성하게 열매를 품는 생명의 신비는 곧 윤회^{transmigration}와 재생^{rebirth}으로 여겨졌다. 또한 천신은 그 나무를 통해 인간에게 뜻을 전하고, 인간은 그 나무 아래 단을 쌓고 제사를 올림으로써 천신께 소망을 아뢰었다. 이 일들은 『구약성서』의 「열왕기」「출애굽기」「사무엘기」에서도 확인되는데, 한반도에서만 존재했던 것이 아니라 세계 인류의 공통된 것으로 보인다. 이렇게 소도의 숲 혹은 큰 나무 한 그루를 상징하는 꽃 한 송이는 곧 찻자리에 초대받은 손님의 행운을 빌고 찻자리가 신성해진다는 상징성을 지닌다.

한국에 불교가 전해지기 이전부터 민간신앙으로 존재했던 연꽃은 생명 원류에 관한 신화로서, 연꽃과 관련된 장례의식이 고구려의 벽화에 남아 전해지고 있다. 무용총에 있는 가무배송도歌舞拜送圖 벽화는 연꽃봉오리로 장식한 장례식 그림이다. 꽃상여 네 모서리에 꽂혀 있는 연꽃은 죽음의 부정不淨을 정화하고, 망자의 혼령을 위로하며 천상세계로 인도하는 뜻을 지닌다. 이 꽃은 생명의 원천과 재생의 뜻을 지니고 있어서 한민족의 창세신화이기도 하다. 즉 꽃씨는 과거, 꽃은 현재, 열매는 미래를 상징함으로써 신화적 시간의 복합성을 뜻하고 있다. 차살림의 꽃 한 송이는 이 연꽃이 지닌 의미도 함축하고 있다.

불교철학의 영향을 받은 꽃은 창조와 생성의 의미를 지닌다. 한 개의 꽃씨를 심으면 한 그루 꽃나무가 생기고, 다 자란 꽃나무에는 하나 이상의 꽃송이가 피며, 꽃에는 여러 개 꽃씨가 생긴다. 이 꽃씨들은 다시 더 많은 꽃나무와 꽃을 피울 것이다. 이 때 꽃은 좋은 인연을 상징한다. 찻자리에서 손님과 주인은 꽃 한 송이의 인연으로 만나 꽃씨의 인연을 맺고 자라나서 세상을 아름답게 만들기를 염원한다.

- 향을 피우는 까닭

고대 중동에서는 신에게 기도할 때나 제사 때 반드시 향을 피웠으며, 향이 하늘에 있는 신에게 닿아야만 비로소 효험이 있다고 믿었다.[20] 그들은 향을 '신의 음식'이라 불렀다.「마태복음」

「이사야서」「예레미아」「마가복음」「요한복음」 등에도 나타나 있듯이, 향은 아라비아에서 바빌론, 페르시아, 이집트, 그리스, 로마로 전해졌다. 공식적으로 중국에 향이 처음 알려진 것은 기원전 118년경 한 무제 때 파르티아 상인들에 의해서였다. 우리나라에서 향이 사용된 예는 고구려 쌍영총 벽화의 '행향'^{行香} 그림이다. 차살림법의 향 피우기는 차실을 정화해 신성하게 하려는 것이다.

- 손님의 자리 정하는 법: 모두살림의 경우
- 차살림 경력이 오래된 사람이 첫 번째 자리에 앉고, 그 다음 사람은 첫 번째 자리의 왼쪽, 세 번째 사람은 첫 번째 자리의 오른쪽이다. 모두살림은 아홉 명을 손님으로 모시는 것을 원칙으로 하며, 차살림 길눈이와 정면으로 마주 보는 자리를 가장 존경스럽게 여기는 첫 번째 자리로 한다. 또한 이 자리는 나머지 여덟 사람의 자리를 정하는 기준점이기도 하다.
- 자리 정하는 법은 승가의 계율을 응용한 것이다. 초기 승려의 집단생활 규범 중 석가모니가 가장 강조했던 것인데, 출가 이전에 속했던 사회적 계급을 불문하고 오직 하루 또는 한 시간이라도 먼저 출가해 계를 받은 자를 윗자리에 앉혀 교단의 위계질서를 삼았다. 교단 내부에서는 카스트 제도를 철저하게 부정했다. 이러한 교단 평등주의는 기존 사회제도를 비판한 것으로서, 석가모니의 철저한 이상주의 실

현을 위한 개혁의 실천이었다.
- "수는 1에서 시작하고, 10에서 그치며, 3에서 완성된다"는 『사기』「율서」와 "9는 양陽의 완성이다"는 『율려신서』律呂新書 제1권, 그리고 "3은 완전성을 갖춘 수 ……9는 장구長久의 뜻"으로 존귀함, 길상의 의미를 지녔다는 『설문』 철학에서 모두살림의 자리 정하는 법을 응용했다.
- 왼쪽을 중요하게 여기는 것은 『노자』의 "군자는 평소 거처할 때 왼쪽을 귀하게 여기고, 군사를 쓸 때는 오른쪽을 귀하게 여긴다"는 비폭력사상을 응용했다.
- 한국인은 모든 생명의 출산에 왼쪽 새끼줄에다 푸르고, 붉고, 검은 색깔을 지닌 솔잎, 고추, 숯을 매달아 신성함과 청정함 그리고 하늘에 감사하는 오래된 전통을 지녔다. 모든 생명은 신성하며 평등하고, 모든 폭력과 위험으로부터 보존받아야 한다는 것이다. 모두살림은 이와 같은 동양의 철학적 이상주의를 계승하고 있다.
- 자신의 삶이 안전하게 보호받고 존경받기를 원하려면 먼저 모든 생명체를 괴롭히고 죽이지 말아야 한다는 한국인의 오랜 비폭력사상을 나타내고 있다.

■ 조패照牌
- 차회에 초대받은 손님의 이름, 호, 주요 경력을 적은 명패를 손님 앞에 올려놓는다. 차회의 예절과 위엄을 나타내기 위해서다.

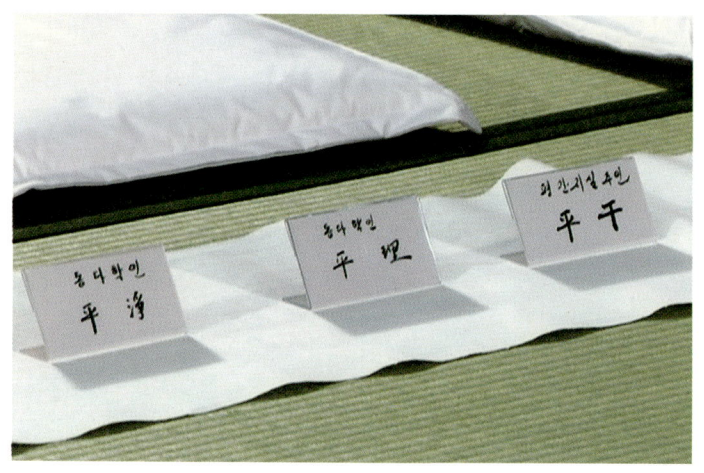

- 조패 놓는 일은 불교의 수행규칙을 정한 『선원청규』^{禪院淸規}를 응용했다.

■ 보듬이 씻기
- 잠시나마 세속의 찌든 때를 씻고 맑은 심신으로 돌아가자는 의미다.
- 손님이 마시게 될 보듬이를 깨끗이 씻어 내놓음으로써 예절과 존경의 뜻을 담았다.
- 새로운 찻자리가 펼쳐질 때마다 반드시 보듬이를 씻어야 한다. 같은 손님일지라도 그러해야 한다.

■ 물소리
그릇 씻은 물을 따를 때 나는 물소리는 손님의 긴장을 풀어주

고 여러 생각을 씻어주어 찻자리의 편안함을 만드는 음악과 같다. 맑고 깊은 산속 계곡 물소리를 옮겨오는 행위이다.

- 물에 씻은 보듬이 닦기
  - 오른쪽으로 세 번 밀면서 – 바깥 세계로 – 닦기는 과거, 현재, 미래의 잘못을 참회하는 의미다.
  - 닦기가 끝나면 즉시 왼쪽으로 – 안의 세계로 – 끌어당겨 닦는다. 우주의 맑은 기운을 불러들여 보듬이에 담아 손님께 대접한다는 뜻이다.
  - 위 두 가지는 만다라를 응용한 것이다. 만다라는 우주를 상징해 신들이 머무는 신성한 장소이며, 우주의 힘이 응집되는 장소다. 소우주로서 인간은 정신으로 만다라에 들어가 그 중심을 향해 전진하며, 유추에 의해 흩어지고 다시 결

합하는 우주 과정으로 인도된다. 만다라는 태강계, 금강계, 두 종류인데, 우주의 두 가지 다른 모습을 나타낸다. 하나는 '가르바다투'garbha-dhatu인데, 하나에서 여럿을 향해 움직이며, 다른 하나는 '바즈라다투'vajra-dhatu로서 여럿에서 한 곳을 향해 움직인다. 전자는 숨을 내뱉는 것이니 ↻시계 반대 방향이고, 후자는 숨을 들이마시는 것이니 ↻시계 방향으로 움직인다. 앞서 오른쪽으로 민 것은 '가르바다투', 왼쪽으로 당긴 것은 '바즈라다투'를 상징한다. 하나에서 모두로 갔다가 모두에서 하나로 돌아오는 것이다.

- 이러한 행위는 차를 담게 될 보듬이의 청정함과 손님의 행운을 염원하는 기도다.
- 오랜 수련을 거치면 그 자체로 아름답고, 찻자리의 긴장이 해소된다.

■ 더운 물로 보듬이 덥히기
물에 깨끗이 씻은 뒤 뜨거운 물을 붓고 덥히는 행위
- 손님이 보듬이를 쥐었을 때 따뜻함을 느끼게 하기 위하여
- 차의 맛과 향기를 유지하기 위하여

■ 생김새, 색깔, 크기가 다른 보듬이
- 한국에서 캐내는 태토胎土: 도자기를 만들기 위한 흙의 다양성, 즉 흙에 들어 있는 광물질이 다양하고 특히 매우 적은 미세

광물질들이 고온에서 일으키는 다채로운 색채 반응을 상징한다.
- 지역마다 조금씩 달라지는 광물질의 성질과 불의 온도에 따라 변화가 무한하다.
- 인간의 다양한 개성과 보듬이의 색채가 지닌 은은함과 다양성을 비교하며 감상해야 한다.
- 색채의 중성온유하고 소박하며 은근한 힘을 지닌 보듬이의 부드러운 힘과 은은한 정감을 느낄 수 있다.
- 이질적인 것들의 절묘한 조화가 지닌 깊은 심미감과 자연성을 상징한다.

■ 우림이를 보듬이에 포개듯 차를 따르는 이유
신라 고분에서 출토된 토우 중 남녀 성행위 모양을 응용했다.

풍요와 번성을 상징하는 신라 문화의 활력과 적극성을 가정의 안정과 조화라는 소박한 현대인의 꿈으로 형상화시킨 것이다.

- 차 권하기

'차를 드십시오'라고 권하는 것은 고려시대의 차법을 따랐다.

- 차 마시는 몸짓을 통일시키는 까닭

『선원청규』를 참조해 만든 차법이다. 공동체 생활에서 규범의 필요성과 중요성을 되새겨보려는 것이다. 서로의 개성과 자유를 제한하지 않으면서 공동체의 생명력을 키워내는 원리를 터득하려는 것이다. 이는 양보와 배려심을 키우는 수행과 어우러진다.

- 차가 식기를 기다려서 마시는 이유

큰 규모의 모두살림에서는 손님이 차를 마시는 데 오래 기다려야 하고, 식은 차를 마시게 되는 경우가 많다. 찻자리는 맛있는 음식을 배불리 맘껏 먹고 즐기는 자리가 아니다. 느림과 기다림 속에서 모두가 만족할 수 있는 지혜를 생각하는 자리다. 인간은 모여서 여럿이 함께 산다. 이때 가장 중요한 것은 상대를 배려하며 기다리고, 또 천천히 다른 사람의 마음을 살펴가며 행동을 결정하는 것이다. 가정의 살림도 종종 그러하다. 음식 이상의 음식을 만나는 지혜가 찻자리의 이상이라 할 수 있다.

- 자리수건 거두며 접기

한 생애를 잘 마치고 거두어들이는 것을 의미한다. 적극적인 삶을 산 사람은 모든 잘못을 내 탓으로 돌려 쓸어안는다. 마지막 순간까지 남을 위해 배려하는 삶은 향기롭고 아름답다.

- 길눈이가 손으로 방바닥을 세 번 쓸며 차회를 마치는

이유

전통적으로 어머니들은 자식 친구나 귀한 손님이 방문했을 때 손님이 앉을 자리를 손으로 서너 차례 훔친 뒤 앉도록 권했다. 형편이 어려운 집안은 손님께 내놓을 방석 마련이 쉽지 않았기 때문이기도 하지만, 그보다는 어머니의 손님 맞는 정성이 그만큼 간곡했음을 알게 해준다. 손님은 어머니의 정성과 겸손 위에 앉는 셈이다. 가난하지만 자애롭고 온유했던 어머니 마음을 이어받으려 함이다.

■ 길눈이가 차를 마시지 않는 이유

흔히 자식들이 맛있는 음식을 어머니께 권할 때 어머니는 이를 사양하면서 말씀하신다. "너희 먹는 것 보기만 해도 나는 배가 부르다. 먹은 셈 치면 된다" 하시며 한사코 자식들을 배불리 먹이신다. 이 같은 어머니의 강렬한 모성과 숭고한 사랑을 차에서 느끼고 확인하며, 이를 본받아 베풀고자 하는 수행법이다.

차살림에서 쓰는 도구들

■ 우림이

우송 분청갈대문우림이

우송 연꽃백자우림이

연파 연꽃백자우림이

성은 백자우림이

- 작은우림이: 모두살림법에서 손님 한 사람마다 하나씩 따로 차를 나눠드리도록 만든 작은우림이

- 데움이: 모두살림에서 손님의 보듬이를 덥히기 위해 뜨거운 물을 담아 내는 그릇

- 보듬이

우송 청자보듬이

청마 잔설무늬보듬이

성은 백자차꽃무늬보듬이

- 데움물받이 그릇

- 화로

성은 붉은유약화로　　　　청마 청색유약화로

- 식힘이 또는 나눔이: 뜨거운 물을 식히는 데 쓰는 그릇이면서 차를 나누어 부을 때도 사용한다.

- 물단지

우송 분청 물단지

- 하늘물받이^{天水} 그릇: 보듬이를 씻는 그릇

- 물받이그릇: 찻그릇 씻은 물을 받아 담는 그릇

■ 향로

평천 향로

성은 향로

■ 꽃병

우송 꽃병

- 찻단지: 잎차 담는 통

- 도짐이: 우림이 뚜껑 없는 받침대

- 자루박: 물을 떠서 탕솥에 붓거나, 탕솥 끓는 물을 떠내는 도구
- 죽비

- 숯통
- 차약 접시

- 헌다기

연파 헌다기　　　　　　　　죽연 헌다기

- 차수건　큰 수건, 작은 수건, 자리 수건, 닦음 수건

차살림법의 세계

살림법이란 살림을 사는 구체적 방법이자 법도를 말한다. 민족이나 나라마다 저마다 독특한 식사 방법이 있듯이 차도 마찬가지다. 중국인이나 일본인이 차 마시는 독특한 방법이 있듯이 한국인이 차 마시는 데도 나름의 형식이 있어야 한다.

내외살림법

내외살림법은 부부가 평소 가정에서 자주 해볼 수 있는 차살림이다. 화롯불 다스리기가 번거롭지만, 부부에게 특별한 의미가 있는 날을 기리거나 여유가 있을 때, 화로에 불을 피우고 정성들여 물을 끓여 아내에게 차를 대접하는 것이 아름답다. 또한 자식들에게는 부부생활의 본보기가 된다.

길눈이의 자리 오른쪽에 찻그릇과 꽃병이 갖춰져 있고, 화로의 탕솥에는 물이 알맞게 끓는다. 두 사람이 마주 앉을 자리에는 방석 두 개를 놓는다. 방석은 비단이나 화려한 색을 쓰지 않는다. 비단은 누에의 실로 짠 것이어서 불살생을 실천하는 차살림법의 이상과 맞지 않는다.

1 두 사람이 마주 앉아 합장해 인사한다. 처음 만난 듯해야 하고, 다시는 만날 수 없는 사람과의 자리인 듯 정중해야 한다.
2 향로는 길눈이의 왼쪽에 둔다.
3 남자가 오른손으로 향 아래를 살며시 잡고 불 붙인다. 왼손을 오른손 위에 포개듯 향을 쥐고, 향불 타는 끝 부분을 눈높이까지 천천히 들어올렸다가 가슴높이까지 내려 향로에 꽂

는다.
4 바닥에 자리수건을 펼친다. 정해진 순서에 따라 천천히 펴나간다. 자리수건 앞쪽의 두 귀를 엄지와 검지로 쥐고 살며시 들어올리다가 앞쪽으로 던지듯이 펼친다. 간결하고 부드러운 동작이어야 한다.
5 작은 수건을 자리수건 오른쪽 아래 모서리에 맞춰 놓는다.
6 우림이, 식힘이, 찻단지, 도짐이, 보듬이를 순서대로 자리수건 위에 옮겨놓는다.
7 오른쪽 무릎 위에 작은 수건을 편다.
8 천수그릇에 보듬이를 씻은 뒤 작은 수건으로 닦는다. 바깥으로 세 번 밀면서 닦고, 안으로 끌어당기면서 한 번 닦아 제자리에 놓는다. 작은 수건은 접어서 제자리에 놓는다.
9 화로 위에 물이 끓고 있는 탕솥 뚜껑을 연다. 뚜껑을 곧장 위로 들어올려서는 안 된다. 살며시 앞으로 끌어당기듯 열어야 한다. 뜨거운 김에 화상 입을 위험을 막기 위함이다.
10 자루박으로 탕솥 물을 떠내 식힘이에 붓는다.
11 우림이 뚜껑을 연다. 식힘이에 담긴 물을 붓고 다시 뚜껑을 닫는다.
12 우림이에 든 물을 보듬이에 붓는다. 우림이와 보듬이의 냉기를 몰아내기 위함이다.
13 자루박으로 다시 탕솥 물을 떠내 식힘이에 붓는다.
14 우림이 뚜껑을 연다. 두 손으로 찻단지를 가져와 왼손에 쥐고, 오른손으로 찻단지 뚜껑을 열어 제자리에 내려놓는다.

15 찻단지를 기울여 왼손바닥에 차를 붓는다.

16 작은 수건에 찻단지를 내려놓고 왼손의 차를 우림이에 넣는다.

17 찻단지는 제자리에 놓고 식힘이의 물을 우림이에 붓는다.

18 우림이의 차가 우러날 동안 보듬이 데운 물은 버림그릇에 쏟아낸다.

19 우림이의 차를 나눔이^{식힘이}에 따라서 보듬이에 붓는다.

20 보듬이를 두 손으로 쥐고 여자의 두 손에 살며시 내려놓는다. 여자는 보듬이를 감싸듯 받는다. 마치 연꽃이 피는 모습이다.

21 남자가 자기의 보듬이를 들고 여자에게 "차 드십시오"라고 권한다.

22 남자는 한 번 더 차를 우려 여자에게 권한다.

23 두 잔을 마신 뒤 남자는 "차 더 드시겠습니까?"라고 묻는다.

24 여자는 "좋았습니다"하고, 보듬이를 남자에게 건넨다.

25 남자가 오른쪽 무릎 위에 작은 수건을 펴놓고 보듬이를 천수그릇에 씻어 닦은 뒤 오른쪽 본디자리로 갖다놓는다. 그리고 작은 수건을 접어 제자리에 놓는다.

26 자루박으로 탕솥 물을 떠 식힘이에 담아 우림이에 붓는다. 이때 물의 양이 적당해야만 차 찌꺼기를 쉽게 털어낼 수 있다.

27 차긁개 끝을 우림이 부리에 갖다대고 우림이를 뒤짚는다. 우림이 속 차 찌꺼기를 쏟아낸다.

28 작은 수건을 들어 왼손바닥에 얹고, 도짐이, 찻단지, 식힘이, 우림이를 작은 수건 위에 살짝 갖다댄 뒤 순서대로 본디자리에 놓는다. 작은 수건도 본디자리로 돌아간다.

29 자리수건에 떨어진 찻잎 부스러기들을 손으로 줍는다.

30 탕솥 뚜껑을 덮는다. 이때 뚜껑을 앞에서 뒤로 살며시 밀어서 덮는다.

31 자리수건을 거둔다. 자리수건 앞쪽의 두 귀를 엄지와 검지로 잡고, 천천히 들면서 당긴다. 이때 자리수건이 움직이지 않도록 해야 한다. 한 생애를 마치는 것과도 같아서, 모든 잘잘못을 쓸어안고 책임진다는 의미다. 살아온 과정을 돌아보며 생애를 점검하는 행위이므로 진중하고 엄숙해야 한다.

32 자리수건을 다 접은 뒤 두 손을 그 위에 얹고 고개 숙여 생각에 잠긴다. 찻자리를 마치면서 부부가 된 인연을 다시 생각해본다.

33 자리수건 치운 바닥을 오른손으로 세 번 훔친다.

34 합장하고 마치는 인사를 한다.

내외살림법

오븟살림법

 길눈이 오른쪽에 차살림 그릇, 꽃병, 화로가 마련되는 것은 내외살림법과 같다. 다른 것은 보듬이와 차약접시가 세 개라는 점이다.

1 길눈이와 손님이 합장하고 인사한다.
2 꽃병, 향 피우기는 내외살림법과 같다.
3 자리수건 펼치기는 내외살림법과 같다.
4 작은 수건 놓기는 내외살림법과 같다.
5 자리수건 위에 우림이, 식힘이, 찻단지, 도짐이, 보듬이 세 개를 내는 순서도 내외살림법과 같다.
6 오른쪽 무릎 위에 작은 수건을 편다.
7 천수그릇에다 1번 보듬이부터 차례로 3번 보듬이까지 씻은 뒤 작은 수건으로 닦는다. 닦는 방법은 내외살림법과 같다. 닦은 뒤 제자리에 놓는다.
8 화로 위의 탕솥 뚜껑을 연다. 여는 방법은 내외살림법과 같다.
9 자루박으로 탕솥 물을 떠서 식힘이에 붓는다.
10 우림이 뚜껑을 연다. 식힘이에 있던 물을 우림이에 붓고 다시 뚜껑을 닫는다.
11 우림이의 뜨거운 물을 보듬이 세 개에 부어, 우림이와 보듬이의 냉기를 몰아낸다.
12 자루박으로 탕솥 물을 떠서 식힘이에 붓는다.
13 우림이 뚜껑을 연다.

14 찻단지를 기울여서 왼손바닥에다 차를 붓는다.

15 작은수건 위에 찻단지를 내려놓고 왼손의 차를 우림이에 넣는다.

16 찻단지를 제자리에 돌려놓고, 식힘이의 물을 다관에 붓는다.

17 우림이의 차가 우러날 동안 보듬이를 덥힌 물을 버림그릇에 쏟아낸다.

18 우림이의 차를 나눔그릇에 따라 세 보듬이에 차례대로 붓는다.

19 차가 담긴 보듬이를 길눈이와 마주하는 중앙 1번 큰손님 → 큰손님의 왼쪽 2번 손님 → 큰손님의 오른쪽 3번 손님 순서로 내놓는다.

20 길눈이는 문심(눈인사)하고 "차 드십시오"라고 손님에게 차를 권한다.

21 손님들은 왼쪽에서 오른쪽 순으로 서로 문심한다.

22 손님이 차를 다 마시고 나면 차약접시를 내놓는다. 20번의 차 내는 순서로 진행한다.

23 길눈이가 "차약 드십시오"라고 손님께 권한다. 이때도 문신하면서 말한다.

24 두 번째 차를 낸다. 손님이 자신의 보듬이를 길눈이 쪽으로 옮겨두면, 길눈이는 우림이에서 우려낸 차를 보듬이에 차례대로 붓는다. 손님이 자신의 보듬이를 옮겨간다.

25 길눈이는 문심하고 "차 드십시오"라고 손님께 권한다.

26 두 번째 차를 마신 뒤 길눈이가 "차 더 드시겠습니까?"라고 묻는다.
27 "좋았습니다"라며 손님이 자신의 보듬이를 자리수건 끝에 내놓는다. 이때 차약접시도 함께 내놓는다.
28 길눈이는 보듬이를 자리수건 가운데 옮겨놓고 차약접시를 오른쪽 본디자리로 돌려놓는다.
29 작은 수건을 오른쪽 무릎 위에 편다.
30 천수그릇에다 보듬이를 씻고, 닦은 뒤 차례대로 오른쪽 본디자리로 들어간다.
31 자루박으로 탕솥 물을 떠서 식힘이에 담아 우림이에 붓는다.
32 차긁개 끝을 우림이 부리에 갖다대고 우림이를 뒤집어서 우림이 안의 차 찌꺼기를 버림그릇에 버린다.
33 작은 수건을 접어 왼손바닥에 들고 엄지로 살짝 누르고서, 도짐이, 찻단지, 식힘이, 우림이를 작은 수건 위에 가볍게 갖다댄 다음 본디자리로 보낸다.
34 작은 수건도 본디자리로 돌아간다.
35 자리수건 위에 떨어진 찻잎 부스러기를 손으로 줍는다.
36 탕솥 뚜껑을 덮는다.
37 자리수건을 거두어 접는다.
38 자리수건 접은 뒤 두 손을 그 위에 얹고 고개 숙여 명상한다.
39 바닥을 오른손으로 세 번 쓸어낸다.
40 합장하고 마무리 인사한다.
41 차수하고 문심한 뒤 찻자리를 거둔다.

오붓살림법

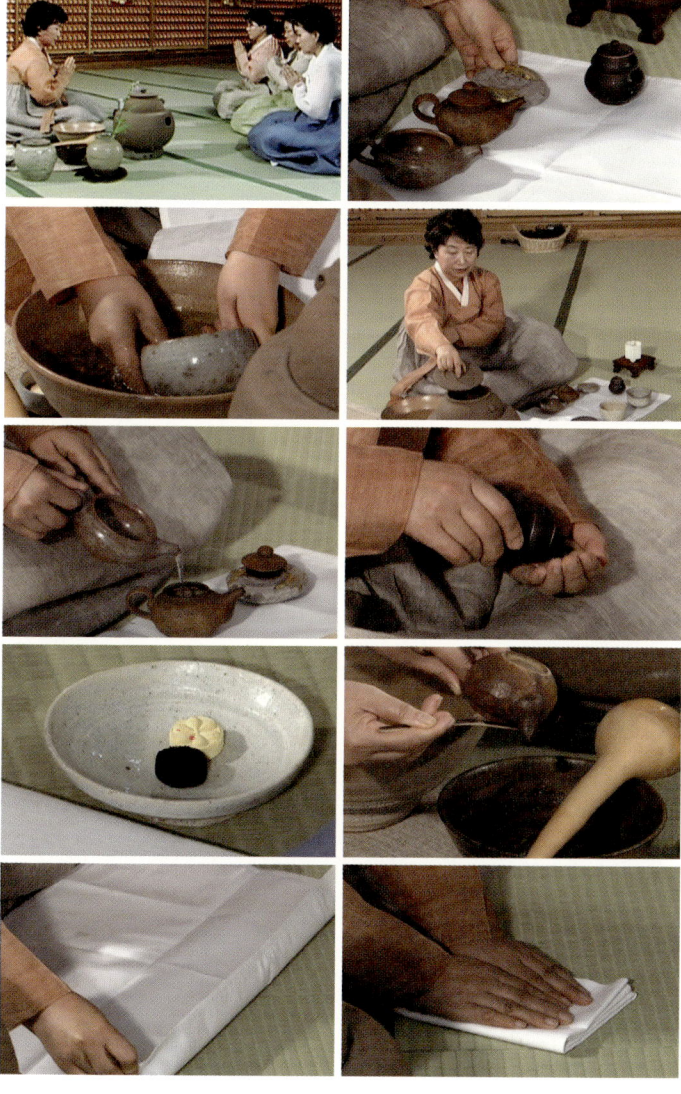

모두살림법

　모두살림은 규모가 가장 크고 화려하며 장엄한 만큼, 길눈이가 사용하는 찻그릇의 종류가 매우 많고 수량 또한 적지 않다. 길눈이가 앉는 자리를 가운데 두고, 그릇들을 길눈이 좌우에 가지런하게 마련해둔다. 길눈이 자리, 자리수건 펼 공간을 비워두고 향로는 왼쪽, 꽃을 꽂은 꽃병은 오른쪽에 배치한다. 길눈이가 앉아서 오른팔을 뻗어 관리할 수 있는 거리에 화로를 앉힌다. 화로 옆에 물단지를 두고, 천수그릇과 버림그릇을 배열한다. 길눈이 방석을 기준으로 오른쪽에 무명베수건을 펴고 우림이 세 개, 데움이 두 개, 식힘이 두 개, 도지미, 찻단지, 작은 수건, 향낭, 자루박을 순서대로 준비해둔다. 왼쪽에는 앞에서부터 보듬이 아홉 개, 작은우림이 여섯 개, 차약을 담은 접시 아홉 개를 가지런하게 놓는다.

　길눈이 자리를 중심으로 손님 자리 아홉 개를 정한다. 길눈이와 마주보는 자리가 차회에 초대한 손님 중에서 차살림 수행이 가장 오래된 사람의 자리가 된다. 이 자리가 1번이고, 1번의 왼쪽이 2번, 오른쪽이 3번이 되어 길눈이와 마주 보는 가로줄이 된다. 1번 자리 앞에 세로로 4, 6, 8번 자리가 정해지고, 3번 자리 앞에 세로로 5, 7, 9번 자리가 마련된다. 8번 자리와 9번 자리 아래에 차회를 도와줄 시자 두 사람이 앉는다. 손님 자리 앞에는 큰 수건을 펴고, 큰 수건에는 조패를 놓는다.

　차회가 시작되면 1번 자리에 앉을 손님부터 차실로 들어온다. 그 뒤로 차례대로 들어와 정해진 자리에 앉는다. 시자들이 앉고, 맨 나중에 길눈이가 자리를 잡는다. 차회가 시작된다.

1 길눈이가 죽비를 세 번 친다.
2 길눈이가 죽비를 내려놓고 합장하면 모두 합장해 천천히 인사한다.
3 길눈이가 향을 피우면 제1시자가 향을 받아들고 손님을 향해 돌아선다. 향 끝을 눈높이까지 천천히 들어올렸다가 내려서 향로에 꽂는다. 향을 꽂은 뒤 손님을 향해 차수하고 눈인사한 뒤 자리로 돌아가 앉는다.
4 자리수건을 펼친다.
5 자리수건 오른쪽 아래 모서리에 작은 수건을 옮겨놓는다.
6 우림이, 식힘이, 차단지, 도짐이, 보듬이 세 개 순서로 자리수건 위에 옮겨놓는다.
7 작은 수건을 들어 오른 무릎 위에 편다.
8 보듬이 세 개를 차례로 가져와 천수그릇에 씻고, 닦아 자리수건 앞쪽에 가지런히 둔다.
9 데움이 1을 식힘이 오른쪽 옆으로 옮긴다.
10 탕솥 뚜껑을 연다. 자루박으로 끓는 물을 떠서 식힘이에 담는다.
11 식힘이의 물을 데움이에 붓는다. 시자 1이 쟁반을 들고 길눈이 앞으로 와서 앉는다.
12 시자 1이 보듬이 세 개와 데움이를 받아들고 손님 1, 2, 3에게로 나아간다. 시자 1은 손님 1, 2, 3 앞으로 가서 1, 2, 3 순서대로 동다완을 큰 수건 위에 놓고 데움이의 뜨거운 물을

적당하게 부어 보듬이의 찬 기운을 몰아낸다. 시자는 손님 앞에서 눈인사하고, 손님도 시자의 눈인사에 마주 인사한다.

13 길눈이는 보듬이 4, 5, 6을 차례대로 가져와 천수그릇에 씻고, 닦아서 자리수건 앞쪽에 가지런히 놓는다.

14 데움이 2를 식힘이 오른쪽 옆으로 옮겨놓는다.

15 10과 같이 한다.

16 식힘이 물을 데움이에 붓는다. 시자 2는 길눈이 앞으로 와서 대기한다.

17 시자 2가 보듬이 세 개와 데움이를 받아들고 손님 4, 5, 6에게로 나아간다. 시자 2가 시자 1처럼 행다할 때 시자 1은 데움이만 쟁반에 얹어 돌아와서 길눈이에게 데움이를 내려놓는다. 길눈이는 시자 1로부터 돌려받은 데움이를 식힘이 오른쪽 자리에 놓는다.

18 길눈이는 보듬이 7, 8, 9를 차례로 가져다 천수그릇에 씻고, 닦아서 자리수건 앞쪽에 가지런히 놓는다.

19 자루박으로 끓는 물을 떠서 식힘이에 담는다.

20 식힘이 물을 데움이에 붓는다. 시자 1이 다시 길눈이 앞으로 와 대기한다.

21 시자 1이 보듬이 세 개와 데움이를 받아들고 손님 7, 8, 9 앞으로 나아간다. 시자는 앞과 같이 한다. 시자 1, 2가 되가져온 데움이 두 개는 본디자리로 돌려두고, 시자들 제자리에 가 앉는다.

22 길눈이는 오른쪽 본디자리에 마련되어 있는 나머지 우림이

두 개와 식힘이 하나도 마저 가져와서 우림이 오른쪽에 벌여둔다.

23 왼쪽 본디자리에 준비해둔 작은우림이 6개 중 1, 2, 3을 자리수건 위쪽으로 옮긴다.

24 자루박으로 탕솥 물을 떠서 식힘이에 담는다.

25 우림이 1의 뚜껑을 열고 식힘이의 물을 붓고 뚜껑을 닫는다. 우림이의 냉기를 없애기 위함이다.

26 작은우림이 1, 2, 3의 뚜껑을 열어놓고, 우림이 1의 물을 나누어 붓는다. 냉기를 없애기 위함이다.

27 자루박으로 다시 식힘이에 물을 담는다.

28 찻단지를 가져와 뚜껑을 열고 왼손에 차를 붓는다.

29 우림이 1에 차를 넣는다.

30 작은우림이에 들어 있는 물을 차례대로 버림그릇에 쏟아낸다.

31 우림이 1의 차를 나눔이에 부어 작은우림이 1, 2, 3에 나누어 붓는다. 시자 1이 길눈이 앞으로 옮겨와 대기한다.

32 시자 1에게 작은우림이 1, 2, 3과 버림그릇 하나를 주어 보낸다.

33 시자 1은 작은우림이 1, 2, 3과 버림그릇 하나를 쟁반에 담아들고 손님 1, 2, 3에게로 나아간다. 시자 1은 손님 1, 2, 3 앞에서 쟁반을 내려놓고 눈인사한다. 손님들도 함께 눈인사한다. 시자 1은 먼저 손님 1 앞에 있는 보듬이에 담겨 있는 물을 버림그릇에 부은 다음 작은우림이 1에 든 차를 보듬이에

따른다. 손님 2, 손님 3의 보듬이에도 똑같이 한다. 차를 다 따른 뒤 다시 눈인사하고, 버림그릇을 쟁반에 담아들고 돌아온다.

34 길눈이는 작은우림이 4, 5, 6을 자리수건 위쪽으로 옮긴다.

35 자루박으로 탕솥 물을 떠서 식힘이에 담는다.

36 우림이 2의 뚜껑을 열고 식힘이의 물을 붓고 뚜껑을 닫는다.

37 뜨담이 4, 5, 6의 뚜껑을 열어놓고 우림이 2의 물을 나누어 붓는다.

38 자루박으로 다시 식힘이에 탕솥 물을 떠 담는다.

39 찻단지를 가져와 뚜껑을 열고 왼손에 차를 붓는다.

40 우림이 2에 차를 넣는다.

41 작은우림이 4, 5, 6에 들어 있는 물을 차례대로 버림그릇에 쏟아낸다.

42 우림이 2의 차를 나눔이에 부어 작은우림이 4, 5, 6에 나누어 붓는다. 시자 2가 길눈이 앞으로 와서 기다린다.

43 시자 2에게 작은우림이 4, 5, 6과 버림그릇 하나를 주어 보낸다.

44 시자 2는 작은우림이 4, 5, 6과 버림그릇을 쟁반에 담아 들고 손님 4, 5, 6 앞으로 간다. 시자 2는 33의 시자 1과 같이 한다.

45 시자1이 되가져온 작은우림이 1, 2, 3과 버림그릇을 받아 작은우림이 자리수건 위쪽에 벌여두고 버림그릇은 본디자리에 둔다.

46 자루박으로 탕관 물을 떠 식힘이에 붓는다.

47 우림이 3의 뚜껑을 열고 식힘이의 물을 붓고 뚜껑을 닫는다.

48 또 한 번 자루박으로 탕관 물을 떠 식힘이에 붓는다.

49 우림이 3의 뚜껑을 열고 예열물을 버림이에 쏟아낸다.

50 찻단지를 가져다 뚜껑을 열고 왼손에 차를 붓는다.

51 우림이 3에 차를 넣는다.

52 작은우림이 1, 2, 3 뚜껑을 열어놓는다.

53 우림이 3의 차를 나눔이에 부어 뜨담이 1, 2, 3에 나누어 붓는다. 시자 1이 길눈이 앞에서 기다린다.

54 시자 1에게 작은우림이 1, 2, 3과 버림그릇을 주어 보낸다.

55 시자 1은 작은우림이 1, 2, 3과 버림그릇을 쟁반에 담아 들고 손님 7, 8, 9 앞으로 간다. 시자 1은 44의 시자 2와 같이 한다.

56 시자 2가 가져온 작은우림이 4, 5, 6과 버림그릇을 본디자리로 돌려보내고, 시자 1이 맨 뒤에 가져온 것은 자리수건 위에 벌여놓는다.

57 시자 1, 2가 제자리에 돌아가 앉는다.

58 길눈이는 손님을 향해 "차 드십시오"라고 말한다. 손님들은 정해진 예법대로 좌우로 인사한 뒤 천천히 차를 마신다.

59 손님이 차를 다 마시면 왼쪽에 마련해두었던 차약 접시를 자리 수건으로 옮겨 내놓는다. 차약 1, 2, 3을 시자 1에게 주어 손님 1, 2, 3에게 내보낸다. 차약 4, 5, 6과 7, 8, 9를 차를 낼 때의 순서와 같이 시자 2와 시자 1로 하여금 손님께 내놓도록 한다.

60 시자들이 제자리로 돌아가 앉고 나면 손님께 "차약 드십시

오"라고 말한다.

61 손님들이 차약을 들고 나면 향을 한 번 더 피워 시자 1로 하여금 향로에 꽂게 한다.

62 두 번째 차를 준비한다. 길눈이는 자루박으로 탕솥의 물을 떠 식힘이에 담은 뒤 우림이 1에 붓는다. 우러난 차를 나눔이에 부어 작은우림이 1, 2, 3에 담아 시자 1에게 내준다. 시자 1은 손님 1, 2, 3에게로 나아가 차례대로 차를 드린다.

63 길눈이는 작은우림이 4, 5, 6을 내온다.

64 자루박으로 식힘이에 물을 담는다. 식힘이의 물을 우림이 2에 붓는다. 우러난 차를 나눔이에 담아 작은우림이 4, 5, 6에 부어서 시자 2에게 내주고, 시자는 손님 4, 5, 6에게로 나아가 차를 드린다.

65 시자 1이 되가져온 작은우림이를 받아 자리수건 위쪽에 벌여두고, 식힘이에 물을 담아 우림이 3에다 붓는다. 우러난 차를 나눔이에 담아 작은우림이 1, 2, 3에 부어 시자 1로 하여금 손님 7, 8, 9에게 올리도록 한다.

66 시자 2가 되가져온 작은우림이 4, 5, 6을 본디자리로 보낸다.

67 시자 1이 되가져온 작은우림이 1, 2, 3은 자리수건 위에 놓는다.

68 시자들이 제자리로 돌아가 앉고 나면 손님들을 향해 "차 드십시오"라고 한다.

69 손님들이 차를 다 마시고 나면 "차 더 드시겠습니까"라고 여쭙는다.

70 손님이 "좋았습니다"라고 한다.

71 길눈이가 시자 1에게 찻그릇을 회수하라고 눈짓한다.

72 길눈이는 식힘이에 물을 담아 작은우림이 1, 2, 3에 나눠 붓는다. 작은우림이를 차례로 씻어 버림그릇에 쏟고 본디자리로 돌려보낸다.

73 시자 1이 거두어온 보듬이 1, 2, 3은 자리수건 위에 두고, 차약 접시는 본디자리에 돌려보낸다.

74 보듬이 1, 2, 3을 천수그릇에 씻고 닦아 본디자리로 돌려보낸다.

75 시자 2가 거두어온 보듬이 4, 5, 6은 자리수건 위에 두고 차약 접시는 본디자리로 돌려보낸다.

76 보듬이 4, 5, 6을 천수그릇에 씻고 닦아 본디자리로 돌려보낸다.

77 시자 1이 거두어온 보듬이 7, 8, 9는 자리수건 위에 두고, 차약접시는 본디자리로 돌려보낸다.

78 동다완 7, 8, 9를 천수그릇에 씻고 닦아 본디자리로 돌려보낸다.

79 작은 수건을 접어 왼손바닥에 들고, 도짐이, 찻단지, 식힘이 두 개, 우림이 1, 2, 3 순으로 본디자리로 돌려보낸다. 작은 수건도 제자리로 보낸다.

80 자리수건 위에 떨어진 차 부스러기들을 주워 버림그릇에 버린다.

81 화로의 탕솥 뚜껑을 밀어 닫는다.

82 자리수건을 천천히 거두어 접는다.
83 자리수건을 다 접은 뒤 한가운데로 옮겨놓고 그 위에 두 손을 얹고 잠시 기도한다. 큰 차살림 한 생애를 마친 뒤의 기도다.
84 자리수건을 치우고, 본래의 빈자리를 오른손으로 세 번 쓸어 버림그릇에 턴다. 잠시 빌려쓴 살림터를 뜻하지 않게 더럽혔거나 허물진 곳을 말끔히 정리해 본디 모습 그대로 돌려놓는 무소유를 상징한다.
85 길눈이가 죽비 세 번 치고, 합장해 인사하면서 끝난다.

모두살림법

헌다살림법

헌다살림법은 길눈이, 향, 꽃, 차를 올릴 시자 세 명, 행장낭독자, 차시낭송자, 축문낭송자, 사회자를 포함해 여덟 명이 필요하다. 화로 위 탕솥에 물을 끓이고, 천수그릇, 버림그릇을 준비한다.

1 길눈이가 자리에 앉아 죽비를 세 번 치고, 합장해 절한다.
2 자리수건을 펼친다. 작은 수건을 자리수건 오른쪽 아래 모서리에 놓는다.
3 우림이, 식힘이, 찻단지, 도짐이, 헌다기를 정해진 순서대로 자리수건 위에 내놓는다.
4 오른쪽 무릎 위에 작은 수건을 편다.
5 헌다기를 천수그릇에 씻고, 닦아서 제자리에 둔다.
6 탕솥 뚜껑 열고, 자루박으로 물을 떠 식힘이에 붓는다.
7 식힘이에 담긴 물을 우림이, 헌다기 순으로 부어 냉기를 씻는다.
8 다시 자루박으로 물을 떠서 식힘이에 담는다.
9 차우림이 뚜껑을 열고, 찻단지를 가져다 왼손에 차를 부어 다관에 넣는다.
10 찻단지를 정리해 제자리에 갖다두고, 식힘이의 물을 우림이에 붓고 뚜껑을 덮는다.
11 헌다기에 담긴 물을 버림그릇에 버리고 제자리에 놓는다.
12 우림이에 든 차를 나눔이에 부어 헌다기에 담는다.
13 길눈이가 향에 불을 붙여 향로에 꽂아 향 시자에게 준다. 향

시자는 향로를 받아 들고 제자리로 나아가 선다.

14 길눈이는 헌다기를 차 시자에게 건네준다. 차 시자는 헌다기를 받아들고 제자리로 나아가 선다. 향 시자는 왼쪽, 꽃 시자는 오른쪽, 차 시자는 가운데 선다.

15 길눈이는 꽃병을 꽃 시자에게 건네준다. 꽃 시자는 꽃을 받아들고 제자리로 나아가 선다.

16 길눈이의 죽비 소리가 한 번 울리면, 향과 꽃 시자만 나란히 앞으로 나아가 준비된 자리에 올린 뒤 반배하고 뒤로 두 걸음씩 물러나 기다린다.

17 길눈이의 죽비 소리가 다시 한 번 울린다. 차 시자 혼자 준비된 자리를 향해 나아간다. 향과 꽃 사이에 차를 올리고, 반배하고 두 걸음 물러나 정해진 자리에 선다.

18 길눈이의 죽비 소리가 다시 한 번 울린다. 시자 세 사람 똑같이 두 번 합장 인사한다.

19 시자 세 명이 정해진 자리로 돌아간다.

20 사회자의 지휘에 따라 행장을 낭독할 차인이 나와 인사하고 행장을 낭독한다.

21 사회자의 지휘에 따라 차시를 낭송할 차인이 나와 인사하고 차시를 낭송한다.

22 사회자의 지휘에 따라 축문 낭독할 차인이 나와 엎드린다. 참여한 모든 사람도 엎드린다. 축문 낭독이 끝나면 일제히 두 번 큰절을 올린다.

23 길눈이는 자루박으로 탕솥 물을 떠 식힘이, 우림이 순으로

물을 붓는다.

24 우림이에 든 차 찌꺼기를 차끓개로 긁어내고 씻는다.

25 작은 수건을 왼손에 들고 도짐이, 찻단지, 식힘이, 우림이를 차례대로 거둬들인다.

26 작은 수건을 본디자리로 보내고, 자리수건 위에 떨어진 부스러기들을 주워 왼손에 담아 버림그릇에 버린다.

27 화로 위 탕솥 뚜껑을 닫는다.

28 자리수건을 거두어 접는다.

29 바닥을 세 번 쓸어낸다.

30 모두 함께 일어나 길눈이는 죽비 세 번 치고 모두 함께 합장해 절한다.

헌다살림법

차살림법의 모습

1 藤田亮策,「櫛目紋樣土器の分布に就きて」,『靑丘學叢』2, 1930.
2 Marija Gimbutas, *The Goddesses and Gods of Old Europe, BC 6500~3500: Myths and Cult Images*, University of California Press, 1982, pp.112~123.
3 아리엘 골란, 정석배 옮김,『선사시대가 남긴 세계의 모든 문양』, 푸른역사, 2004, 20쪽.
4 진 쿠퍼, 이윤기 옮김,『세계문화상징사전』, 까치글방, 1994, 7~8쪽.
5 아리엘 골란, 앞의 책, 42쪽.
6 Brian Huntley·I. Colin Prentice, "July Temperatures in Europe from Pollen Data, 6000 Years before Present", *Science*, vol. 241, Issue 4866, 1988, pp.687~690.
7 Marjorie Brook Lovvorn, "Paleoclimate and Amerindians: Evidence from stable isotopes and atmospheric circulation", *Proceedings of the National Academy of Science*, vol. 98, Issue 5, 2001, pp.2485~2490.
8 아리엘 골란, 앞의 책, 20~21쪽.
9 같은 책, 92~129쪽.
10 William Tyler Okott, *Sun Lore of All Ages: A Collection of Myths and Legends Concerning the Sun and Its Worship*, Book Tree, 1999.
11 아리엘 골란, 앞의 책, 127쪽.
12 같은 책, 521쪽.
13 Franz Boas, *Primitive Art*, Oslo: H. Aschehoug&Co.; Cambridge, Mass.: Harvard University Press, 1927, p.98.
14 James Mellaart, *Excavations at Hacılar*, Edinburgh University Press, 1970, pp.323/350/371/383/423.
15 Ramsay A. M., *The early Christian art of symbols in Oriental rugs*, NY, 1953, pp.271~284.
16 Heinrich Schliemann, *Troy and its remains: a narrative of researches and discoveries made on the site of Ilium and in the Trojan plain*, Cambridge University Press, 1875, pp.103/159.
17 James Mellaart, 앞의 책, p.299.
18 Donald A. MacKenzie, *The Migration of Symbols*, Kessinger Publishing, 1926, p.13/40.
19 전완길,『한국의 토기잔』, 태평양박물관, 2001, 91쪽.

20 Groom Nigel, *Frankincense and Myrrh: A study of the Arabian Incense Trade*, Intl. Book Centre, 1981, pp.1~21: 이 글에서는 향을 피우는 목적이 '신과 소통(communicate)하기 위하여'라고 했다.

참고문헌

논문

1. 강영경, 「한국 고대 市와 井에 대한 연구」, 『원우논총』 2, 1984.
2. 구미래, 「우물의 상징적 의미와 사회적 기능」, 『비교민속학』 23, 2002.
3. 김명자, 「세시풍속을 통해 본 물의 종교적 기능」, 『한국민속학』 48, 2009.
4. 김정배, 「소도의 정치사적 의미」, 『역사학보』 79, 1978.
5. Marjorie Brook Lovvorn, "Paleoclimate and Amerindians: Evidence from stable isotopes and atmospheric circulation", *Proceedings of the National Academy of Science*, vol. 98, issue 5, 2001.
6. 민길자, 「한국의 차생활사 연구」, 『교육논총』, 1988.
7. 박훈, 「18세기 후반: 막(幕) 말기 일반인의 '아시아'·'동양' 개념의 형성과 변용」, 『동양정치사상사』 9권 2호, 2007.
8. 배철현, 「다리우스왕은 조로아스터교 신봉자였나?」, 『중앙아시아연구』, 제8호.
9. Brian Huntley·I. Colin Prentice, "July Temperatures in Europe from Pollen Data, 6000 Years before Present", *Science*, vol. 241, issue 4866, 1988.

10. 송영주,「한반도 남부 저지대의 식생 변천에 관한 화분학적 연구」, 울산대학교 대학원 박사학위 논문, 2002.
11. 신양섭,「페르시아 문화의 동진과 소그드 민족의 역할: 조로아스터교와 마니교를 중심으로」『중동연구』27권 1호, 2008.
12. 신양섭,「페르시아 문화의 동진과 조로아스터교」『한국중동학회논총』30권 1호, 2009.
13. 윤천근,「물의 사상, 물의 문화」『동서철학연구』59, 2011.
14. 張建立, 東アジアの茶道と茶の湯, *Commonality and Regionality in the Cultural Heritage of East Asia*, International Symposium Barnard College, Columbia University NY; NY, May 2009.
15. 조광,「번암 채제공의 서학관 연구」『사총』7, 1973.
16. 조응태,「한국 신종교의 물 신앙」『신종교연구』22, 2010.
17. 황상일·윤순옥,「한반도 신생대 제4기 식생 및 기후 환경 변화」『지리학논구』24, 2005.
18. 허회숙,「소도에 관한 연구」『경희사학』3, 1972.

단행본

1. 각묵,『디가니까야 1권: 길게 설하신 경』, 초기불전연구원, 2005.
2. 관중, 김필수 외 옮김,『관자』, 소나무, 2006.
3. 고미숙,『동의보감: 몸과 우주 그리고 삶의 비전을 찾아서』, 그린비, 2011.
4. 권상로,『한국 사찰전서』, 동국대출판부, 1979.
5. 김열규,『신화와 물』, 일조각, 1976.
6. 김종직, 임정기 옮김,『국역 점필재집』, 민족문화추진회, 1996.
7. 남효온, 박대현 옮김,『국역 추강집』, 민족문화추진회, 2007.
8. 난보소케이, 한국일본어학회 옮김,『남방록고금진가명서』, 시사일본어사, 1993.
9. 니오라체, 이홍식 옮김,『시베리아 제민족의 원시종교』, 신구문화사,

1976.
10. Donald A. MacKenzie, *The Migration of Symbols*, Kessinger Publishing, 1926.
11. Ramsay A. M., *The early Christian art of Laura Nova*, JHS, 1904.
12. 레비스트로스, 이동호 옮김, 『신화를 찾아서』, 동인, 1994.
13. Marija Gimbutas, *The Goddesses and Gods of Old Europe, 6500-3500 BC: Myths and Cult Images*, University of California press, 1982.
14. 마이클 설리번, 김기수 옮김, 『중국미술사』, 지식산업사, 1978.
15. 마츠바라 사브로, 김원동 외 옮김, 『동양미술사』, 예경, 1995.
16. 미르치아 엘리아데, 이용주 옮김, 『세계종교사상사』, 이학사, 2005.
17. 미야자키 이치사다, 차혜원 옮김, 『옹정제』, 이산, 2001.
18. 범해, 김윤배 옮김, 『동사열전』, 광제원, 1991.
19. 빌 로스, 서종기 옮김, 『식물, 역사를 뒤집다』, 예경, 2011.
20. 법흥, 『선의 세계』, 호영, 1999.
21. 불교중앙박물관 개관 특별전 도록 『佛』, 2007.
22. 서긍, 『선화봉사고려도경』, 민족문화추진회, 1977.
23. 서거정 외, 『국역 속동문선』, 솔, 1998.
24. 손진태, 『조선 민족 문화의 연구』, 을유문화사, 1948.
25. 송복, 『위대한 만남 서애 유성룡』, 지식마당, 2007.
26. 송재소 외, 『한국의 차 문화 천 년』, 돌베개, 2009.
27. 서은미, 『북송 차 전매 연구』, 국학자료원, 1999.
28. Special exhibition, *Sen-no Rikyu the 400th Memorial*, Kyoto National Museum, 1990.
29. Special exhibition, *The History and Aesthetics of Tea in Japan*, Kyoto National Museum.
30. 알브레 라이틀 쿠루티어, 윤희기 옮김, 『물의 역사』, 예문, 1995.
31. 아리엘 골란, 정석배 옮김, 『선사시대가 남긴 세상의 모든 문양』, 푸른역사, 2004.

32. Okott W. T., *Myth of the Sun*, NY, 1967.
33. 陸羽,「茶經」七之事,『中國古代茶道秘本五十種』, 全國圖書館文獻微縮複製中心, 壹卷, 北京, 2003.
34. 이목,『한재집』, 국립중앙도서관 소장.
35. 왕임·시에뚱위엔·리우팡, 김은희 옮김,『설문해자와 중국고대문화』, 학고방, 2010.
36. 원영섭,『우리속담사전』, 세창출판사, 1993.
37. 유성룡, 이재호 옮김,『징비록』, 역사의 아침, 2007.
38. 이에나가 사브로, 이영 옮김,『일본문화사』, 까치글방, 1999.
39. 이만열,『한국 근대 역사학의 이해: 민족주의사학과 식민주의사학』, 문학과지성사, 1983.
40. 임형택,『이조명현집』, 성균관대출판부, 1986.
41. 이돈주,『한문학총론』, 박영사, 1970.
42. 이지란,『역대고승비문: 신라편』, 가산문고, 1994.
43. 일아 옮김,『한 권으로 읽는 빠알리 경전』, 민족사, 2008.
44. 일연 외, 이병도 외 옮김,『한국의 민속 종교 사상』, 삼성출판사, 1983.
45. 이두현 외,『한국 민속학 개설』, 일조각, 2009.
46. 일연, 허경진 옮김,『삼국유사』, 한길사, 2006.
47. 일연, 리상호 옮김,『삼국유사』, 까치글방, 1999.
48. 정병삼,『의상 화엄 사상 연구』, 서울대출판부, 1998.
49. 조주, 백련선서간행회 옮김,『조주록』, 장경각, 1991.
50. 종백선사, 최법혜 역주,『고려판 선원청규』, 가산불교연구원, 2001.
51. 장택희,『살림의 논리』, 녹색평론사, 2000.
52. 장회익,『삶과 온생명』, 솔, 2004.
53. 장주근,「한국신당형태고」『문화재』제3호, 1967.
54. 전경수,『문화의 이해』, 일지사, 1994.
55. 주강현,『굿의 사회사』, 웅진출판, 1992.

56. 좌구명, 신동준 옮김,『춘추좌전』, 한길사, 2006.
57. 정약용, 이익성 옮김,『경세유표』, 한길사, 1997.
58. 전완길,『한국의 토기잔』, 태평양박물관, 2001.
59. 조나단 실버타운, 진선미 옮김,『씨앗의 자연사』, 양문, 2010.
60. 주희, 임민역 옮김,『주자가례』, 예문서원, 1999.
61. 정동주,『한국인과 차』, 다른세상, 2004.
62. 정동주,『다관에 담긴 한·중·일 차문화사』, 한길사, 2008.
63. 정동주,『한국 다완의 문양』, 상상의숲, 2008.
64. 정동주,『이도다완과 막사발』, 한길아트, 2012.
65. 정동주,『우리시대 찻그릇은 무엇인가?』, 다른세상, 2005.
66. 존 페어뱅크 외, 김한규 외 옮김,『동양문화사』, 을유문화사, 2009.
67. 진 쿠퍼, 이윤기 옮김,『세계 문화 상징 사전』, 까치글방, 1994.
68. 정병호,『민속기행』, 눈빛, 1992.
69. 정동효,『차의 화학 성분과 기능』, 월드사이언스, 2005.
70. 정동효,『차의 성분과 효능』, 홍익재, 2005.
71. 전완길,「고려시대의 차문화」『민족문화연구』 20호, 고려대학교 민족문화연구소, 2002.
72. James Mellaart, *Excavations at Hacilar*, Edinburgh University Press, 1970.
73. 채원정, 이우영 역주,『국역 율려신서』, 문진, 2011.
74. 촌산지순(村山智順),『부락제』(部落祭), 조선총독부, 1937.
75. 최길성,『정수(淨水) 신앙』, 계명대출판부, 1985.
76. 최정호,『물과 한국인과 삶』, 나남출판, 1994.
77. 초의,『동다송』, 태평양박물관本(영인본).
78. 페르낭 브로델, 주경철 옮김,『물질문명과 자본주의: 일상생활의 구조』상, 까치글방, 1996.
79. Franz Boas, *Primitive Art*, Oslo: H. Aschehoug & Co.; Cambridge, Mass.: Harvard University Press, 1927.

80. 정희량(鄭希良), 『허암집』(虛庵集).
81. 허균, 『사찰장식, 그 빛나는 상징의 세계』, 돌베개, 2000.
82. Heinrich Schliemann, *Troy and Its Remains: A Narrative of Researches and Discoveries Made on the Site of Ilium and in the Trojan Plain*, Cambridge University Press, 1875.
83. 封演撰,「封氏聞見記」一, 中華書局, 北京, 1985.

지은이 정동주

1948년 경남 진양에서 태어났다.
장편시 『순례자』, 서사시 『논개』를 비롯해 대하소설
『백정』 『단야』 『민적』, 장편소설 『콰이강의 다리』 등
40여 권의 시집과 소설집을 발표했다. 마당굿 「진양살풀이」와
오페라 「조선의 사랑 논개」의 대본을 집필했다.
1990년 초부터 인문학 공부를 시작하여 『카레이스끼
또 하나의 민족사』 『부처, 통곡하다』 『어머니의 전설』
『늘 푸른 소나무』 『느티나무가 있는 풍경』 『장계향 조선의
큰어머니』 등 역사·종교 분야를 읽고 썼다.
1990년 중반 이후 한국·중국·일본의 차문화를 비교하여
한국 차문화의 독자성을 세우기 위한 비교차문화론 연구와
강의를 시작했다. 2013년 '차살림학'을 정립하여 「무·하·여」
차살림학교에서 강의와 집필에 전념하고 있다.
'무·하·여'는 팔만대장경 법화열반부의 '너는 무엇하러 여기
왔느냐?'는 법문의 줄임말이다. 『한국 차살림』 『한국인과 차』
『우리시대 찻그릇은 무엇인가』 『다관에 담긴 한중일의
차 문화사』 『조선 막사발과 이도다완』 『차와 차살림』 등
차와 도자기 문화에 관한 비평적 연구의 성과물을 내놓고 있다.